牡丹江师范学院"十四五"规划教材

ZHONGXUE SHENGWUXUE
JIAOXUE SHEJI YU XITI JIEXI

中学生物学
教学设计与习题解析

刘秋月◎主编

张健 徐晶 徐上◎副主编

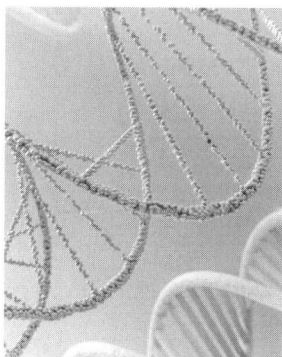

中国纺织出版社有限公司

内 容 提 要

本书从满足中学生物学教师入职的基本能力需求出发，以"新课标""新教材""新高考"为背景，探索中学生物学教材分析、中学生物学教学设计、中学生物学习题解析等，并精选一线教师各类经典案例，通过具体案例帮助准教师体会如何将教育教学理论和相应策略落实到教学实践中。

本书既可作为高等师范院校学科教学（生物）研究生、生物科学专业师范生教材，也可为在职的中学生物学教师、生物学教研员等提供学习参考。

图书在版编目（CIP）数据

中学生物学教学设计与习题解析 / 刘秋月主编；张健，徐晶，徐上副主编. -- 北京：中国纺织出版社有限公司，2023.7

ISBN 978-7-5229-0787-1

Ⅰ. ①中… Ⅱ. ①刘… ②张… ③徐… ④徐… Ⅲ. ①生物课－中学－教学参考资料 Ⅳ. ①G633.913

中国国家版本馆 CIP 数据核字（2023）第 134140 号

责任编辑：毕仕林 国 帅 责任校对：高 涵
责任印制：王艳丽

中国纺织出版社有限公司出版发行
地址：北京市朝阳区百子湾东里 A407 号楼 邮政编码：100124
销售电话：010—67004422 传真：010—87155801
http://www.c-textilep.com
中国纺织出版社天猫旗舰店
官方微博 http://weibo.com/2119887771
三河市宏盛印务有限公司印刷 各地新华书店经销
2023 年 7 月第 1 版第 1 次印刷
开本：787×1092 1/16 印张：16
字数：363 千字 定价：58.00 元

凡购本书，如有缺页、倒页、脱页，由本社图书营销中心调换

前　言

本书以《普通高中生物学课程标准（2017 年版 2020 年修订）》为依据，以普通高中生物学教材（2019 年版）为主线，以高考评价体系内涵为参照，对中学生物学教材分析、中学生物学教学设计、中学生物学习题解析与设计进行剖析解读，为准教师理解新课标、把握新教材、适应新高考提供借鉴和参考。

本书主要内容包括"新课标""新教材""新高考"背景下的生物学教学，中学生物学教材分析的理论基础、结构分析、分析策略及教材资源的有效利用，中学生物学教学设计的理论基础、单元教学设计流程，中学生物学习题解析、习题设计、习题课，中学生物学教学设计与习题设计的各类案例及评析等。

本书由牡丹江师范学院刘秋月担任主编，负责全书的设计、编写与统稿工作，负责编写本书的第一至第四章，以及第五章部分案例，共约 25 万字；牡丹江市第二高级中学张健、哈尔滨市第九中学徐晶、哈尔滨市第九中学徐上担任副主编，主要负责第五章部分案例的编写工作，张健编写约 4 万字、徐晶编写约 3 万字、徐上编写约 3 万字。

为本书提供案例的老师有牡丹江市第一高级中学梁红艳、吕雪、蔡东玲，牡丹江市第二高级中学张健、孙福华、孙阿勇、朱博雅、徐婷、王月婷、郭建爽、盛艺，牡丹江市第三高级中学张琳琳、崔辰、张鑫宇，哈尔滨市第一中学张佳会，哈尔滨市第九中学徐晶、徐上，哈尔滨市第一二二中学王英、张庆春，滨州市第一中学高瑜，牡丹江师范学院硕士研究生宋莹、彭国红、张萌等。书稿整理校对过程中，得到在读研究生张萌、彭国红、尚瑞琪、杨桃、陈卓的帮助，一并表示感谢！

本书的编写得到了牡丹江师范学院研究生校级规划教材项目——中学生物学教学设计与习题解析（JC—220007）、黑龙江研究生精品课程建设项目——中学生物学习题解析（JPKC—2022002）、黑龙江省教学改革项目——新课标背景下提升生物师范生教材分析能力的实践与研究（SJGY20210893）、黑龙江省教育科学规划重点课题——基于高考评价体系的生物学试题开发和评价的研究（JJB1423001）的经费资助，在此表示感谢！

本书编写过程中，参阅、参考并引用了有关专家和学者的研究成果，在此声明并表示衷心感谢！由于时间和水平所限，书中缺点和不足之处在所难免，恳请各位专家、学者、广大师生批评指正，以便改进！

刘秋月
2023 年 4 月于牡丹江师范学院

目　录

第一章 "三新"背景下的中学生物学教学

本章学习目标

（1）阐明生物学学科核心素养的基本内容及其在生物学课程中的重要性。

（2）概述新版教科书的特点及其对生物学教学的作用。

（3）简述中国高考评价体系的内涵及其对生物学教学的引导。

2019年9月，人民教育出版社出版的普通高中生物学教科书（2019年版）正式投入使用；2020年1月，《中国高考评价体系》正式发布；2020年5月，《普通高中生物学课程标准（2017年版2020年修订）》颁布。伴随新课标颁布、新教材使用、新高考改革的"三新"背景，生物学教师的教学面临许多新的挑战与新的要求。本章将基于新课标、新教材、新高考，就中学生物学教学等基本问题展开讨论。

第一节 "新课标"——聚焦学科核心素养

学科核心素养是学科育人价值的集中体现，是学生通过学科学习而逐步形成的正确观念、必备品格和关键能力。只有抓住学科核心素养，才能抓住学科教育的根本，才能正确引领学科教学的深化改革，才能真正发挥学科的育人功能。

一、生物学学科核心素养的由来

（一）学生发展核心素养

从党的十八大确定了立德树人的根本任务，到教育部印发《关于全面深化课程改革落实立德树人根本任务的意见》，再到《学生发展核心素养》的发布，核心素养已成为教育界乃至全社会关注的重要话题。"中国学生发展核心素养"一词于2014年提出，相应研究成果于2016年发布，是落实立德树人根本任务的一项重要举措，也是适应世界教育改革发展趋势、提升我国教育国际竞争力的迫切需要。

核心素养是党的教育方针的具体化，是连接宏观教育理念、培养目标与具体教育教学实践的中间环节。党的教育方针通过核心素养这一桥梁，可以转化为教育教学实践可用的、教育工作者易于理解的具体要求，明确学生应具备的必备品格和关键能力，从中观层面深入回答"立什么德、树什么人"的根本问题，引领课程改革和育人模式变革。中国学生发展核心素养，以科学性、时代性和民族性为基本原则，以培养"全面发展的人"为核心，分为文化基础、自主发展、社会参与三个方面，综合表现为人文底蕴、科学精神、学会学习、健康生活、责任担当、实践创新等六大素养（图1-1）。

文化基础，重在强调能习得人文、科学等各领域的知识和技能，掌握和运用人类优秀智

图 1-1　中国学生发展核心素养

慧成果，涵养内在精神，追求真善美的统一，发展成为有宽厚文化基础、有更高精神追求的人，主要表现为人文底蕴和科学精神两大素养。人文底蕴主要是学生在学习、理解、运用人文领域知识和技能等方面所形成的基本能力、情感态度和价值取向，具体包括人文积淀、人文情怀和审美情趣等基本要点；科学精神主要是学生在学习、理解、运用科学知识和技能等方面所形成的价值标准、思维方式和行为表现，具体包括理性思维、批判质疑、勇于探究等基本要点。

自主发展，重在强调能有效管理自己的学习和生活，认识和发现自我价值，发掘自身潜力，有效应对复杂多变的环境，成就出彩人生，发展成为有明确人生方向、有生活品质的人，主要表现为学会学习和健康生活两大素养。学会学习主要是学生在学习意识形成、学习方式方法选择、学习进程评估调控等方面的综合表现，具体包括乐学善学、勤于反思、信息意识等基本要点；健康生活主要是学生在认识自我、发展身心、规划人生等方面的综合表现，具体包括珍爱生命、健全人格、自我管理等基本要点。

社会参与，重在强调能处理好自我与社会的关系，养成现代公民所必须遵守和履行的道德准则和行为规范，增强社会责任感，提升创新精神和实践能力，促进个人价值实现，推动社会发展进步，发展成为有理想信念、敢于担当的人，主要表现为责任担当和实践创新两大素养。责任担当主要是学生在处理与社会、国家、国际等关系方面所形成的情感态度、价值取向和行为方式，具体包括社会责任、国家认同、国际理解等基本要点；实践创新主要是学生在日常活动、问题解决、适应挑战等方面所形成的实践能力、创新意识和行为表现，具体包括劳动意识、问题解决、技术运用等基本要点。

（二）从学生发展核心素养到学科核心素养

学生发展核心素养是从学生的全面发展出发，不具有学科属性，所提指标是超越学科的，但学生发展核心素养落实的主要途径还是要通过学科课程的学习。为建立核心素养与课程教学的内在联系，充分挖掘各学科课程教学对全面贯彻党的教育方针、落实立德树人根本任务、发展素质教育的独特育人价值，各学科基于学科本质凝炼本学科的核心素养，明确学生学习该学科课程后应达成的正确价值观念、必备品格和关键能力。

学科核心素养是学生核心素养的最重要、最关键的组成部分。但是，学生核心素养不是各学科核心素养简单的机械加总,在内涵和外延上都有超学科的东西。一个学生核心素养的培育不是单靠学科教育就能完成的,而是要依托很多非学科的教育和活动共同来完成的。学科核心素养也不是学生核心素养在学科中简单的演绎、体现或反映,而是有其独特的内涵和外延,任何一门学科都有其不可取代的价值和育人功能。每个学科都有自己的学科性质和学科定位,都有自己的研究对象和问题领域,都有自己解决问题的思维方式和表达方式,都可以在不同侧面和维度上促进学生的多样化和个性化发展。所以,各个学科核心素养,既包括体现本学科能够落实的核心素养,也包括各学科独特的一些核心素养要求。

二、生物学学科核心素养的内涵

《普通高中生物学课程标准(2017年版2020年修订)》将发展学生的生物学学科核心素养作为课程宗旨,将生命观念、科学思维、科学探究、社会责任作为生物学课程目标和学科核心素养的具体组成。这是中学生物学课程发展中标志性变化,也是我国中学生物学教育里程碑式的发展和进步,对我国中学生物学课堂教学将产生深远影响。

(一)生命观念

"生命观念"是指对观察到的生命现象及相互关系或特性进行解释后的抽象,是人们经过实证后的观点,是能够理解或解释生物学相关事件和现象的意识、观念和思想方法。学生应该在较好地理解生物学概念的基础上形成生命观念,如结构与功能观、进化与适应观、稳态与平衡观、物质与能量观等;能够用生命观念认识生物的多样性、统一性、独特性和复杂性,形成科学的自然观和世界观,并以此指导探究生命活动规律,解决实际问题。

1. 生命观念在生物学课程中应被高度重视

生物学课程中期待学生接受并掌握的生命观念,是科学家经过实证后的想法或观点,是"专家"型知识的重要组成。这些观念汇总了生命世界中的自然法则,体现了人们对生命世界理性的认知和科学的视角,是科学的自然观和世界观在生物学课程中的具体展现。

生命观念也是学生讨论生命现象和研究生命现象时需采纳的基本思想方法,有助于区别和排除封建迷信、伪科学等干扰,作出理性的决策。学生应该在较好地理解生物学概念的基础上形成生命观念,如结构与功能观、进化与适应观、稳态与平衡观、物质与能量观等;能够用生命观念认识生物的多样性、统一性、独特性和复杂性,形成科学的自然观和世界观,并以此指导探究生命活动规律,解决实际问题。

2. 生命观念是构成生物学课程内容的主线

生命观念的选择标准不仅对于课程设计人员来说是重要的,对于生物学教师来说也是非常重要的,了解这个标准后有助于教师日常教学中判断教学内容的重要性和优先级。具体地说,生命观念(或核心概念)应该符合以下标准。

(1)每一个观念能够贯穿于生物学的全部课程。

(2)所提出的观念应该能够被学生接受和理解,并在理解的基础上保持较长时间。

(3)相应的观念对于理解生物学主题是必不可少的。

(4)这些观念能够对课程有很好的覆盖。

(5)全部生物学课程可以由这一组生命观念所代表。

上述标准既可帮助准教师和一线教师进一步理解生命观念在本课程中的地位和作用,也可帮助教师进行教学内容分析及教学重点的把握。

（二）科学思维

"科学思维"是指尊重事实和证据，崇尚严谨和务实的求知态度，运用科学的思维方法认识事物、解决实际问题的思维习惯和能力。学生应该在学习过程中逐步发展科学思维，如能够基于生物学事实和证据运用归纳与概括、演绎与推理、模型与建模、批判性思维、创造性思维等方法，探讨和阐释生命现象及规律，审视或论证生物学社会议题。

1. 科学思维对学生发展的重要性

科学思维是基于事实和严密逻辑达到更好结论的方法，是高质量的思维范式和习惯。科学思维是理论和证据相互协调的过程，在学生获取新知识的过程中，由于已有的理论知识不够完善，会通过新的证据来检验和完善已有理论，获取新的知识。从认知的视角看，科学思维是获得正确信念或结论的艺术；从实践的视角看，科学思维是对所思问题获得明智答案的途径。

只有具备了科学思维，才能对生命观念进行深刻理解，对科学探究中的生物学现象进行观察、提问、实验设计、方案实施，以及结果的交流与讨论等，对社会责任中的社会事务进行讨论并作出理性解释和判断，解决生产、生活中的实际问题，从而发展学生的核心素养。学生应该在学习过程中逐步发展科学思维，如能够基于生物学事实和证据运用归纳与概括、演绎与推理、模型与建模、批判性思维、创造性思维等方法，探讨和阐释生命现象及规律，审视或论证生物学社会议题。

2. 生物学教学中要注重发展学生的科学思维

教师应该认识到，教学不应该是没有思维活动的、事实性知识累积的过程，不应该是教师单一地将自己的思维和结论传递给学生的过程，而应该是学生参与的、积极思维与概念构建的过程。知识和信息的获取不是简单地记忆和重复，需要主动寻找和使用，需要对世界进行探寻。知识学习的过程不可能完全剥离学习者的认知过程。

科学思维会促进学生对科学的理解。实际上，正是由于想要对科学进行理解，才促进科学思维的发展。促进学生对科学现象的理解也是教育的目标。但是由于学生的理解是建立在科学思维能力之上，因此促进学生科学思维能力的发展同样是非常重要的教育目标。

（三）科学探究

"科学探究"是指能够发现现实世界中的生物学问题，针对特定的生物学现象，进行观察、提问、实验设计、方案实施，以及对结果的交流与讨论的能力。学生应在探究过程中，逐步增强对自然现象的好奇心和求知欲，掌握科学探究的基本思路和方法，提高实践能力；在探究中，乐于并善于团队合作，勇于创新。

从20世纪50年代开始，科学探究就被众多国家的科学课程加以推广，被普遍认为是培养学生科学素养的有效策略之一。科学探究对于学生掌握科学概念，参与科学实践，理解科学本质都有积极的促进作用。

1. 科学探究帮助学生理解科学概念

科学探究重视学生本能的学习冲动，探究的过程可以为学生提供学习所需的直接反馈和亲身体验，使他们能够形成新的、持久的对外部世界的理解。在生物学课程中，学生对外部世界的理解主要聚焦在对本学科重要概念的理解和掌握。因此，科学探究是学生学习生物学课程中不可缺少的部分。

2. 科学探究是科学实践的重要部分

科学教育的重要部分是要让学生学会科学和工程学实践，理解科学发现的过程。在生物学课堂上安排适当的科学探究，可以让学生很好地理解科学家的实践，包括确定变量、设计实验方案、观察方案、收集数据方案、观察现象、构建工具、参与实地调查等多种过程，让他们亲身体验程学家是如何探究世界的。能够了解并开展科学探究是培养学生创新精神和创造力的重要途径。

3. 科学探究有助于学生理解科学本质

理解科学本质是科学素养的基本内容之一，包括学生应该理解科学是什么、科学能解决什么问题、科学对文化有什么贡献。科学本质的知识属性是科学哲学的范畴，如果以简单的讲授方式授课，学生常常难以理解。采用科学探究的方式，可以使学生体验亲历发现的快乐，开始了解科学活动的本质、科学的威力和局限性；探究活动的讨论和反思环节，也是让学生理解科学本质的学习形式。

（四）社会责任

"社会责任"是指基于生物学的认识，参与个人与社会事务的讨论，作出理性解释和判断，解决生产生活问题的担当和能力。学生应能够以造福人类的态度和价值观，积极运用生物学的知识和方法，关注社会议题，参与讨论并作出理性解释，辨别迷信和伪科学；结合本地资源开展科学实践，尝试解决现实生活问题；树立和践行"绿水青山就是金山银山"的理念，形成生态意识，参与环境保护实践；主动向他人宣传关爱生命的观念和知识，崇尚健康文明的生活方式，成为健康中国的促进者和实践者。

1. 社会责任应是生物学教学关注的重要目标

在生物学课程中，"社会责任"的教育不是从零开始的。从 2000 年开始，我国生物学课程中就渗透了关于社会责任的教育，这一要求主要体现在三维目标的"情感态度和价值观"维度中。2017 年版高中生物学课程标准将"社会责任"作为学科核心素养的组成部分和课程目标，显著加强了社会责任在本学科地位，需要教师在教育教学工作中给予高度关注并加以落实。

2. 社会责任应是生物学课堂中的关注要点

在生物学课程中，社会责任既是一种态度和意愿，又高度依赖学习过程的学生综合能力，需要教师有针对性、有计划、持之以恒地努力和培养。教师要结合教学内容、着重从以下几方面发展学生的责任意识。

（1）将生物学的概念和原理作为观察和思考社会性科学议题的视角和立场。

（2）用生物学的观念和规律对问题或议题进行判断，依据证据和信息做出决策。

（3）能够将科学的世界观和方法论作为探讨社会性科学议题的方法和准绳。

（4）乐于采纳其他学科有证据的研究结果。

学生在学习生物学课程后，应能够关注与生物学相关的社会议题，愿意参与讨论这些问题并做出理性解释，能够初步辨别迷信和伪科学；主动向他人宣传健康生活、关爱生命和保护环境等相关知识；结合本地资源开展科学实践，尝试解决现实生活中与生物学相关的问题，提高本人、家庭及社区的生活质量。

以上生物学学科四大核心素养，相互联系成为统一的整体。生命观念是生物学核心素养的基础和支柱，生命观念的形成过程中离不开科学思维和科学探究。科学思维和科学探究互为倚重，科学思维是科学探究的重要内涵，科学探究是科学思维的实证过程。在形成生命观念、进行科学思维和科学探究的过程中，学生最终形成一定的社会责任。

三、基于学科核心素养的生物学教学

在学科核心素养的背景下，中学生物学课程的根本任务是提高学生终身发展所需的生物学学科核心素养。所以，无论是生物学教学目标的制定、教学活动的设计，还是教学评价，都要围绕学科核心素养的落实。

（一）基于学科核心素养的教学目标

教学目标是实施教学的导向和保障，也是教学评价的重要依据，科学合理地制订教学目标是确保学科核心素养落地的前提和条件。基于学科核心素养的教学目标是将课程目标中抽象的核心素养理念落实到课堂教学的具体实践蓝图，而教学目标的设计就是通向这个蓝图的路径和方法。

1. 教学目标设计原则与策略

中学生物学学科核心素养包含生命观念、科学思维、科学探究和社会责任四个维度。它们是一个有机整体，从不同的侧面描述了学科核心素养的内涵，本质上是个体学习生物学学科后，期望形成的正确价值观念、必备品格和关键能力。在设计教学目标时，教师既要全面地考虑这四个维度核心素养的整体特征，又要兼顾它们各自相对独立的特征，将四个维度连成统一的整体目标进行设计和达成，整体设计和宏观把握课堂教学中学科核心素养培育的流程和策略，从而有效地实施教学。

（1）关注学科核心素养的融合性与综合性。生物学学科核心素养的四个维度，既各有侧重，又密切关联、相辅相成，是一个相互联系、不能分割的整体。每一个维度的核心素养都是其他三个维度的基础与体现。其中，生命观念是生物学科具有的特质，学生的生命观念是建立在由诸多生物学事实支撑的概念基础上的，生命观念建立的过程中需要以科学思维为工具，科学探究为路径，同时观念可以指导思维；科学思维和科学探究互为依托，科学思维是科学探究的核心及重要内涵，科学探究是科学思维的实证过程，通过科学探究培养的关键能力运用于社会，则形成与生命科学知识概念相关、用来指导社会生产生活的态度和价值观、品格和社会责任感。最终，它们让学生学会用生物界独特的"生命观念"看，用理科独有的"科学思维"想，用"科学探究"的方法做，以生物学赋予的"情感和态度"承担社会责任。可见，在学科核心素养形成过程中，学科核心素养的四个维度相辅相成，相互融通，彼此关联，进而构成一个整体，共同体现生物学学科的育人价值。

（2）强调核心素养目标设计的层次性与适切性。不同维度的学科核心素养具有不同水平层级，如普通高中新课标对各维度核心素养的内涵进行了层次分解，也对结合学科概念内容的评价标准（学业质量水平）进行了水平划分，将每一核心素养划分为依次递进的四个水平层次，以满足高中学业水平合格考和等级考的评价要求。这四个水平层次的核心素养要求是递进式的，分别对应着不同的评价对象和不同的评价要求，其中合格考要求达到"水平一至二"，而等级考要求达到"水平三至四"。因此，教学目标的设定要考虑核心素养的层次性要求，科学合理地进行设计。

教学要因材施教，针对不同的学情，不同的评价要求，要设定不同层次的核心素养教学目标。在具体设计教学目标时，要找准学情特点与考核评价要求的核心素养水平层级之间的"平衡点"，并据此制订相应的教学目标，选择适合学生学习水平的教学目标，体现教学目标的适切性。

（3）确保教学目标设计的整体性与局部性。新课标倡导的大概念教学需要多个课时完成，学科核心素养的养成也是通过多个课时逐步落实。为了使这两方面的教学能有序地推进，在大课程和小课时之间建立学科素养的目标体系，将课标与教学目标对接，需要依据大概念对学科核心素养进行结构化的处理和分解，因此单元教学设计得到更多的青睐和关注。单元教学目标既是课程目标的分解，又是课时教学目标的统领，有承上启下的作用。三个层面的教学目标分级传递和落实学科核心素养，体现从课程标准到课时目标的一致性。

在进行教学目标设计时，要注重课程、单元和课时三者整体性的关联，从整体的角度把握每个单元的地位，根据学科核心素养内在的逻辑性和学科的系统性，将学科核心素养的课程目标细化分解，分级传递。设计既要关注学科核心素养单元目标与课程目标是否一致，又要关注单元目标分解成课时教学目标的关联性，将每节课的逻辑体系前后联系起来，通过横向和纵向的目标联系，体现单元整体性的教学目标。

2. 教学目标设计步骤

教学目标设计步骤一般包括目标分解、任务分析、起点确定和目标表述，基于学科核心素养的教学目标设计也不例外。但是，在教学目标的设计过程中，如何基于教学内容，依据教学目标设计方法，围绕大概念的建立，逐步进行抽象的学科核心素养的目标叙写和表述，这个实战过程可能是全体教师撰写基于学科核心素养教学目标的难点。

（1）有序梳理概念框架，确定教学目标。分析教材内容，梳理本教学内容隶属或涵盖的各层级概念，即大概念—重要概念—次位概念—下位概念……具体生物学事实……，厘清知识框架脉络，抓住内容本质。参照新课标中的内容要求和学业要求，将教学内容进行分解和对应，确定具体的内容要求，并结合相应的教学内容所属的层级概念，选择知识概念的学习水平，确定学习概念的结果性目标。

（2）突出以学生为主体，强调个性化发展。分析知识发生、形成和应用的过程，参照新课标中教学提示的活动建议，着眼于学生主动参与，研究并设计学生获取知识的过程与方法。从概念建构的角度，对过程性的目标进行梳理，如梳理教学中的问题设计和活动设计的教学目标，并将这些目标增加到整节课的教学目标中，确定以过程方法为主的体验性和个性化目标。

（3）关注核心素养，注重知识迁移应用。根据认知规律、教学内容的特点和学生已有的经验设计教学过程，让学生参与教学过程，引导学生经历"真学习"和"真探究"。通过分析知识的本质，找出知识之间的关联，能够在体验中产生疑问和主动探究的欲望，提高对学科本体知识的理解，提升问题解决能力，体现知识的迁移和应用的教学目标。

（4）根据教学要求，分层设计教学目标。同一教学内容根据评价标准的要求不同，教学目标中核心素养的要求级别也应不同，参照新课标中的学业质量标准对核心素养划分的四个水平层次的评价要求，其中合格考要求应达到"水平一至二"的考核评价指标，而等级考要求应达到"水平三至四"的考核评价指标，分层定位教学目标。

（二）基于学科核心素养的课堂教学

学科核心素养的达成有许多方式和途径，有的直接、有的间接，课程标准对此提出了较全面的教学建议。但不论是何种方式或途径，都不是一蹴而就的，需要长期坚持和积累。生物学作为自然科学的一门基础学科，既有自然科学的共同特点，也有其不同于其他学科的独有特征。从这个角度看，发展学生生物学学科核心素养，必须始终关注生物学的学科本质，以及它的理科属性，并让学生在生物学情境中活学活用，领悟学科真谛。

1. 回归学科本质

生物学是研究生物的结构、功能、发生和发展的规律，以及生物与周围环境的关系等的科学。高中生物课标对生物学科的本质作了如下阐述："生物学有着与其他自然科学相同的性质。它不仅是一个结论丰富的知识体系，也包括了人类认识自然现象和规律的一些特有的思维方式和探究过程。生物学的发展需要许多人的共同努力和不断探索。生物学的学科属性是生物学课程性质的重要决定因素。"简单地说，生物学科的本质是指生物学科所包含的知识体系，及其本学科独有的思维方式和探究方法。

学科知识既是学科的根本属性，也是学科本质的核心。但无论哪个学科，其知识体系都不是零散知识的简单堆砌，其间一定蕴含着本学科独有的内在逻辑关系。认识和把握这种逻辑关系正是学习这门学科必备的思维方式。核心素养中所谓"生命观念"的建立，本质上就是要帮助学生发现生命世界的内在规律，学会认识生命奥秘的思维方式和探究方法。所以，在教学中强调回归学科本质，正是为了更好地发展学生的生物学学科核心素养。

课程标准提出："学生应该在较好地理解生物学概念的基础上形成生命观念，如结构与功能观、进化与适应观、稳态与平衡观、物质与能量观等；能够用生命观念认识生物的多样性、统一性、独特性和复杂性，形成科学的自然观和世界观，并以此指导探究生命活动规律，解决实际问题。"可以看出，把握学科本质与形成生命观念是高度一致的。教师应培养学生从更全局、更宏观、更整体的角度把握知识的核心要素，厘清知识脉络，构建知识体系。这样获得的知识才是鲜活的、立体的、持久的、可拓展延伸的，才是可内化为素养的知识。客观地说，受应试教育的影响，中学生物学教学中普遍存在着过于重视知识点的梳理与训练，忽视关注生命本质的问题。将知识拆分成零碎的散件，纠缠于局部细节，死抠教材字眼，却忽略了以生命大观念去审视生命本质，提炼生命规律的过程，这样的教学误区应克服。

2. 理科必须说理

理科必须说理，似乎不是问题，没人会反对。但现实中不讲理的教学比比皆是。即便是教科书，也有大量直奔结论不讲道理的知识。当然，有些科学结论或许原理过于复杂，很难向中学生说清，有些科学结论或许科学家们至今都尚未弄清它的原理，这时在教学中回避原理可以理解。但显然还有很多时候不是这样的，本可以说清楚的理由我们却没有说。不说理的知识对学生来说只能死记硬背。有人说，当所学的知识都忘了后，剩下的就是素养。但是只有结论没有原理的知识一旦遗忘，便什么都不会剩下。从这个角度说，"不讲理"的教学无助于学生素养的发展。

"讲理"就是要让学生弄清知识的来龙去脉，搞清生命事件间的因果关系，从而厘清知识的内在联系，构建起更加坚实的知识体系。"讲理"的过程既能有效培养学生的科学思维能力，也使所学知识变得更加丰富多彩、生动有趣。"讲理"的教学使知识的学习过程更富有挑战，学生对知识的掌握也更有成就感。它甚至可以让人感受到理科知识特有的美，让学习不再是枯燥乏味的强制记忆，让知识也变得富有魅力，令人回味。

3. 在情境中学

这里说的"情境"是教学情境，是指教师在教学过程中，根据教材的内容和学生的心理特点，创设的带有具体问题和情感氛围学习环境，从而使学生形成良好的求知心理，在情境中感受学习的乐趣，领悟并活用所学知识，激发和培养创新思维，以及综合解决问题的能力。

德国一位学者有过一句精辟的比喻："将15克盐放在你的面前，无论如何你难以咽下。但当15克盐放入一碗美味可口的汤中，你就在享用佳肴时，将15克盐全部吸收了。"情境与知识，犹如汤与盐。盐需要溶入汤中，才能被吸收；知识需要融入情境之中，才能显示出活力和美感。有效的教学情境能激发学生的好奇心和求知欲，点燃学生的学习热情，调动学生的学习潜能；能引导学生自主思考，主动探索，体验学习过程；能帮助学生有效掌握知识、灵活解决问题；能促进学生情感态度、价值观的发展。

核心素养是个体在解决复杂的、不确定性的现实问题过程中表现出来的综合性品质或能力，是以学科知识技能为基础，整合情感、态度或价值观在内的，能够满足特定现实需求的综合性品质与能力。因此，借助具体的教学情境开展教学活动是培养学生核心素养的最好形式。如科学探究能力，是个体在各种情境中观察现象，研究探索问题，形成猜想、假设或解释，通过一系列手段方法获取数据，对猜想或假设进行论证过程中所表现出来的一种能力。脱离了具体情境，这种能力是难以形成的。随着新课程的实施，特别是强调学科核心素养发展的课程功能和目标的调整，使基于问题情境，以问题研究为平台的建构性教学成为课堂教学的重要形式，"创设教学情境能力"也成为教师必备的专业技能。

教师在情境创设中应明确要达到的教学目标，针对学生的年龄特点和认知规律，以激发学生的学习兴趣为出发点，激起学生思考和探究的欲望。情境所涉问题不宜过难，也不宜过于简单。相关内容应紧扣教学要求，避免拖沓累赘，过度渲染，喧宾夺主。此外，情境要联系实际，贴近生活，应尽量使用真实情境。若不得不使用虚拟情境，也要尽量科学严谨，不要随意杜撰虚构。情境创设还应关注情感、态度与价值观的培养，远离庸俗、迷信和低级趣味，体现社会主义核心价值观，传递正能量。

（三）基于学科核心素养的教学评价

评价是日常教学过程中不可或缺的重要环节，是教师了解教学过程、调控教和学的行为、提高教学质量的重要手段。评价以学生发展为本，以生物学课程内容、学业质量标准为依据，聚焦学科核心素养，促进教师的教和学生的学。

1. 评价原则

评价应遵循立德树人的指导思想，重视学生爱国主义情操和社会责任感的形成；评价应关注学生对生物学大概念的理解和融会贯通；评价应指向学生生物学学科核心素养的发展；评价应体现导向性和激励性；评价方式应具有多样性。目的是要使评价既促进学生核心素养水平的提升，又推动教师教学水平的提高，实现评价者和被评价者共同发展的目的。

2. 评价内容

评价内容应以课程目标、课程内容和学业质量标准为依据，结合具体的教学内容，以生物学大概念、重要概念等主干知识为依托，检测学生生物学学科核心素养的发展水平。评价主要包括以下内容。

（1）学生的生命观念。学生是否逐步形成了认识生命的基本观念，如生物体的结构与功能相适应、生物始终处于发展变化之中，生物对环境具有适应性等。学生能否运用这些生命观念，探索生命活动规律，解决实际问题。

（2）学生科学思维的发展。学生是否逐步养成科学思维习惯，运用归纳与概括、演绎与推理、模型与建模、批判性思维、创造性思维等方法，探讨和阐释生命现象及规律的能力。

（3）学生科学探究的能力。学生是否具备了观察能力、发现问题的能力、设计和实施探究方案，以及探究结果的分析、交流等能力。

（4）学生的社会责任意识。学生是否具有关注社会重要议题的意识和社会责任感，以及开展生物学实践活动的意愿和能力等。

3. 评价方式

评价应依据评价内容和对象的不同，采用多元评价方式。评价方式的选择，应该考虑评价目标、评价内容、评价对象和评价现场等实际情况，可采用学生自评和互评、小组评和教师评相结合的形式。

评价方法应该多样。例如，学生成长记录，记录学生成长过程中的点点滴滴，将实验报告、实验设计、小论文、作业等收入记录袋中，作为衡量学习态度和能力的依据之一；课堂行为观察，关注学生在课堂上师生互动、自主学习、同伴合作中的行为表现、参与热情、情感体验和探究、思考的过程等；作业练习测验；实践与应用检测，根据学生实际情况，利用课余时间，以小组为单位，自拟研究题目，进行实践活动；阶段性纸笔检测，如单元和学期考试等。

4. 结果反馈

对评价结果的科学分析和及时反馈，有利于提高评价的时效性。教师要根据教学目的，参照相关标准，对评价结果作出合理的解释。可利用评语、谈话等形式对学生学习情况及时反馈。应注重发现和发展学生的潜能，激发学生学习的积极性和主动性，促进学生生物学学科核心素养的养成。

（四）基于学科核心素养的教学观

基于学科核心素养的课堂，不仅会对教学内容作出选择和变更，而且是以教学理念的变革和教学模式的创新为着重点。对生物学教学的高要求日益凸显多学科综合性特点，不同层次学生所形成的不同学习体验，以及学生学习实践过程中的复杂性都要求教师应始终树立正确的教学观，以此来科学地引导学生形成主动、自主、合作、探究的学习方式，培养问题意识，提高分析问题和解决问题的能力，进而提升生物学思维的品质。

1. 从"关注学科"转向"关注学生"

新型的教学观会引发教学出发点的转变。新型的教与学的关系是将人作为教学的出发点和归宿，教学要摈弃以学科知识为本的旧观念，更关注人而不只是关注学科，一切以学生发展为本。关注人的教学理念有如下表现：关注每一位学生，关注学生的情绪和情感体验，关注学生的道德和人格养成，关注学生的学习起点，关注学生的认知规律，关注学生的学习障碍，关注学生学习主动性的发挥，关注学生的素养发展水平，关注学生学习过程的设计，关注学生学习方式的改变等。总之，关注学生是落实以人为本教育理念的具体体现。

2. 从"教会知识"转向"教会学习"

新型的教与学的关系会引起教师角色的转变。教师不仅是知识的传授者，还是学生学习的引导者、学习热情的点燃者、学习方法的传授者、学习困惑的点拨者、学习资源的挑选者和整合者、学习表现的评价者和引领者。教学要从传授知识的过程转变为符合学生的认知规律、激发学生主动学习的动力、引导学生主动学习、自我发展核心素养的过程，即教学方式由以教师为中心的传统讲授式，转变为以学生为中心的探究式、问题解决式等主动学习方式，在这一过程中引导学生学会学习。

3. 从"注重结论"转向"注重过程"

新型的教学观会引发教学侧重点的转变。由重知识传授转变为重学科核心素养的发展；由重教学过程的执行转变为重学习过程的指导；教学由信息的单向传递给学生转变为师生之间立体的、多方位的信息传递；由重视对学生统一要求的"一刀切"转变为重视立足于学生差异和基础的因材施教。教学由只重学习结论本身，转变为更重视学习过程中学生的经历和体验。

第二节 "新教材"——领会教材修订理念

课程标准是教科书编写的主要依据之一，在《普通高中生物学课程标准（2017年版2020年修订）》下修订的教科书版本有人教版、苏教版、沪科版、浙科版、北师大版等多个版本，这"一标多本"的现象体现了我国教育水平的进步。本节主要以人民教育出版社出版的教科书为分析对象，以下将其称为教材。教材全面落实课程标准要求，聚焦生物学重要概念，发展生物学学科核心素养，并促进学生的全面发展。教材的组织方式和呈现形式都力求符合学生的认知规律和学习心理，因此易教利学。

一、新教材德育功能的体现

教材体现国家意志，"是树立社会主义核心价值观、落实立德树人根本任务的重要载体"。本次教材修订，高度重视社会主义核心价值观的有机融入，将这一要求贯穿于整套教材内容选择、组织、呈现的全过程，反映在教材的正文内容叙述、学生活动、课外阅读材料和课后练习之中。

（一）加强爱国主义教育，引导学生形成必备品格和正确价值观

社会主义核心价值观包括国家、社会、个人三个层面的内容，既反映了我国人民在国家建设和社会发展方面的共同追求，又体现了对个人品格的共同要求。这三个层面的价值观在新教材中都着力落实，以爱国主义教育为例略作分析。

第一，通过介绍我国科学家的故事来弘扬爱国精神，激发学生爱国志向。例如，每个模块教材开篇都安排了"科学家访谈"，通过介绍袁隆平、施一公等我国杰出科学家的事例，以典型为榜样，让学生从科学家热爱祖国、献身科学的事迹中受到爱国主义教育。

第二，通过介绍我国在科技、经济、环境保护、医疗卫生等方面取得的巨大成就来反映我国正在阔步迈向社会主义现代化强国，激发学生的强国豪情。例如，介绍我国科学家2017年取得的重点科技成就"克隆猴"，世界上"第一个人工合成蛋白质"，在"单细胞基因组测序"方面取得的突出成就，率先研制出转基因抗虫棉，屠呦呦成功提取青蒿素，我国是名副

其实的发酵产业第一大国,塞罕坝生态恢复的奇迹等。

第三,通过介绍我国在环境、资源、生物多样性等方面面临的挑战,激发学生的责任感和使命感。

第四,通过阐明我国在科技、社会等方面的发展体现了社会主义的优越性,培育学生的制度自信,进而增进学生的国家认同。例如,在必修 2 开篇的"科学家访谈"中,袁隆平院士说:"杂交水稻是我国科技领域自主创新、社会主义协作的成就。它的成功离不开国家的高度重视和大力支持,同时也是我国广大农业科技工作者努力协作、合力攻关取得的。"此语鲜明体现了我国的制度优势。再如,在有关苯丙酮尿症的习题中,增加了"我国政府针对苯丙酮尿症患儿制订的特殊奶粉补助项目"的情境,体现了我国政府对特殊人群的关爱,有利于增强制度自信。

(二)渗透中华优秀传统文化,帮助学生树立文化自信

中华优秀传统文化教育与社会主义核心价值观教育本来就具有很强的内在一致性。例如:中华传统文化的精髓之一就是"讲仁爱,尚和合",这与社会主义核心价值观倡导友善、和谐是一脉相承的。我国古人倡导的天人合一与生态文明理念也是相通的。新教材通过有机融入中华优秀传统文化,培育学生的文化自信和人文底蕴。例如:必修 1 教材第 5 章第 2 节在问题探讨中,用优美的唐诗"银烛秋光冷画屏,轻罗小扇扑流萤"引入生命系统中能量的转换和利用;在"关于酶本质的探索"的"思考·讨论"中,介绍我国先民创造"酶"字的背景;必修 2 教材在第 2 章"复习与提高"中,介绍了我国古人发现的"牡鸡司晨"现象,反映我国先民的智慧;选择性必修 2 将庄子的"万物与我并生,天地与我为一",作为"人与环境"一章的章首页压图警句,使教材闪耀着中华智慧之光。

(三)体现"健康中国""美丽中国"理念

教材结合具体内容引导学生关注自身健康,为建设"健康中国"打下基础。例如,结合关于糖类、蛋白质、遗传病、细胞癌变等知识内容,倡导健康生活。在《稳态与调节》教材中系统地介绍有关健康的内容,为学生未来的健康生活奠基。教材既介绍必要的关于稳态、调节的基本知识,也非常重视引导学生运用有关知识解决生活中有关的问题,并用于指导健康生活。例如,教材结合人脑的高级功能的内容,特别安排了关于"情绪"的内容,介绍了人的情绪变化与健康,警惕抑郁症,调节情绪,乐观生活。这些知识内容有利于学生认识到,建立健康生活方式的重要性,懂得如何维护健康。

建设"美丽中国"的理念,各册教材都有体现,但重点落在《生物与环境》教材中。这册教材的"科学家访谈"介绍了我国加快生态文明体制改革、建设美丽中国的目标和相关理念,介绍了生态学在建设美丽中国中的作用。教材各章也都有相应的内容,既包括为学生建设美丽中国奠定必要的知识基础、提升关键能力,也包括反映我国诸多自然群落的风貌,介绍我国开展生态文明建设的诸多举措和成绩,比如建立东北虎豹国家公园的措施和东北虎豹种群保护的成绩,反映美丽中国建设的成就。这些内容有助于学生认同建设"美丽中国"理念,提高参与的自觉性,提升建设"美丽中国"的关键能力。

二、新教材对课程标准要求的落实

生物学学科核心素养是学科育人价值的集中体现,是学生通过学科学习而逐步形成的价值观

念、必备品格和关键能力。教材将发展学科核心素养的要求全面落实到教材具体的章节内容之中。

(一) 聚焦重要概念,为发展核心素养奠基

生物学概念是建立生命观念、提升科学思维的基础。课程标准内容聚焦大概念,教材依据课程标准的要求,聚焦生物学概念的建构。

第一,教材内容覆盖课程标准列出的全部生物学大概念和重要概念,同时考虑概念之间内在的逻辑联系,帮助学生将概念构成体系。

第二,注重概念的深度理解。精选事实作为理解概念的支撑材料;在呈现事实材料后提出有深度的思考题,指向概念的建构;对于重要概念,教材力求清晰、准确地阐述概念的内涵。

第三,注重概念的自主建构。将重要概念转化为章节中心问题,在真实情境中将中心问题分解为环环相扣的具体问题,以问题驱动概念的学习,引导学生在分析解决问题的过程中建构概念,这是新教材概念内容处理的基本思路。

第四,教材中具体的生物学概念也与时俱进,适当更新。

第五,教材的课后练习,从概念检测与拓展应用两个层次,引导学生关注概念的形成,关注知识的迁移应用。教材每章后的小结,帮助学生系统梳理所学概念,并建立概念之间的关系。

(二) 注重生命观念的理解和提炼,为分析解决生物学相关问题提供正确指引

生命观念既关系到对生命本质的深入理解,又关系到对待生命的态度和意识,还关系到科学的自然观乃至世界观和人生观。注重在概念基础上提炼生命观念,是新教材的一大特点。关于生命观念的具体内容,我们在认真研究课程标准的基础上,参考生物学哲学和国际科学教育新进展有关认识,提出生命观念主要包括物质与能量观、结构与功能观、稳态与平衡观、进化与适应观、系统观、信息观、生态观等。其中,系统观、信息观和生态观是课程标准中未明确表述的。之所以将系统观、信息观和生态观纳入生命观念的范畴,理由是:细胞、个体、生态系统等都是生命系统,生命系统不是其组分或局部结构的简单堆砌,而是有机的整体,"整体大于部分之和"。仅基于结构与功能观不能准确理解生命系统的整体性,以及各部分之间的相互作用,需要上升到系统观。信息观对于深刻理解基因的本质、生命活动调节的机制,以及生态系统的结构和功能等具有关键作用,应该予以重视。生命系统是存在于一定环境中的开放系统,要深刻理解生命系统与环境的关系,以及人与自然的关系,则应该上升到生态观。

新教材在落实生命观念教育方面,不同模块各有侧重。每个模块都是以生物学思想观念为内容组织线索,发挥生命观念对生物学概念的统摄作用。例如:必修1《分子与细胞》以系统观(细胞是基本的生命系统)为主线构建知识体系,同时物质与能量观、结构与功能观体现在许多章节内容中;必修2《遗传与进化》以人类对遗传信息的探索为主线构建知识体系,突出了生命的信息观——基因的本质是遗传信息;进化与适应观重点落在必修2有关进化的内容中,在其他模块教材中也时有渗透;选择性必修1《稳态与调节》显然主要反映了稳态与平衡观,稳态的调节自然离不开信息,因此信息观蕴含其中;生态观是选择性必修2《生物与环境》的核心观念,对于学生认同和确立生态文明思想有着重要意义。

新教材非常关注各条生命观念的融合,避免割裂地、片面地理解生命观念。例如,必修1教材既以系统观为主线,在具体内容中则较多体现结构与功能观,同时渗透进化与适应观:必修1在分析细胞学说的建立过程时,就通过讨论题引导学生思考并通过正文总结细胞学说

与进化论的内在一致性；第 2 章介绍细胞中的无机物（水）时以生命起源于海洋开篇，在第 3 章第 1 节介绍细胞膜的时候从生命起源的视角展开，在第 3 章第 2 节课后练习"拓展应用"中引导学生关注细胞器与生物进化的关系，都在引导学生将系统观、进化与适应观关联起来。这样，学生可以将生命观念有机融合。

（三）系统渗透科学方法教育，加强科学思维训练

在继承原教材重视科学方法、注重科学思维训练等优点的基础上，新教材系统设计了"科学方法"栏目内容，增补、完善重要的科学方法，充实了"思维训练"的内容。增加的科学方法有"归纳法""加法原理与减法原理"等。增加的思维训练有"运用证据与逻辑评价论点""综合概括""区别假设与预期""质疑与理由""验证假说，预测结果""分析循环因果关系""溯因推理""辨别偷换概念""评估论断的可信程度""评估获取证据的难度"等。经过充实，全套教材中的科学方法、思维训练更加系统和全面，包括证据的获取与甄别、数据的处理与解释、辨别假设、展开推理、评估论断等多个方面。

除了思维训练栏目外，教材在文字叙述、学生活动设计等方面，也都注意训练学生的思维，从而使得教材中科学思维的训练显隐结合，潜移默化与总结提升相结合。这样，教材有助于学生更好地全面达成课程标准中关于科学思维这一学科核心素养的要求。

（四）重视真实情境下的探究实践，落实实践育人

发展学生核心素养的关键在"做"，因此教材专门安排了若干"探究·实践"活动，提高了探究实践活动的可行性。鉴于一线教师已经非常熟悉有关科学探究的内容，本文不对科学探究作全面分析，仅从实践育人的角度举两例说明。

教材中的"探究·实践"，无论是验证性实验还是探究活动，都既有实验操作的指导或者探究方案设计的提示，也有具有思维力度的讨论题，引导学生在做中学、做中思、做中悟。在教材的许多"探究·实践"中，都一再强调仔细观察、认真记录，强调听取质询、进行答辩、反思，体现了在实践中建立科学态度的导向。有的"探究·实践"是探究性实验，教材特别注意引导学生在实践中体验探究过程，提升探究能力。例如，必修 1 "探究植物细胞的吸水和失水"，引导学生理解如何根据现象提出问题，让学生思考如何针对问题作出假设，再设计并完成实验来验证假设，从而体验探究过程，提升探究能力。考虑到这个探究是本套教材第一个探究性实验，加上设计实验需要一些有关化学知识和生物学实验操作技能，教材给出了参考案例供学生参考。在"影响酶活性的条件"这个"探究·实践"活动中，则将提出问题、作出假设都交给学生自己完成，让学生根据实际需要选择材料用具来开展探究，从而进一步提升探究能力。有的"探究·实践"具有一定的工程实践特征，如对选择性必修 3 "土壤中分解尿素的细菌的分离与计数"，教材则注意引导学生运用所学知识和工程思维，设计最佳方案获得产品，在实践中感悟和体验。

（五）注重提升学生的社会担当意识和能力

教材的正文、栏目、活动、课后练习等，都努力引导学生关注社会上与生物学有关的议题；引导学生关注生物科学技术在生产生活中的应用。教材正文中设有"与社会的联系"栏目，引导学生结合具体的知识内容，探讨社会上与生物学有关的议题；引导学生在社会生活中，运用所学生物学知识和已经掌握的科学思维方法，将生命观念用于指导实践。教材课后

阅读安排有"科学·技术·社会""与生物学有关的职业"等，引导学生关注生物科学技术在社会中的应用，并为他们的职业规划提供参考。

除了特定栏目外，教材还通过多种方式，立体地、全方位地引导学生提升社会责任担当能力和意识。例如，在必修2第6章第3节，安排了"抗生素对细菌的选择作用"，让学生通过探究体会抗生素滥用可能造成的危害，课后习题中引导学生关注超级细菌与抗生素滥用的关系，由此引导学生认识国家的医药政策，提升社会责任意识。必修2最后一节的习题，从隔离、进化、生物多样性保护的角度，引导学生分析在修高速公路或铁路时，如何权衡在地面铺设还是架设高架桥的方案。这也是为了引导学生将所学知识运用于社会生活中的有关议题、决策，提升其责任担当。

三、新教材促进学生全面发展的作用发挥

学科核心素养是学科育人价值的集中体现，但课程标准中所提炼的学科核心素养，决不等于本学科育人价值的全部。对照《中国学生发展核心素养》的要求，教材在提升育人价值方面还有广阔空间。

（一）从生物学哲学视角，让学生从生物学思想中受到世界观和人生观的启迪

生物学的育人价值，还表现在让学生领悟生物学思想，提升对自然界的认识，获得世界观、人生观方面的启迪。例如：必修1第2章的章小结写道"阐明细胞和生物体的各种生命活动都有其物质基础，初步形成生命的物质观，为辩证唯物主义世界观的形成奠定基础"；必修1第6章"细胞的生命历程"章引言写道"细胞的生命历程大都短暂，却对个体的生命有一份贡献"；本章小结中写道"基于对细胞分化形成的不同组织细胞之间的分工合作、细胞凋亡对个体有积极意义的理解，类比阐释个人与集体、个人与社会的关系，认同合作与奉献"。

（二）培育学生的科学精神和科学态度，培养创新精神和实践能力

科学精神是"学生发展核心素养"的六大素养之一，包括崇尚真知、尊重事实、严谨论证、辩证分析，以及具有好奇心和想象力、大胆尝试、不畏困难、坚持不懈等。实事求是、严谨求实的科学态度也是分析和解决生产生活中实际问题、参与社会性科学议题讨论的必备品格，应属于包括生物学课程在内的所有自然科学课程的重要课程目标和育人价值。虽然课程标准在阐述科学思维、科学探究时对科学精神和科学态度有所涉及，但没有把它们提到应有的高度。教材注意发挥生物学课程作为科学课程在培育科学精神和科学态度方面的教育价值，通过生物科学史的有机融入，通过科学家的故事，以及教材中的探究实践活动等，让学生理解科学的本质，并在学习过程中获得科学精神、科学态度方面的启示。例如，教材结合关于酶本质的探索过程和光合作用的探索历程，让学生"认同科学是在实验和争论中前进的，伟大科学家的观点也可能有一定的局限性。科学工作者既要继承前人的科学成果，善于汲取不同的学术见解，又要有创新精神，锲而不舍，促进科学的发展"。

实践创新也是学生发展核心素养体系的六大素养之一，虽然在生物学学科核心素养之"科学探究"中有所涉及，但教材将实践创新置于更高的位置。因为创新和实践不仅是能力范畴的，还是意识和精神范畴的。教材通过多种途径，既重视培养学生的创新精神和实践意识，又重视培养学生的创新和实践能力。例如，教材通过安排持续时间较长、有一定难度的

探究实践活动，以及开放性强的探究实践活动，在培养学生不畏困难、不懈探索精神的同时，也培养创新和实践能力。教材中不少习题、思考题都引导学生去解决开放性问题，也是为了培养创新实践品格和能力。例如：选择性必修1中"植物生命活动的调节"一章设计的"探索植物生长调节剂的应用"，就是这样一类活动的典型。在这一章设计的以下这道习题也是这一类习题的典型："昙花一般夜间开花，受昼夜交替节律的影响。如果要让昙花白天开花，可尝试采取哪些措施？"

（三）加强与其他学科的横向衔接，实现综合育人功能

新教材注意学科之间的衔接，关注跨学科概念。例如，教材中专门设有"学科交叉"栏目，引导学生关注有关的物理、化学等相关学科的概念。例如，必修1第1章第1节介绍了原子论，第2章第2节介绍了比热容，第5章第4节介绍了光的特性。这些学科交叉的知识点，既有助于学生理解相关生物学知识，也有助于建立学科间的联系，建立对自然界的整体认识。

新教材除加强与自然科学领域中相关学科的衔接外，还注重体现科学与人文的结合。科学与人文本来就是"在山麓分手又在山顶汇合"的，科学素养与人文素养相得益彰。因此，教材中也关注科学与人文的共通之处，注意科学素养和人文素养的紧密联系和互相渗透。教材章首页格言警句的引入与诗句创作，教材中随处可见的人文关怀，都体现促进人的发展是学科育人的本质追求。

四、新教材易教利学的呈现形式

（一）新教材的组织方式追求学科内在逻辑与学生学习心理的统一

一是知识体系的构建。教材章节以生物学学科思想、大概念来组织，便于学生将所学概念建构为概念网络。各模块教材都在全面落实课程标准有关大概念要求的基础上，对概念体系作梳理，以主线贯穿概念的关系，使概念成为体系。《分子与细胞》以细胞是基本的生命系统为主线构成有内在逻辑的整体。《遗传与进化》按照人类认识基因的历史为线索组织内容，将课程标准的学习内容要求组织成概念体系。《稳态与调节》以个体水平生命系统稳态及其维持为主线组织内容。《生物与环境》则以种群群落、生态系统等群体水平生命系统的整体性、动态变化及其调节为主线。《生物技术与工程》以生物工程的原理、应用及其社会影响为组织线索。各模块教材章节的标题，就是一个概念体系。

二是对内容的把握以基础性为前提。教材在落实生物学重要概念的教学要求时，注意基础性，以"高中阶段""基础教育"为前提。教材正文内容所涉及生物学概念的范围，都以课程标准的内容要求为依据。在具体概念的阐述时，也把握在高中学生可理解的程度上。例如：呼吸作用、光合作用的概念，既不同于初中阶段到现象描述即止，也不同于大学生物学课程中详细介绍电子传递链的方式，而是简明扼要地介绍基本原理。

三是具体章节内容的组织，也尽量便于学生学习。如蛋白质、细胞膜等节，改变了传统教材先讲结构后讲功能的做法，从较好理解的"功能"入手，然后提出问题，逐步深入，揭秘结构。同时，教材为学习提供必要的素材做"脚手架"，驱动概念建构。

四是处理好新知识与学生已有知识和经验的关系，注意调动学生已有的知识经验。教材考虑学生已有经验和前科学概念。教材中每节开篇的"问题探讨"，很多就是结合学生已有知识经验来创设情境的。教材在内容的阐述时，经常结合学生已有知识经验、前科学概念来展

开。例如，必修 1 在介绍细胞中的糖类时是这样导入的："说到糖，我们并不陌生，可以说出一连串糖的名字：绵白糖、砂糖、冰糖、葡萄糖等。其实，除了这些我们熟知的糖类，淀粉、纤维素等也属于糖类。这些糖类的分子有什么相同和不同之处呢？淀粉、纤维素并不甜，为什么也属于糖类呢？"教材中的很多练习题也是结合学生生活经验进行检测。例如，"某超市有一批过保质期的酸奶出现胀袋现象。酸奶中可能含有的微生物有乳酸菌、酵母菌等。据此分析胀袋现象的原因……"这都是结合生活经验来检测生物学概念，促进概念的迁移和应用。

五是处理好知识内容与学生活动的关系。这里所说的活动包括探究实践类和思考讨论类。教材中的"探究·实践""思考·讨论"活动，其主要作用之一就是引导学生进行探究性学习，驱动概念的建构。"思考·讨论"提供资料作为脚手架，学生通过分析、讨论，可以形成概念，发展素养。"探究·实践"需要动手操作，有的还需要设计探究方案，学生通过这一类活动，既提高探究能力，也建构概念、发展素养。

六是处理好知识的现有结论与相关科学史的关系。生物科学史是培育生物学核心素养的好材料，其中包括能还原知识形成过程的，由此加深学生对知识的理解。教材在很多时候不惜版面，浓墨重彩地介绍科学史，如酶的发现、细胞膜流动镶嵌模型的建立、促胰液素的发现等。《遗传与进化》也十分重视科学史内容，教材编排顺序基本按照遗传学发展的历史进程来安排，从孟德尔到摩尔根，再到沃森和克里克。这样安排，既展示了科学的过程和方法，也体现了知识的内在逻辑。这样学生在学习过程中，犹如亲历了科学家孜孜以求的探索过程，在分析知识形成的过程中达成对知识的深刻理解，同时受到科学方法、理性思维和科学精神等多方面的启迪。学生可以不断提出问题，分析和解决问题，再提出新的问题，尝试像科学家那样进行思考、推理和解释，从而感悟其中蕴含的丰富的科学精神、科学态度。

（二）教材的呈现形式重视激发兴趣，提升阅读体验

针对不同内容特点和学生的心理特征，处理好显性呈现和隐性呈现的关系，是教材呈现方式要研究的重要问题之一。显性呈现和隐性呈现各有优势和局限性。显性呈现明确清晰，便于学生理解和掌握，但过于直白，忽略学生思维上逐步建构的过程，有时显得生硬；隐性呈现有利于学生通过积极思维自主建构、体验和感悟，但有时会过于隐晦，对学习能力不足的学生效果不好。

新教材在学习目标、概念内涵、方法要领、思想观念提炼等方面注意显性与隐性的结合。在学习目标部分，每节的"本节聚焦"，提示了本节的核心学习任务，聚焦于概念的学习，以问题形式列出本节主要知识目标，科学思维、探究能力及生命观念方面的目标采取隐性处理。关于重要概念的内涵，教材在引导学生自主建构的基础上，以黑体字形式明确表述；关于科学方法和科学思维，教材大多在相关活动中引导学生思考，属于隐性处理，在适当位置有专门的提炼，以"科学方法"和"思维训练"专栏显性呈现；关于生命观念、科学本质观、科学态度和科学方法等，在相关正文或活动中多采取隐性处理的方式，引导学生自己思考和感悟，在本章小结等处则以总结性文字作为点睛之笔，予以显性呈现。

生物学是一门自然科学，课程标准是面向所有学生的统一要求。处理科学内容的严谨性、表述方式的通俗性和呈现方式的灵动性之间的矛盾，教学内容的规定性与学习主体的差异性、学习方式的多样性和探究过程的开放性之间的矛盾，也是教材呈现方式要研究的重要问题。教材对此作了深入探索，许多概念的定义比专著上的通俗，但又不失严谨；有的知识内容创新呈现形式，如细胞的基本结构和功能、蛋白质的结构和功能，采取以图代文的形式，既灵

动活泼，又简明准确。

为了便于教和学，区分主和次，兼顾知识、能力和情感，教材设计了各种栏目来呈现学习内容。

第一，教材各章首页、各节起始栏目"问题探讨"，都能起到创设学习情境的作用，并且在情境设计方面更加注意真实情境、贯穿性问题情境的设计。

第二，教材主体内容分主副栏，主栏为主干学习内容，副栏为拓展性内容，功能区分清楚。教材主干内容又分别用黑体字、宋体字、楷体字来区分层次要求。其中，黑体字是重要概念，需要达到理解、应用的要求；宋体字是需要学生认真阅读的内容；楷体字则是供学有余力的学生选学的内容。这样，教材正文主体内容要求层次有明确区分。教材中的副栏包括学科交叉、知识链接、相关信息、批判性思维、想象空间等，供学有余力的学生开阔视野。它们虽然属于拓展性内容，但对于开阔视野、提升思维深度和广度都很有价值。例如，批判性思维可以引导学生求异、发散思维，想象空间有助于学生展开科学想象。

第三，教材正文中讲述板块与活动板块灵活有序安排，学生活动主要归并为"思考·讨论"和"探究·实践"两个栏目。前者穿插在正文中，便于学生通过对事实性资料的分析得出结论、建构概念、领悟方法等；后者相对独立，尽量不打断正文讲述的连贯性。

第四，每章、每节学习之后，都及时进行检测。检测题的设计，注意聚焦重要概念、创设真实情境、提升思维力度、指向核心素养。每章最后有"本章小结"，对本章内容从"理解概念"和"发展素养"两个方面进行总结和提炼。

第五，教材设置了课外阅读栏目以拓展学生的视野，给学生多方面的启迪。这些课外阅读栏目包括"科学·技术·社会""科学家的故事""与生物学有关的职业""生物科技进展""生物科学史话"等。它们都各自成篇，不干扰正文内容，也不增加学习负担。因此，这可以较好地反映生物学日新月异的发展，反映科学的历史和本质，体现科学技术社会的关系，渗透人文精神，实现生物学科的育人价值。

第六，教材的文字表述力求简练、明快、通俗、生动，体现我国国家通用语言文字的优美节律和韵味，避免西式话语体系和表达方式。章首页题图配诗，体现现代生物科学与中华民族独特人文底蕴的有机融合。教材在插图和版式上进行创新设计，以激发学生的阅读兴趣，提升阅读体验。

综上所述，普通高中生物学新教材在体现社会主义核心价值观、聚焦学科核心素养、体现生物学学科独特育人价值、易教利学等方面作出了许多努力，在思想性、科学性、时代性，以及凸显中国特色等方面有显著提升。但如何更好地落实立德树人根本任务，编出具有中国风格、中华民族神韵的生物学教材，依然任重而道远。

第三节 "新高考"——贯彻高考评价体系

普通高等学校招生全国统一考试简称"高考"，是合格的高中毕业生或具有同等学历的考生参加的选拔性考试。高考是连接基础教育与高等教育的制度桥梁，其对培育个人成才、服务国家发展、实现立德树人根本任务的重要性不言而喻。高考与基础教育紧密相连，因此高考评价体系必将与高中育人方式改革紧密衔接。高考评价体系的出台将实现高考由单纯的考试评价向立德树人重要载体和素质教育关键环节的转变。高考评价体系立足于培养德智体美劳全面发展的社会主义建设者和接班人，力求运用教育评价的新理念和新方法，在高考评价中完成立德树人根本任务的机制性设计，以及与素质教育理念、目标和要求的体系性衔接。

一、中国高考评价体系构建的意义

2014 年，《国务院关于深化考试招生制度改革的实施意见》出台，对加强高考内容改革顶层设计提出要求，明确指出要依据高校人才选拔要求和国家课程标准，科学设计命题内容。2018 年，习近平总书记在全国教育大会上指出，要努力构建德、智、体、美、劳全面培养的教育体系，形成更高水平的人才培养体系；要深化教育体制改革，健全立德树人落实机制，扭转不科学的教育评价导向，坚决克服唯分数、唯升学、唯文凭、唯论文、唯帽子的顽瘴痼疾，从根本上解决教育评价指挥棒问题。考试招生制度是我国的基本教育制度，是立德树人落实机制的关键组成部分，必须维护和增强全国统一高考在人才选拔培养中的核心地位。为全面贯彻落实全国教育大会精神，2019 年，教育部明确提出要立足全面发展育人目标，构建包括"核心价值、学科素养、关键能力、必备知识"在内的高考考查内容体系。这为科学构建中国高考评价体系提出了明确目标，提供了基本遵循。

中国高考评价体系是根据新时代党的教育方针与国家教育改革相关政策文件构建的、符合素质教育全面发展要求的、用于指导高考内容改革和命题工作的测评体系，主要包括高考的核心功能、考查内容、考查要求和考查载体等。中国高考评价体系通过解决"为什么考、考什么、怎么考"的问题，从高考层面对"培养什么人、怎样培养人、为谁培养人"这一教育根本问题给出了回答。中国高考评价体系的科学构建，是从根本上解决教育评价指挥棒问题的重大举措之一，也是健全立德树人落实机制、实现德智体美劳全面发展育人目标的必经之路。

第一，高考评价体系是落实立德树人根本任务、发展素质教育的科学系统。它依托现代测评理论和技术，科学设定核心功能，精心设计考查内容、考查要求和考查载体，创造性地将立德树人根本任务融入考试评价过程，以实现高考评价目标与素质教育目标的内在统一，切实将高考打造成为立德树人的重要载体和素质教育的关键环节，成为德智体美劳全面培养的教育体系的有机组成部分。

第二，高考评价体系是发挥高考正向积极导向作用的坚实基础。它将国家和高校的选才需求与素质教育育人目标有机联通，是实现"招—考—教—学"全流程各个环节无缝衔接、良性互动的关键。高考评价体系通过创新评价方式、优化评价手段、深化命题实践改革，全面、客观、准确地测量和评价学生的综合素质，为打破"唯分数"的单一评价模式、构建多元评价体系创造条件。

第三，高考评价体系是教育公平的强力助推器。它奠定了坚实的命题理论基础，构建了科学严谨的学科命题指南，为确保高考的考试质量提供了充分的技术保障与体系支撑，有利于发挥考试对教育公平的促进作用。同时，高考评价体系提供的大量科学评价数据，还能为基础教育资源的公平配置和高等教育入学机会的公平分配提供科学依据，从而进一步促进教育公平的实现。

第四，高考评价体系是高考内容改革持续深化和教育领域综合改革纵深推进的重要保障。通过构建具有中国特色的高考评价体系，形成深化高考内容改革、持续指导命题实践的长效机制，能够更好地发挥高考评价在科学区分学生综合素质及选拔人才等方面的功能，为推进高考综合改革、优化高校招生综合评价机制奠定坚实基础。此外，高考评价体系高度契合高中课程改革理念，可以积极促进素质教育正向导向作用的发挥，为高中育人方式改革提供有力支撑。

二、中国高考评价体系的内涵

高考评价体系主要由"一核""四层""四翼"三部分内容组成。其中,"一核"为核心功能,即"立德树人、服务选才、引导教学",是对素质教育中高考核心功能的概括,回答"为什么考"的问题;"四层"为考查内容,即"核心价值、学科素养、必备知识、关键能力",是素质教育目标在高考中的提炼,回答"考什么"的问题;"四翼"为考查要求,即"基础性、综合性、应用性、创新性",是素质教育的评价维度在高考中的体现,回答"怎么考"的问题(图1-2)。

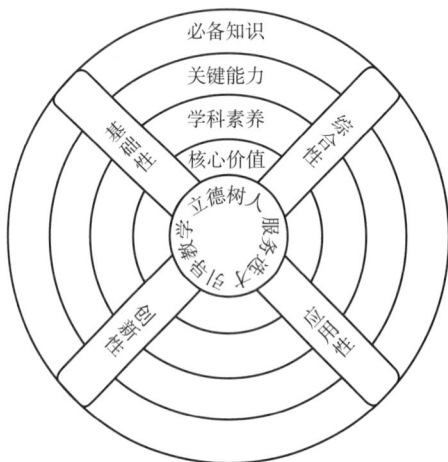

图1-2 中国高考评价体系

(一)一核——高考核心功能

"一核"是指核心功能,回答为什么要进行高考这一问题,也就是教育的目的,包括三个层面。

(1)"立德树人"。目前大家都能关注到高考中能够检测学生的知识储备水平这一方面。然而除了要考查学生们的知识理解程度,国家更注重的是要选拔出德才兼备的高质量人才。这一方面从我国将"立德树人"作为教育的根本任务这一举措中也能得到印证。举行高考也是对学生社会主义思想的检验,这也是我国为什么举行高考的主要原因。

(2)"服务选才"。高考中有百分之七十是基础性试题,百分之三十则是创新型题目,需要具备一定的综合分析运用能力的学生才能驾驭。此形式不但能将不同知识水平和学习能力的学生区分开,也能帮助不同层次的大学选拔出适合的学生。此外,这能使各个专业和行业都有源源不断的生源,从而促进社会有条不紊的发展和进步。

(3)"引导教学"。知识方面,高考中每部分知识不论是从考查的内容还是考查的题型都会作为教师们日后进行教学的依据。在能力方面,高考中对于学生的思维和探究能力的培养的考查比重不断加大,同时也能使教师们意识到在平时教学中多注重对学生能力的培养。在情感态度与价值观方面,试题中更多出现社会主义核心价值观以及走在世界前沿的发明创造案例,也会让教师们意识到在学校课堂中要有导向性的引导学生们建立科学的情感态度和价值观。总之,高考可以不断完善国家教学质量,改进教学水平,使学生们的知识、能力、情感都有所提高。

（二）四层——高考考查内容

"四层"回答考查内容方面的问题，主要包括以下四个方面内容。

（1）核心价值是首位。在"四层"的主要内容中，核心价值居于首要地位。核心价值是指即将进入高等学校的学习者应当具备的良好政治素质、道德品质和科学思想方法的综合。在高考中，对学生核心价值的考查是非常重要的一点。根据生物学的学科特点，教师应在生物教学中着重引导学生形成尊重生命、保护环境、热爱自然等观念。

（2）学科素养是关键。学科素养是指学生学习每门学科的基础知识后形成的，能够结合所知所学高效解决理论问题及实际生活问题的综合素质。为了体现每门学科的特点，各个学科都在学科素养方面有不同的要求。生物学科的生物学核心素养主要指的是学生在面对生物相关试题及实践活动情境时所展现的思维观念、情感态度及动手能力。生物学科核心素养由四个方面组成，包括生命观念、科学思维、科学探究、社会责任。

（3）必备知识是基础。必备知识即学生在学习生活中应该掌握的基础知识，能够为学生在发现问题并且解决问题时提供理论基础，使学生快速并高效的应对问题。必备知识中不仅包括学生应知应会的基本原理和基本概念等陈述性知识，而且包括基本技能或技术等程序性知识。因此，必备知识是由陈述性知识和程序性知识二者共同组成，以便于学生逐渐形成学科素养和关键能力。

（4）关键能力是重点。关键能力是指学生在解决知识性问题以及面对实际生活挑战时展现出来的综合能力。其包括三个主要方面，即获取知识的能力、解决问题的能力和实践操作能力，是学生核心素养的宏观体现。针对现阶段出现的部分学生基础知识掌握得较好，然而在面对新情境、新问题时不能举一反三的情况，将关键能力作为高考评价体系的一部分，说明教育不仅仅是要培养出知识力超群的学生，而是要培养出多方面和谐发展的时代青年，不断提高国家的综合国力。

（三）四翼——高考考查要求

高考评价体系提出基础性、综合性、应用性、创新性的考查要求，一方面体现了高校对人才选拔的要求，另一方面也体现了素质教育培养目标的要求。

（1）基础性强调基础扎实。其是指在高考中，命题人会从学生在日常学习时所掌握的基本原理、概念和方法等出发，结合学生的实际生活经验和现有的认知能力去设置问题，保证高考的效度和信度，以此来考查学生对于基础性知识的理解和掌握程度。

（2）综合性强调融会贯通。其既考查学生能否能将所学知识联系起来，进行综合分析运用，也是对学生综合实力的检测，如是否具备对问题的理解能力，以及语言表达能力等多种能力。

（3）应用性强调学以致用。其是对学生能否将书本中学到的知识应用到实际生活中这一方面的考查。高考中逐渐加大对于学生应用能力的考查，如在生物学科中频繁出现的克隆技术、生态环保问题，以及对新产品的研发问题等。

（4）创新性强调创新意识和创新思维。其为了通过高考试题来选拔出具备创新思维的学生，新时代是创新的时代，教育就要让学生减少思维定势的干扰，着重培养创新型人才。因此，在高考试题中会给学生新情境、设置新问题来检测学生对于新问题的分析和创造能力。

三、高考评价体系中的考查载体

高考评价体系最重要的创新之一，即通过"四层"考查内容将学科能力考查与思想道德渗透有机结合，利用"学科素养"这一关键连接层实现了融合知识、能力、价值的综合测评，从而使"立德树人"真正在高考评价实践中落地。情境正是实现这种"价值引领、素养导向、能力为重、知识为基"的综合考查的载体。

（一）情境与情境活动的定义

高考评价体系中所谓的"情境"即"问题情境"，指的是真实的问题背景，是以问题或任务为中心构成的活动场域。"情境活动"是指人们在情境中所进行的解决问题或完成任务的活动。根据目前高考的考查方式，高考内容的问题情境是通过文字与符号描述的方式即纸笔形式进行建构的，而情境活动也同样是通过文字与符号的形式进行的。

高考评价体系中的"四层"考查内容和"四翼"考查要求，是通过情境与情境活动两类载体来实现的，即通过选取适宜的素材，在现学科理论产生的场景或是呈现现实中的问题情境，让学生在真实的背景下发挥核心价值的引领作用，运用必备知识和关键能力去解决实际问题，全面综合展现学科素养水平。

（二）情境的分类和情境活动的分层

基于知识应用和产生方式的不同，高考评价体系中的情境可分为两类。第一类是"生活实践情境"。这类情景与日常生活以及生产实践密切相关，考查学生运用所学知识解释生活中的现象、解决生产实际中的问题的能力。第二类是"学习探索情境"。这类情境源于真实的研究过程或实际的探索过程，涵盖学习探索和科学探究过程中所涉及的问题。学生在解决这类情境中的问题时，必须启动已有知识开展智力活动，同时在解决问题的过程中运用创新的思维方式。

基于情境的复杂程度，高考评价体系中的情境活动可以分为两层。第一层是简单的情境活动。此类情境活动中需要启动的是单一的认知活动，即面对问题时只需要调动某一知识点或某种基本技能便可解决。因此，通过这类情境测评出的是学生基本知识和能力水平。第二层是复杂的情境活动。此类情境活动设计的是复杂的认知活动，主要考查学生综合运用知识和能力应对复杂问题的水平。该类情境活动主要取自国际政治经济、党和国家政策改革、社会发展历史事实、科技前沿等方面，在考查学生知识和能力的基础上，评价其价值取向、测评其学科素养水平，从而发挥高考评价体系中"价值引领、素养导向、能力为重、知识为基"的作用。高考以生活实践问题情境与学习探索问题情境为载体，回归人类知识生产过程的本源，还原知识应用的实际过程，符合人类知识再生产过程的规律，为解决在当今知识爆炸时代，如何通过考试引领教育回归到培养人、培养学生形成改造世界的实践能力这一重大问题提供了可行的路径。

（三）情境和"四层""四翼"的关系

命制试题要根据学科的特点，选择不同的情境，发挥不同水平必备知识、关键能力和学科素养的功能，共同实现核心价值的引领作用。同时，由于情境活动不同，情境与"四翼"也存在一定的对应关系。简单的情境活动，即考查基本知识和能力水平的情境活动，主要对应"四翼"中的基础性要求，也包括一定程度的应用性和综合性要求。复杂的情境活动，主要考查学生应对生活实践问题情境与学习探索问题情境的综合素质，即在核心价值引领下，综合运用知识和能力的水平，体现了考查的"综合性""应用性"与"创新性"。

（四）情境在命题中的运用

基于"四层"考查内容与"四翼"考查要求的关系，高考命题应设计以下四种类型的题目。

一是基础性为主的试题。高考设置的考查科目是考生面对未来的学习生涯及职业生涯的重要基础。在命制试题时，要以问题情境为载体，加强对基本概念、原理、思想方法的考查，体现高考试题的"基础性"。这一类型的试题引导学生重视学科的基础内容，确保学生基础扎实。只有根深基稳，才能枝繁叶茂。只有打好基础，学生才能在未来的学习工作中更好地成长和发展。

二是综合性为主的试题。高考要注重考查学生掌握学科知识体系的完整性，关注不同知识内容之间、不同学科知识之间的联系，引导学生整合所学知识并培养学生的实践思维。在命制试题时，应根据考查的需要，注重选择生产生活中的真实案例，参照学生的实际认知水平，进行合理的简化或处理来设置问题情境。这可以实现在多模块或多学科知识的背景下，有效考查学生综合运用知识和能力的水平，从而体现出高考试题的"综合性"。

三是应用性为主的试题。在社会不断发展进步的背景下，选取工业生产、产品制造、技术论证，以及政策讨论等实际存在的现实问题，通过提供多种形式的材料，命制结论开放、解题方法多样、答案不唯一的试题，增强试题的开放性和探究性，引导学生打破常规进行独立思考和判断，提出解决问题的方案。这是考查学生学以致用、应对生活实践问题情境的学科素养，体现了高考试题的"应用性"。

四是创新性为主的试题。当今时代，社会经济迅猛发展、科学技术日新月异，新产品、新技术层出不穷。创新性试题命制要紧密结合我国社会亟待解决的紧迫问题、科学技术前沿理论、工程技术领域的重大项目等进行编拟，使试题具有浓厚的时代气息和鲜明的中国特色。此类问题情境与社会实际密切相关，具有现实意义和价值引领作用，要求学生多角度、开放式地思考问题。这类试题旨在考查学生独立思考、对问题或观点提出不同看法并进行论证的能力，考查学生敢于质疑、敢于批判的思维能力，考查学生创新性地运用知识去发现新规律、研发新理论、开发新技术，为制定新政策、开拓新领域提供支撑的能力。总体而言，这种类型的试题考查的是学生的创新思维和意识的"创新性"。

综上所述，根据"四翼"考查要求，高考命题需要体现基础性、综合性、应用性和创新性。因此，命题中应包含一定比例的基础性试题，引导学生筑牢知识基础；试题之间、考试内容之间、学科之间应相互关联，交织成网状的知识测评框架，实现对学生素质的综合考查；采用贴近时代、贴近社会、贴近生活的素材，鼓励学生理论联系实际、关心日常生活、生产活动中蕴含的实际问题，思考课堂所学内容的应用价值；合理创设情境，设置新颖的试题呈现方式和设问方式，促使学生主动思考，发现新问题、找到新规律、得出新结论。

四、高考评价体系下的生物学教学建议

（一）加强生物知识与生活实际的联系

生物知识来源于生活又在生活的基础上逐步发展。目前人类的许多疾病都需要依靠生物技术手段进行诊断和治疗，如核酸检测技术成为检测新型冠状病毒的主要方法，而核酸检测的原理就是生物学中的 PCR 技术。此外，生物知识可以充分解释生活常识，如在移栽植物或花卉时，要剪断部分叶片以减少蒸腾作用散失的水分，这样有利于其存活；刚收获的水稻、

小麦等种子，必须尽快晒干，是因为它的呼吸作用旺盛，不能长时间贮藏。在高中生物内容中有果酒与果醋制作、腐乳制作，教师可以指导学生进行制作，制作成功后可以给家人食用，真正体现学以致用。由此可见，生物科学与人类生活密切相关。高中生物教师要不断向学生们普及此类知识，能激发学生们对于生物的兴趣，提高学习成绩，让学生们意识到生物知识来源于生活，学会之后将来也要应用于生活中。生活化教学还能加深对教材的开发和利用，促进教师的专业化发展，为教师今后的教学奠定基础。

（二）加强实验教学

在课堂中开展实验，可以帮助学生更好地学习基础知识，培养学生的生物思维、观察能力等一系列的核心素养。近几年，高考试题中多次出现实验情境，考查在实验情境中如何灵活应用所学知识，这样的考查方式旨在检测学生们的科学思维和科学探究等解决问题的能力。因此，教师们要重视实验教学，课本中已经设置了"探究实践"这一栏目，教师要努力创造实验条件，经常带领学生走出传统课堂，走进实验室或进行虚拟实验等方式，让学生动脑思考自主设计实验步骤并动手操作去感悟其中的原理和技术，并从中积累经验，逐渐养成科学的思维和创新能力。

（三）加强社会责任教育

弘扬社会主义核心价值观是每个公民的责任与义务。作为生物教师，我们要结合课程标准和核心素养要求，时刻将生物知识与价值观融合在一起。如让学生结合新冠病毒的结构特点及增殖方式，思考讨论治疗方案，从而训练学生的科学思维能力，增强学生的社会责任意识。此外，在我国部分地区中，一些人错误地将婴儿性别归责在女性身上，甚至当有些夫妻无法生育时，人们恶意地揣测是女性得了不孕症等。这时我们可以用生物课堂上学习的基因与染色体的关系来反驳这一落后的观念，说明生育概率、婴儿的性别等问题与夫妻双方的染色体都有关系，我们要科学的看待这一问题，摆脱错误看法。如在我国，转基因产品及克隆技术一直备受争议，在实际教学的过程中我们也可以适当地将这些科学性议题引入课堂中。不仅有助于学生理解科学知识，而且有助于学生对伦理道德的认识。在教学的过程中，不断将课堂内容与社会问题联系起来，引导学生形成优良品质，如尊重科学与事实、爱护生命、促进人与自然和谐相处等观念，增强学生们的社会责任感。

（四）加强模型教学

将模型应用在生物学中具有简化、探究、建构概念、解释以及预测现象五种功能，将模型构建方法应用于生物学教学中可以促进学生对相关知识的理解和掌握。目前，高中生物有些知识点对于学生来说比较抽象，如对于刚进入高中课堂的高一学生而言，DNA的双螺旋结构就很抽象，这时教师可以结合DNA双螺旋结构模型来进行讲解，让学生有更直观的视觉冲击，有助于学生理解DNA的结构，也有培养学生的科学思维，也可以引导学生发挥创新能力自己动手制作DNA双螺旋结构模型。除构建上述物理模型外，在教学中也要加强概念模型的运用。概念模型中必须能够清晰的反映出各个概念之间的区别与联系，每个概念的最核心的要点是什么，在我们生物学的大框架内属于哪一部分，起到了怎样的作用等。在课堂上加强模型教学，既可以让学生在构建模型的过程中认识到自己是否真正学会了这一知识点，同时教师也能了解学生对知识的掌握程度，及时进行评价和反馈。

第二章　中学生物学教材分析

本章学习目标

(1) 认同教材分析的重要性。

(2) 简述生物学教材分析的方法，并能够应用方法进行相应内容分析。

(3) 阐明教材各栏目的作用，并能够在教学中有效利用。

(4) 解释中学生物学教材内容的组成。

要想呈现出一堂精彩的课，首先就要对教材进行全面且详细的分析，教材分析是教师进行教学设计、编写教案、教学实施的前提和关键。本章将从教材分析的理论基础、教材的结构分析、教材的内容分析三方面进行介绍，以期提高准教师的教材分析能力。

第一节　教材分析的理论基础

一、教材分析的依据

中学生物学教材不同于一般的生物学书籍，它承载着一定的教育目的而编写的，受众是中学生，是在符合学生的心理活动规律和认知规律的基础上编写的，所以对中学生物学教材的认识与分析应有相应的依据。

1. 教育目标

基础教育阶段的每一门课程都要为实现国家教育目的、落实国家教育方针服务。我国教育的根本任务是立德树人，培养德、智、体、美、劳全面发展的社会主义建设者和接班人。各学科的教材都要围绕这一总的教育任务，全面体现这一总的教育目标，才能从总体上把握或判断教材的方向和编写意图。进行教材分析时，应以此为基点，分析教材在内容选择、呈现形式、学习程度要求等是否符合这一总的教育目标要求，在教材中又是如何体现的。

2. 课程标准

课程标准对课程性质、课程基本理念、课程结构、课程内容、学业质量标准、教学实施建议等都作了规定，是教育教学的综合性指南。教师需要在深入解读课程标准的基础上，再对教材进行分析，能够对教材的编写意图、设计理念等有更深入的理解。只有做好课程标准与教材的衔接、教材与教学活动的衔接，才能够增强教学实效，落实学生生物学学科核心素养的培养。

3. 学科知识结构

任何一门学科都是人类经过长期的科学研究和实践，对自然界本质的认识不断加深，逐渐形成科学体系。作为人类文化重要组成部分的生物学，是自然科学中的一门基础学科，是研究生命现象和生命活动规律的科学，生物学的研究经历了从现象到本质、从定性到定量的发展过程。当今，生物学在微观和宏观两个方向的发展都非常迅速，并且与信息技术和工程技术的结合日益紧密，正在对会、经济和人类生活产生越来越大的影响。生物学不仅是一个结论丰富的知识体系，也是人类认识自然现象和规律的一些特有的思维方式和探究过程。

中学生物学教材内容，是整个生物学知识最基础的一部分。只有认识到生物学科总体结构，在学科知识结构完整的基础上分析中学生物学教材，才能有利于教师明确各部分教材内容在生物学知识体系中的地位和作用；才能便于教师从整体的角度深刻理解教材中各部分知识内容，以利于融会贯通，在教学中才能做到深入浅出。同时，这便于教师从发展的观点掌握知识，以避免教学中的绝对化和片面性。

4. 学生认知规律

教学是实现教育与教学目的的一个有组织、有调控的认识过程，学生是该认识过程的主体。教学过程是要在学生原有认知结构的基础上，继续构建新的认知，而教师的工作是在这个过程中借助相应教学载体，搭建知识与能力构建的阶梯。需要注意的是，知识信息是作用于学生原有的认知结构，只有找到联系，才能发生同化或顺应过程。所以，教师在进行教材分析时，一定要依据学生的认知结构特点和认识规律分析教材，才能判断教材的知识结构是否与学生的认知结构相适应，以及是如何适应的；才能在更深的层次上理解和把握教材的结构体系和具体安排，做出恰当的处理；才能从教育和发展的角度进一步把握教材，挖掘教材中显性与隐性教育教学资源，使教学过程更好地符合学生的认识规律，收到更好的教学效果。

二、教材分析的方法

教材分析是教师的重要常规工作之一，只有做好教材分析才能保证教学实施的有效性。那么，教师应如何进行教材分析呢？

1. 知识分析法

知识分析法是指在全面阅读教材的基础上，从不同层次上对教材涉及的知识进行多角度、多方位的分析，是以分析知识为主的方法。走向工作岗位的教师，应先泛读中学生物学教材，对中学生物学的知识内容有整体把握，再到某个模块或某册教材的通读，再到某章、某节、某个片段的精读。这样再作教材的具体分析时，才能从教材的编写意图到内容设置的层级性做到了解，对教材所选内容的特点、作用与地位，教材的体系及逻辑结构，进而明确教材的重点、难点，同时挖掘思想教育及科学方法与能力培养等因素。

分析教材知识内容是进行教材分析的首要工作，中学教材是为了实现一定的教育教学目的、利于学生学习而编写的，而教学目的和教学任务首先是通过知识传授来体现。进行知识分析时，首先，要确定所要分析内容中的知识类型，如事实性知识有哪些，概念、原理、规律性知识有哪些，前后衔接的知识有哪些，学科交叉的知识有哪些，应用拓展性知识有哪些等。然后，根据这些知识的内在联系，形成知识网络图，以更全面深刻地理解教材的知识体系，提高教师对教材的处理加工能力。

2. 结构分析法

结构分析法是指用结构观点来分析中学生物学教学全过程（包括教育目标、教材内容、教法与学法）的一种方法，也是教学过程中常用的一种方法。其可以用来进行教育目标、教材结构、学生认知结构和教学方法等的分析。除了对知识逻辑结构的分析，分析教材的知识结构应包括一般逻辑结构、认知结构、教学流程结构、阶段结构、分布结构和组成结构等。分析教学目标结构应包括核心概念结构、科学思维和科学探究能力结构、责任态度价值观结构。

运用结构分析法进行分析时一般采用结构分析图示法，即我们把找出结构成分，分析本质联系，作出简明图示，并进行功能或总体特征分析以得出结论。具体做法：一是明确对象、范围、主要组成与总体特征。分析的是什么系统，如分析的是知识结构还是目标结构，找出该系统结构的主要成分或要素及其大体关系，从总体方面把握该系统的主要特征或变化趋势。二是深入发掘本质性联系，从不同性质的成分与内外联系中发掘其主要联系或本质联系，这是结构分析法中的关键一步，即所谓"去粗取精"。三是设计简明图示。图示的形式可以多种多样，包括图、表、线条、方框等，图示设计好后还要用以进行结构的功能或整体特征的分析。

3. 心理分析法

心理分析法应用在教材分析过程中，一是要从分析教材的心理因素入手，分析编者在全书的整体结构设计、内容选取与安排、教材的主要风格和特点等方面是如何考虑和适应学生的心理发展的。二是分析学生在生物学学习的具体环节中的心理过程特点及其障碍，以便在教学实施过程中更好地落实教学要求。

例如，人教版的普通高中生物学教科书在介绍《蛋白质是生命活动的主要承担者》《细胞膜的结构和功能》时，都是先介绍功能的内容，再介绍结构的内容，这就是符合学生认知结构的一种编写特点。教师在进行教材分析时，能否从心理学角度正确领会设计意图，将决定教学实施过程的效率。

4. 方法论分析法

方法论分析法就是以生物教材内容为基础，以生物学的发展史料为线索，运用生物学发展中的基本研究方法对比剖析与挖掘、总结教材中的方法论因素。生物学方法论因素是指教材中所体现的研究生物学所应用的各种基本方法，如常规方法——观察、调查、实验、分析归纳、假说演绎、类比推理等。

通过对比分析、深入挖掘教材中的方法论因素，为进行生物科学方法教育提供素材，奠定基础，进而帮助学生初步掌握生物学的研究方法，培养科学态度与科学精神，形成科学世界观。

第二节 教材的结构分析

《普通高中生物学课程标准（2017 年版 2020 年修订）》之下修订的教科书版本有人教版、苏教版、沪科版、浙科版、北师大版等，其中人教版教科书在全国使用范围最广。本节以人教版普通高中生物学教学书（2019 年版）为例，从教材的呈现形式、教材栏目的设置到教材内容的分析，以期为提升准教师的教材分析能力奠定基础。

一、教材编写体例

人教版普通高中生物学教材一般以封面、扉页、目录、科学家访谈、章节内容、后记和封底构成。"封面"呈现书名、丛书名、出版单位等相关信息；"扉页"包括内封和版权页，帮助我们了解教材是否是最新版本，是否合乎课标要求等重要信息；"目录"展示教材的框架结构和内容结构，方便把握全貌；"科学家访谈"突破传统教材的绪论，见人、见事、见精神，有知识、有过程、有殷殷嘱托，访谈中有科学家的爱国情怀、有生物科学研究的意义、有科学研究过程中的方法品格精神、有学习生物学的意义和方法；"章节内容"是教材的主体，是学生重点学习内容；"后记"是书籍文章之后写作经过和评价内容；封底与封面、书脊构成书的完整外部结构。

教材编写是在课程标准基础上的一次再创造，必须充分体现课程标准的基本思想，准确把握课程标准的内容要求。普通高中生物学课程分为必修、选择性必修和选修三个部分，必修部分对应两个模块的教材分别是《分子与细胞》《遗传与进化》，选择性必修部分对应三个模块的教材分别是《稳态与调节》《生物与环境》《生物技术与工程》等，共涵盖10个大概念31个重要概念。

人教版普通高中生物学（2019年版）教材在落实生物学学科核心素养方面的具体途径和措施是：构建知识框架和概念网络，提炼生命观念；以问题驱动概念的建构，发展科学思维；设计形式多样的探究实践活动，培养科学思维和科学探究能力；依托相关栏目，渗透社会责任意识，提升社会责任；精选科学史资源，培养科学探究能力和科学精神；创设真实的问题情境，并以真实情境为素材设计习题，提升学科核心素养水平。

二、教材的呈现形式

教材的呈现形式包括显性呈现和隐性呈现两种，显性呈现和隐性呈现各有优势和局限性。显性呈现明确清晰，便于学生理解和掌握，但过于直白，容易忽略学生思维上逐步建构的过程；隐性呈现有利于学生通过积极思维的过程，去自主建构、体验和感悟知识的形成过程，但有时会过于隐晦，对学习能力不足的学生效果不好。

人教版教材在学习目标、概念内涵、方法要领、思想观念提炼等方面注意显性与隐性的结合。学习目标部分，每节的"本节聚焦"，提示了本节的核心学习任务，聚焦于概念的学习，以问题形式列出本节主要知识目标，科学思维、探究能力及生命观念方面的目标采取隐性处理。关于重要概念的内涵，教材在引导学生自主建构的基础上，以黑体字形式明确表述；关于科学方法和科学思维，教材大多在相关活动中引导学生思考，属于隐性处理，在适当位置有专门的提炼，以"科学方法"和"思维训练"专栏显性呈现；关于生命观念、科学本质观、科学态度和科学方法等，在相关正文或活动中多采取隐性处理的方式，引导学生自己思考和感悟，在"本章小结"等处则以总结性文字作为点睛之笔，予以显性呈现。如何挖掘出隐性呈现的内容，能否参透教材各栏目的设置意义对我们实际的教学设计及教学行为的影响很大。

三、教材栏目分析

1. 章首页

章节内容排前面的是章首页，章首页由章标题、章引言、章题图、科学家名言等四部分组成。例如，必修1第1章的章首页内容的章引言：以科技新进展激发学生的阅读兴趣，并提出相应的问题，指向本章将要学习的重要内容和需要发展的核心素养。"世界上首个体细胞克隆猴在我国诞生"，这是我国的重大科技成果，细胞领域取得成功实例引入，激发学生的学习兴趣和爱国热情，更为重要的是说明研究细胞非常重要，与人类的生活和健康密不可分；

第二段，情境后提出的问题逐步递进，直指本章将要学习的重要内容。章题图：数码显微镜观察切片的照片，配图与章标题一致，说明走近细胞需要观察细胞，显微镜配带显示屏幕，正真实的显示了一些细胞，一方面可以激发学生的兴趣，另一方面可以再本章正文介绍传统显微镜的基础上开阔视野。科学家名言：这句话直指学习细胞、研究细胞的重要意义，提醒学生学好生物学必须从认识细胞开始，这句话也体现了"分子与细胞"模块在高中生物学课程中的重要地位。

"章首页"在实际教学中容易被一些老师忽略，需要在教学中注意到章首页的存在，能有效地利用章首页中的信息对学生的情感进行潜移默化的引领，这些都会影响实际教学的效率。

2. 问题探讨

进入节内容，首先看到的就是"问题探讨"栏目。本栏目通常是由图片、问题情境和讨论题组成的，起到创设学习情境的作用。"问题探讨"中涉及的内容非常广泛，有来自生产、日常生活、科学实验等，在2019年版教材编写时更加注意真实情境、贯穿性问题情境的设计。

例如，必修1第1章第1节，本节的问题探讨创设大熊猫吃冷箭竹的真实情境，从这一情境切入引发学生思考。同时在正文内容——生命系统的结构层次介绍时，仍借助大熊猫和冷箭竹，体现出情境的贯穿性。我们可以看到这个问题探讨中设计的讨论内容并没有要求唯一的答案，而是突出科学思维中对获取和提供证据的相关要求。这部分的处理时我们要着重指出生物学研究需要证据和逻辑，学习生物学并不能靠简单的记忆，应重视理解知识间的逻辑关系。

需要注意的是，"问题探讨"栏目主要是为了给教师教学创造一个情境，激发学生的求知欲。教师应该抓住"问题探讨"栏目的这一思想，而不必拘泥于教材中"问题探讨"所呈现的内容，可以根据自身和学生的实际情况以及学校所处的环境来选择材料，实现教学的导入过程。

3. 正文主栏

教材主体内容采用主副栏设计，主栏为主干学习内容，副栏为拓展性内容，我们要将其功能区分清楚。教材主干内容又分别用黑体字、宋体字、楷体字来区分层次要求。其中，黑体字是重要概念，需要达到理解、应用的要求；宋体字是需要学生认真阅读的内容；楷体字则是供学有余力的学生选学的内容。教材正文中讲述板块与活动板块灵活有序安排，学生活动主要归为"思考·讨论"和"探究·实践"两个栏目。"思考·讨论"穿插在正文中，便于学生通过对事实性资料的分析得出结论、建构概念、领悟方法等；"探究·实践"相对独立，尽量不打断正文讲述的连贯性。

我们以必修1第1章第1节"细胞学说及其建立过程"为例，分析一下正文的讲述板块与活动板块的有机结合。教材中先呈现的是细胞学说的建立者和细胞学说的内容，对已有初中阅读基础的学生，学生完全能读得懂这个"必须掌握的内容"。教师在这短短的几行文字中，要能抓出引导学生思考的重点。

细胞学说的建立是根据两位德国科学家施莱登（1838年）、施旺（1839年）的研究结果整理并加以修正形成的要点。细胞学说的要点有三个：细胞是一个有机体，一切动植物都由细胞发育而来，并由细胞和细胞产物所构成；细胞是一个相对独立的单位，既有它自己的生命，又对与其他细胞共同组成的整体生命起作用；新细胞是由老细胞分裂产生的。这与前一套教材在第3条"新细胞可以从老细胞中产生"的表述就有了差别，旧教材仅是对施莱登和施旺综合要点的表述，而新教材则是在"研究结果整理并加以修正"的基础上陈述的。教学中，我们要能抓出这个差异，理解细胞学说在表述上的差异是由于编写者在整理相关信息时，所采用的方法不同才导致的，而不是教材改变了细胞学说的内容。

紧接着教材用非常简单的一句话进行了转折：细胞学说的内容，现在看起来似乎是显而易见的，当时却经历了漫长而曲折的建立过程。看似承上启下的话，实际上隐含着一个非常重要的科学研究历程："究竟是什么制约着我们认识自然规律的脚步？"活动栏目——"思考·讨论"栏目，补充探究与讨论的素材，借助4个史实在一定程度上向学生还原了一个科学发展的本质特征。分析完四个史实，就可以完成"思考讨论"的讨论部分的第1题："科学家是如何通过获得证据来说明动植物体由细胞构成这一结论的？"由"证据"到"结论"，需要借助科学方法（手段、工具、推理）或科学思维，但无论哪种方法，最终都离不开实验观察。这也是在学习该科学史时教师必须要给予方向性引导的内容，在这部分内容处理时要重视学生科学思维的发展，这也属于我们之前提到的隐性呈现。

"思考·讨论"之后的正文部分，总结了细胞学说建立的意义，揭示了动物和植物的统一性，点清细胞对于生物，就如同原子与化学一样，对学科的发展具有重要的意义。这也是为什么在这里出现"学科交叉"栏目的原因。进一步补充说明"细胞学说"使人们认识到细胞是植物、动物共同的结构基础，并且使积累已久的解剖学、生理学、胚胎学等学科获得了共同的基础，细胞使学科之间有了统一的结构基础，催生了"生物学"的问世。生物学是研究生命现象和生命活动规律的科学，要研究生命的规律，就应该回到生命共有的结构基础上。这也就是说，生物的生长、生殖、发育及各种生命现象的奥秘都需要到细胞中寻找，也回应了细胞学说是生物学科的共同基础，细胞是生物学研究的起点。

再往下是"科学方法"栏目，介绍了"科学方法——归纳法"。归纳法分为完全归纳法和不完全归纳法。这也回应了思考与讨论的第2题，不完全归纳法是科学方法不可或缺的工具。"科学方法"栏目，以边框框出并有主题，是为科学探究准备的，人教版教材共有7处科学方法，以细水长流的方式给学生以有关内容中提炼总结，这是对科学方法的显性呈现。

4. 正文副栏

教材中的副栏包括本节聚焦、学科交叉、知识链接、相关信息等，它们属于拓展性内容，对于开阔视野、提升思维深度和广度都很有价值。

"本节聚焦"是本节学习的重难点目标，为教师的教和学生的学指明方向，起到导学的作用。编排在教材正文的开始，按一定的顺序、提纲挈领地将一节课的内容以问题串的形式呈现出来。例如，本节的学习内容的学习要点应是：细胞学说的内容、意义；细胞学说的建立过程所获取的启示；细胞是基本的生命系统。这有助于学生明晰本节课的重点是什么，需要解决的问题有哪些，对于学生的自主学习很有帮助。

"学科交叉"是与其他学科知识的联系，为学科融合奠定基础，拓展学生视野，开启思维。例如，本节内容中涉及与化学的联系。

"相关信息"是与生物学相关内容补充，或是知识内容的延展性说明，它不要求学生进行理解和记忆。如果有学生对此感兴趣，可以自己在课下作更深入了解。例如，本节在介绍生命系统时，对什么是系统作了相关说明。

"知识链接"是对高中生物学的内容进行前后链接，提示本知识与前后章节知识的相互联系，给学生呈现的是网络化的知识。例如，本节最后一段中提及"生态系统的能量流动和物质循环"，提示在选择性必修2《生物与环境》中涉及。内容虽然不多，但是如果能好好利用，可以让学生不但复习了前面的知识，还可以跳过某些章节直接预习相应章节。

副栏所占的篇幅往往比较小，但是也不能忽视它们在教学过程中的重要作用，这些栏目对教学起到了提示、引导、强调等作用。

5. 习题栏目

每节、每章学习之后，都及时进行检测，检测题的设计，注意聚焦重要概念、创设真实情境、提升思维力度、指向核心素养。每节之后设置了"练习与应用"栏目，包括"概念检测"和"拓展应用"两部分，"概念检测"旨在帮助学生加强概念理解，题型为判断题、选择题和简答题；"拓展应用"重在思维训练，题型为填空题与简答题。

每章之后设置了"复习与提高"栏目，按题型分为"选择题"和"非选择题"两类，适度吸纳了最近几年的高考题及各地模拟题，题目略高于实验教材。这是对整章知识的一个总结性检测，考查的能力层次比较清晰，针对性比较强，适合不同层次的学生选做。教师可以利用这些题目难度的梯度对学生进行分层教学，提高不同能力水平学生的学习效果。

6. 课后阅读栏目

教材设置了课外阅读栏目以拓展学生的视野，给学生多方面的启迪。课外阅读栏目包括"科学·技术·社会""科学家的故事""与生物学有关的职业""生物科技进展""生物科学史话"等。它们都各自成篇，不干扰正文内容，也不增加学习负担，因此可以较好地反映生物学日新月异的发展，反映科学的历史和本质，体现科学技术社会的关系，渗透人文精神，实现生物学科的育人价值。

第三节　教材分析的策略

教材分析能力是指在解读课程标准的基础上，运用多种方法与方式，按照由整体到部分或者由部分到整体的逻辑顺序，对教材的作用、地位、内容进行多角度、多层次的分析，找到教材内容与课标之间的差距，并依据学情对教材进行合理地调整、补充与开发的能力。

一、研读课程标准，从起点认识教材

课程标准是教材编写的依据，教材是落实课程标准的重要载体。研读课程标准并领会课标内涵是进行生物学教材分析的起点。师范生应意识到，只有领悟课程标准的基础上再进行教材分析，才能做到追根溯源、有的放矢。

1. 明确课程性质

课程性质是对一门课的"定性"，主要回答：这是一门什么样的课程？学校为什么开设生物学课程？老师为什么教、学生们为什么学？它的育人价值和教育意义体现在哪里？首先，师范生应明确生物学的学科性质，生物学是一门什么样的科学，与其他相关学科的关系，生物学研究的发展历程，生物学的发展方向等，即从课程作用和学科性质的角度认识生物学。其次，师范生进一步明确义务教育生物学课程及普通高中生物学课程的课程要求和课程目标。这可以保证准教师们明确未来任教学科的育人价值和教育意义，增加职业认同感和使命感。

2. 读懂课程理念

课程理念是课程改革和课程建设的"定位"，主要阐述课程改革的立场、方向和观点，即课程的设计理念。师范生应厘清版本之间的课程标准在课程理念上的变化，并清楚课程理念是基于社会发展、生物学发展和学生发展要求提出的，为进一步读懂并落实最新版本课程标准要求做好铺垫。

最新版本的初高中课程标准中提出的首要基本理念都是以"核心素养为宗旨"，这是课程实施的基本要求；课程内容追求"少而精"的原则，突出重点，保证学生有相对充裕的时间进行主动学习；课程教学强调学生学习过程的实践经历及主动参与的过程，这样才能逐步培养学生解决现实生活中的问题和创新精神；课程评价的角度力求通过学业评价促进学生的学习与发展，发挥出评价的诊断、激励和促进的作用。除此之外，初中课标根据学段特点提出"课程设计重衔接""学习主题为框架"的理念，注重与小学和高中阶段学习的衔接及学科间的衔接。师范生只有在真正读懂课程理念之后，才能在进行教材分析时做到教材处理详略得当，为发展学生生物学核心素养进行内容的有效组织。

3. 析透生物学核心素养

为落实"立德树人"的根本任务，《中国学生发展核心素养》框架于 2016 年发布。在新一轮课程标准修订时，每个学科要研制本学科为学生发展核心素养的贡献，即学科核心素养的由来。生命观念是学习生物学课程的重要成果，初中强调通过学习生物学基础知识形成基本观念，高中强调通过学习生物学概念来形成生命观念，并运用所形成的观念认识生物界。科学思维是培养学生如何去思考，初中要求初步掌握科学思维的方法，高中则强调要运用科学思维方法去认识事物并解决实际问题，并要形成这种思维习惯和能力。科学探究或探究实践方面在提示我们应该如何去做，初中应初步具有科学探究和跨学科实践的意识和分析解决问题能力，高中强调能够发现现实世界中的生物学问题，并能够运用科学探究的思路和方法进行现实问题的解决。社会责任方面，初中强调的是在科学态度、健康意识和社会责任等方面的自我要求和责任担当，高中强调基于生物学的认识能主动参与社会事物讨论，主动向他人宣传并践行各种理念，要有解决问题的担当和能力。师范生只有在析透生物学核心素养之后，再对接课程目标进行教材分析时，才能保证分析的全面性和透彻性。

课程标准的研读过程应通过专家解读、教师领读、文献研读、学生反思读等多种方式，帮助师范生读懂课程标准的内涵与外延，明确"为什么教""教什么""教到什么程度""怎么教"的问题。

二、形成科学分析思路，全面把握教材结构

1. 分析教材的体例结构，领会编写意图

教材的体例结构是指教材的编写格式与呈现形式，对教材整体编排及呈现形式的把握对于师范生有着重要的意义。大学专业课用到的教材是按照学科逻辑进行组织的，而中学教材要按照学生的认知规律将学科知识重新进行组织。那么，针对不同阶段的学生心理特征和不同内容特点，教材的呈现方式就显得尤为重要。教材中的显性呈现明确清晰，有益于学生的理解，但容易忽略学生思维上逐步建构的过程；隐性呈现有利于学生通过积极思维的过程，去自主建构、体验和感悟知识的形成过程，但对学习能力弱的学生效果不佳。师范生进行教

材分析时，要挖掘出隐性呈现的内容、要参透教材各栏目的设置意义对我们实际的教学设计及教学行为的重要影响。

例如：《分子与细胞》模块的第一章的章首页，章首页的编写格式包括章标题、章引言、章题图、科学家名言等四部分。章引言中以"世界上首个体细胞克隆猴在我国诞生"这一科技成果引入，激发学生的爱国热情与学习兴趣，说明对细胞的研究与我们人类的生活和健康密不可分。第二段，情境后提出的问题逐步递进，直指本章将要学习的重要内容。章题图的选择与标题一致，说明走近细胞需要观察细胞，显微镜配带显示屏幕，真实地显示了一些细胞，一方面可以激发学生的兴趣，另一方面可以在本章正文介绍传统显微镜的基础上开阔视野。科学家名言又一次指出学习细胞、研究细胞的重要性，也进一步体现《分子与细胞》模块的重要地位。"章首页"在实际教学中容易被一些老师忽略，准教师们应注意到章首页的存在，应有效地利用章首页中的信息对学生的情感进行潜移默化的引领。这也在是"课程思政"大背景下，对我们一线教师的基本要求。

2. 分析教材的逻辑结构，梳理教学思路

分析教材逻辑结构时要注意分析整套教材的编写思路、模块之间、章节之间及具体内容阐述时的逻辑。综合使用知识分析法、心理分析法、方法论分析法和结构分析法对教材进行多角度、全方位地进行深刻分析。进行一节教材内容分析时，先阅读教材，找出教材讲述的知识内容，如概念、规律、重要实验等；再按知识点编号，可以按照教材中呈现的先后顺序或是教师与讲解的先后顺序编号，将作用相近的知识点进行并列处理；找到知识点之间的内在逻辑并呈现出结构图。在基本确定教材内容结构的基础上，结合学生的已有知识基础和认知规律进行概念内涵和外延的挖掘，找到概念间的层级关系及支撑的实施，完成教学过程中呈现方式的设计及教学思路。

例如："细胞学说及其建立过程"的内容分析，这部分内容首先呈现的是细胞学说的建立者和细胞学说的内容，对已有初中阅读基础的学生，学生完全能读得懂这个"必须掌握的内容"。教师在这短短的几行文字中，要能分析出引导学生思考的重点。细胞学说要点表述的第3条内容与老教材的表述有了差别，旧教材仅是对施莱登和施旺综合要点的表述，而新教材则是在"研究结果整理并加以修正"的基础上陈述的。进行分析时应能抓出这个差异，理解细胞学说在表述上的差异是由于编写者在整理相关信息时，所采用的方法不同才导致的。紧接着教材用非常简单的一句话进行了转折："细胞学说的内容，现在看起来似乎是显而易见的，当时却经历了漫长而曲折的建立过程。"看似承上启下的话，实际上隐含着一个非常重要的科学研究历程："究竟是什么制约着我们认识自然规律的脚步？"借助"思考·讨论"栏目，补充探究与讨论的素材，借助4个史实在一定程度上向学生还原了一个科学发展的本质特征，通过分析四个史实，就可以完成"思考讨论"的讨论部分的第1题："科学家是如何通过获得证据来说明动植物体由细胞构成这一结论的？"由"证据"到"结论"，需要借助科学方法（手段、工具、推理）或科学思维，但无论哪种方法，最终都离不开实验观察。这也是在学习该科学史时教师必须要给予方向性引导的内容，在这部分内容处理时要重视学生科学思维的发展，这也属于我们之前提到的隐性呈现。在"思考·讨论"之后的正文部分，总结了细胞学说建立的意义，揭示了动物和植物的统一性；点清细胞对于生物，就如同原子与化学一样，对学科的发展具有重要的意义。这也是为什么在这里出现"学科交叉"栏目的原因。

3. 分析教材的素养结构，落实教学目标

生物学教学的宗旨是落实学科核心素养，师范生有必要对教材中与学科核心素养之间的对应关系进行分析。学科核心素养的发展是以学科知识为载体，通过生物学知识为"生命观念"构建提供知识基础，为"科学思维"提供依据和框架，为"科学探究"提供对象和情境，为"社会责任"提供学科视角。

例如："蛋白质是生命活动的主要承担者"一节内容，课标的要求是"阐明蛋白质通常由 20 种氨基酸分子组成，它的功能取决于氨基酸序列及其形成的空间结构，细胞的功能主要由蛋白质完成"。通过课标中次位概念的分析，可以直接分析出对"生命观念"中"结构与功能观"的要求，仍需要进一步分析教材对应发展学生其他核心素养中的能力和品格。通过教材中"思考·讨论"栏目中给出的具体氨基酸的结构式，组织学生讨论氨基酸的结构特点并总结氨基酸结构通式，借助这一过程发展学生科学思维中的归纳能力；再如通过蛋白质的鉴定实验，发展学生的观察、提问、实施实验等科学探究能力；再如通过"世界上第一个人工合成蛋白质的诞生"的材料介绍，发展学生的科学精神及培养学生的社会责任等。教材内容中素养结构的分析为教学目标的设计奠定了坚实基础，为学科核心素养落地做好保障。

总之，教材分析能力应从课程标准和教材等方面进行综合解读与分析，教材分析能力是教学设计能力的前提，是保证课堂教学的有效实施的基础，是生物学课程理念落实的保障。课程标准解读不到位，忽视课标的引领作用从学生提交的教学分析案例可以看出，学生能够浅显地呈现出教材内容和课程标准的对应关系，但对内容要求中提及的大概念、重要概念和次位概念的层级关系及其与教材内容的具体对应关系的解读缺乏深度，不能从更深层次上得出课程标准对教学的要求和指导。通过与师范生的进一步对话发现，师范生对课程标准的认知仍有距离感，仅仅通过理论知识的学习不能使其切实感受到课程标准是教材编写和教学的依据。

第四节　教材资源的有效利用

教材中有着丰富的教学资源，教师要对教材资源做到有效利用。教材除了承载外显的知识技能外，还承载大量的有关社会观念、思维方式、文化、价值观等教学资源。本节主要介绍教材中隐性课程资源的开发和利用，充分落实生物学学科核心素养的育人目标。

一、隐性课程资源的挖掘

（一）目录中的隐性课程资源

唐代著名目录学家毋煚曾曰："览录而知旨，观目而悉词。"2019 版高中生物学必修教材目录中的隐性课程资源如下。

如图 2-1 必修 1《分子与细胞》目录中，总体对细胞的研究表现为从宏观层面到微观层面。如第 1 章章标题为走近细胞，"近"释义为接近、靠近之意，先从宏观上认识细胞。第 2 章才真正"进"入细胞内部进行观察与研究。章内容的研究层层递进，如第 2 章组成细胞的分子中，研究顺序为元素→小分子物质→大分子物质，隐藏了分子的分类及功能。节内容由表及里，如第 3 章细胞的基本结构中，隐藏着膜→质→核观察顺序。第 6 章细胞的生命历程

中，体现了生命系统的周期性。本册教科书以细胞是基本的生命系统构建内容体系。隐藏着以系统论的视角观察细胞，标题与标题之间有着密切的联系，详情见图2-2所示。

第1章　走近细胞
　　第1节　细胞是生命活动的基本单位
　　第2节　细胞的多样性和统一性
第2章　组成细胞的分子
　　第1节　细胞中的元素和化合物
　　第2节　细胞中的无机物
　　第3节　细胞中的糖类和脂质
　　第4节　蛋白质是生命活动的主要承担者
　　第5节　核酸是遗传信息的携带者
第3章　细胞的基本结构
　　第1节　细胞膜的结构和功能
　　第2节　细胞器之间的分工合作
　　第3节　细胞核的结构和功能
第4章　细胞的物质输入与输出
　　第1节　被动运输
　　第2节　主动运输与胞吞、胞吐

第5章　细胞的能量供应和利用
　　第1节　降低化学反应活化能的酶
　　　　一、酶的作用和本质
　　　　二、酶的特性
　　第2节　细胞中的能量"货币"ATP
　　第3节　细胞呼吸的原理和应用
　　第4节　光合作用与能量转化
　　　　一、捕获光能的色素和结构
　　　　二、光合作用的原理和应用
第6章　细胞的生命历程
　　第1节　细胞的增殖
　　第2节　细胞的分化
　　第3节　细胞的衰老和死亡

图2-1　必修1《分子与细胞》章节目录

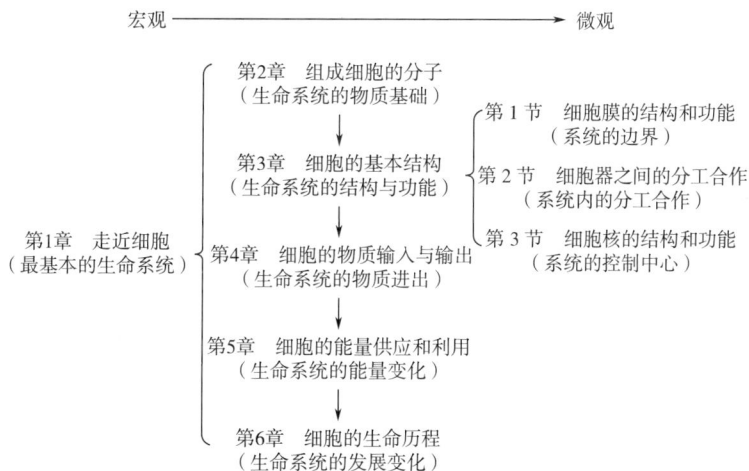

图2-2　必修1《分子与细胞》目录分析图

　　如图2-3所示，整体上从基因水平构建内容体系。遗传上，隐藏着遗传的本质是基因的代代相传。进化过程中，物种形成的本质是种群基因频率在自然选择作用下的定向改变。内容编排遵循科学发展史的历程，如遗传因子的发现遵从孟德尔→摩尔根→艾弗里→沃森和克里克，进化理论的研究遵从拉马克→达尔文→现代生物进化理论。这不仅体现了遗传学知识的内在逻辑，也体现了科学研究的过程与方法。每章的章标题隐藏着一个问题，可以用"3W+3H"表示。第1章"Why"即人类为什么会认识到基因的存在？第2章"Where"即基因在哪里？第3章"What"即基因是什么？第4章"How"即基因是怎么起作用的？第5章

"How"即基因在传递过程中是如何变化的？第 6 章"How"即生物进化过程中基因频率是如何变化的？学生通过六大问题的探索便可找到人类对基因的认识之路。

第1章 遗传因子的发现　　　　　　　　第4章 基因的表达
　第1节 孟德尔的豌豆杂交实验（一）　　第1节 基因指导蛋白质的合成
　第2节 孟德尔的豌豆杂交实验（二）　　第2节 基因表达与性状的关系
第2章 基因和染色体的关系　　　　　　第5章 基因突变及其他变异
　第1节 减数分裂和受精作用　　　　　　第1节 基因突变和基因重组
　　　一、减数分裂　　　　　　　　　　第2节 染色体变异
　　　二、受精作用　　　　　　　　　　第3节 人类遗传病
　第2节 基因在染色体上　　　　　　　第6章 生物的进化
　第3节 伴性遗传　　　　　　　　　　　第1节 生物有共同祖先的证据
第3章 基因的本质　　　　　　　　　　第2节 自然选择与适应的形成
　第1节 DNA是主要的遗传物质　　　　　第3节 种群基因组成的变化与物种的形成
　第2节 DNA的结构　　　　　　　　　　　一、种群基因组成的变化
　第3节 DNA的复制　　　　　　　　　　　二、隔离在物种形成中的作用
　第4节 基因通常是有遗传效应的DNA片段　第4节 协同进化与生物多样性的形成

图 2-3　必修 2《遗传与进化》章节目录图

（二）科学家访谈中的隐性课程资源

新版教科书以"科学家访谈"代序，以科学家视角阐述各自对相关领域的看法，激发学生对生物学学习的向往并给予学生以启迪（表 2-1）。

表 2-1　科学家访谈栏目统计表

具体教科书	访谈的科学家	访谈题目	学科核心素养体现
必修 1《分子与细胞》	施一公院士	探究微观生命世界的奥秘	科学思维、社会责任等
必修 2《遗传与进化》	袁隆平院士	毕生追求的"禾下乘凉梦"	科学探究、社会责任等
选择性必修 1《稳态与调节》	许智宏院士	探索生命活动调节的奥秘	科学思维、社会责任等
选择性必修 2《生物与环境》	方精云院士	尊重自然、顺应自然、保护自然	生命观念、社会责任等
选择性必修 3《生物工程与技术》	杨焕明院士	生物科技创造美好未来	科学探究、社会责任等

《分子与细胞》访谈对象是施一公院士，他是世界著名的结构生物学家，主要研究细胞内大分子复合物的结构与功能。访谈以施一公院士的视角看爱国主义、生物科学研究的精神、品格、方法和意义等，为从微观视角研究生物奠定基础，激发学生对生物微观世界的好奇与探索。

《遗传与进化》访谈对象是袁隆平院士，他被誉为"杂交水稻之父"。访谈体现袁隆平院士的创新、勇于挑战、严谨、透过偶然表象找到隐藏在事物背后自然规律的科学探究精神。这颂扬袁老为实现"禾下乘凉梦"和世界粮食安全做出贡献的责任与担当。

《稳态与调节》访谈对象是许智宏院士，他是著名的植物生理学家。访谈以许智宏院士视角，观"稳态"与"调节"对生物的意义，学会依据生物学基本观点辨别真伪科学，学以致用造福人类，推动科学技术的发展。

《生物与环境》访谈对象是方精云院士，他是著名的生态学家，构建了中国第一个国家尺度的陆地碳循环模式，对中国和世界主要国家的碳排放进行了测算。访谈从生态学视角，分析人与环境和谐共处的途径，改革生态文明体制，共建美丽中国的意义。

《生物工程与技术》访谈对象是杨焕明院士，他是人类基因组计划中国方的协调人。访谈从生物技术与社会发展角度，阐述生物技术和"生命、生态、生活"的关系。其强调正确看待科学技术的安全性与伦理问题，鼓励学生学会承担社会责任。

（三）章首页中的隐性课程资源

章首页由标题+引言+插图+名言（或小诗或概念）组成，每个部分都有其可开发的价值。

引言中的隐性课程资源。①蕴含核心知识，如必修1第2章引言隐藏着细胞具有生命性；选择性必修2第1章引言"任何物种都不可能以单一的个体存在和繁衍"蕴藏了生物学的群体思想，如个体是细胞的群体，种群是个体的群体等。②渗透民族自豪感教育，如选择性必修3第3章引言中，我国是世界上第二个独立成功培育拥有自主知识产权转基因抗虫棉的国家。

名言、小诗、概念中的隐性课程资源。①小诗暗含核心知识与节内容知识，如必修1第4章的小诗"掌控着道道闸门，驱动着各式舟车；输入与输出中忙碌，被动主动见选择；生物大分子铸就，神奇的生命之膜"就暗含着细胞膜的组成、结构、功能。必修2第1章暗指了孟德尔获得成功的原因；第5章小诗的递进关系能很好地从遗传、进化、健康三个方面学习和理解基因突变和染色体变异的意义。选择性必修1第2章暗指稳态受到神经系统的调控，蕴含神经调节中的信息观、稳态与调节等生命观念；第5章小诗蕴藏生物的信息观。②名言中蕴藏生态保护观，如选择性必修2第4章孔子与布朗的名言。

（四）正文中的隐性课程资源

教材正文中文字和图像隐藏着一些知识联系、生物学概念、思想和方法。

1. 生物学概念中的隐性课程资源

生物概念的命名中包含的隐性信息。如必修1《分子与细胞》中"氨基酸""脱氧核苷酸和核糖核苷酸"等的命名与氨基酸、DNA和RNA的结构有关；"主动运输和被动运输"中暗含过程所需的条件、载体、是否耗能；"减数分裂"中暗指细胞分裂过程中染色体数目发生了改变。必修2《遗传与进化》中"同源染色体"的"同"指染色体的大小、形态特点，"源"指染色体来源。

生物学概念的描述中蕴含着隐性知识。如必修1《分子与细胞》中"酶的专一性指一种酶只能催化一种或一类化学反应"，其中"一种"是因为酶的结构具备专一性，即通常只作用于一种特定的底物，"一类"指酶的作用对象是一类结构相近的底物。

2. 插图中的隐性课程资源

插图是教科书的"第二语言",完整的插图主要由图、图名、图注三个部分组成。教材中插图呈现数量众多、分布广泛、类型丰富的特点,其中蕴含的隐性课程资源如下。

(1) 隐含着不同学段间的联系。

必修 2 第 2 章第 3 节"红绿色盲检查图"、第 3 章第 1 节"染色体、蛋白质和 DNA 示意图"、选择性必修 1 第 3 章第 3 节的"人体泌尿系统结构模式图"、选择性必修 2 第 3 章第 1 节的"生产者、消费者和分解者的关系示意图"在初中教科书中曾展示过。如图 2-4 所示,通过插图的二次刺激,唤醒学生头脑中的知识,找准学习的生长点,由旧知延伸新知,加强知识点的高效融合。

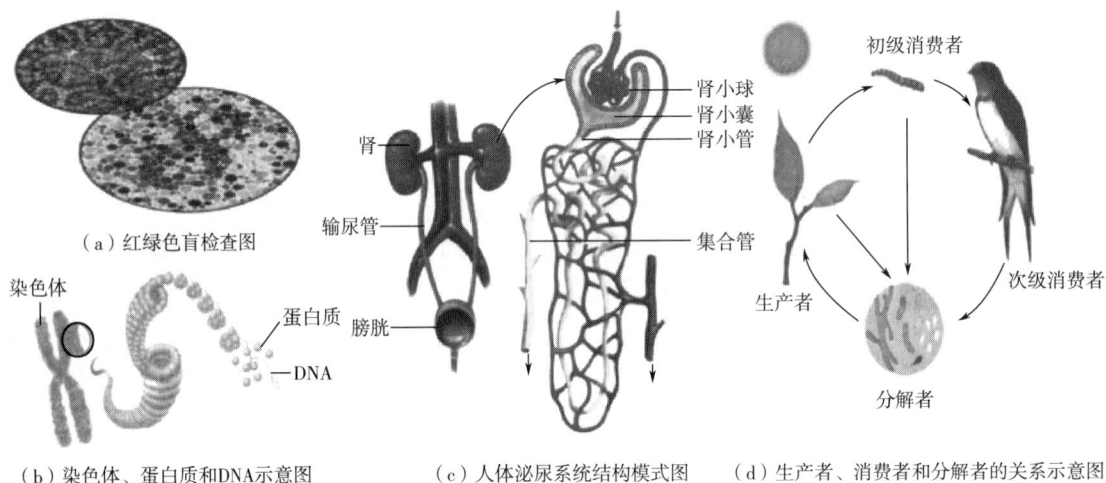

(a) 红绿色盲检查图　(b) 染色体、蛋白质和DNA示意图　(c) 人体泌尿系统结构模式图　(d) 生产者、消费者和分解者的关系示意图

图 2-4　初高中教材中重复图

(2) 显微镜的发展史。

古语有云"工欲善其事,必先利其器",显微镜对生物科学技术的发展功不可没,教科书插图中隐藏着显微镜的发展史。如图 2-5 所示,必修 1 第 1 章第 2 节中有专门对光学显微镜使用的讲解并展示了"光学显微镜图"。在讲解显微镜的使用时可以结合教科书中第 1 章首页"数码显微镜观查切片的照片图"、第 1 节"虎克时代的显微镜图"、科学家访谈中"冷冻电子显微镜图"。选择性必修 3 第 2 章第 3 节中"体视显微镜和显微操作仪图",其描述显微镜的发展史,让学生认同显微镜的发展推动生物研究的进步和在生物研究中观察法的重要意义。

(3) 突出我国科技进展和渗透爱国主义教育。

教材插图的选择展示了我国的科技进展,充分展现中国底色,渗透对学生爱国主义的教育,增强学生的民族自豪感。如必修 1 中"C919 飞机图""酵母菌剪接体冷冻电镜三维结构示意图"、选择性必修 3 的"克隆猴'中中'和'华华'照片"等体现我国的科技进步。选择性必修 2 第 1 章展示的"东北豹",第 2 章展示的"华北人工林",第 3 章展示的"大兴安岭和呼伦贝尔大草原",第 4 章展示的"哈尼梯田"及文中的"大树杜鹃图""白头叶猴图"等都渗透爱国主义教育。

(4) 渗透人与自然共生,健康生活的理念。

教材插图还蕴藏着从生物学科角度培养学生对生态文明建设、生物多样性和环境保护、

虎克时代的显微镜

① 转动反光镜使视野明亮。

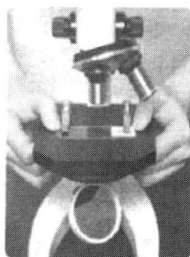

② 在低倍镜下观察清楚后，把要放大观察的物像移至视野中央。

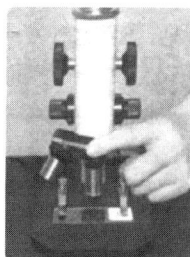

③ 转动转换器，换成高倍物镜。

④ 用细准焦螺旋调焦并观察。

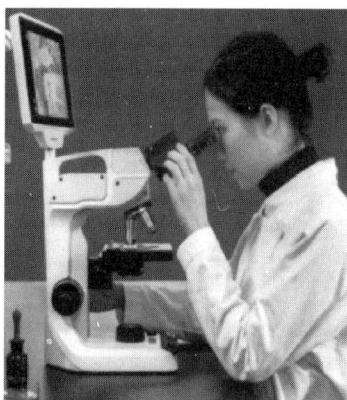

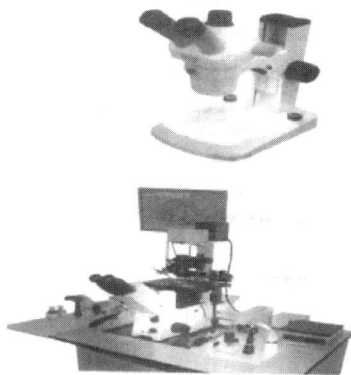

体视显微镜（上）和显微操作仪（下）

冷冻电子显微镜

图 2-5 教材中几种显微镜展示图

健康生活等社会责任。例如，选择性必修 2 中"青藏铁路路基上专供野生动物行走的涵洞图""奥林匹克森林公园俯瞰图""应用太阳能水生态修复系统改善湖水水质图""红树林图""三江源草地图""农村综合发展型生态工程示意图"等。

（五）教材栏目中的隐性课程资源

1. 思考讨论类栏目

本类栏目包括"问题探讨""从社会中来""本节聚焦""思考·讨论"等几个部分。

"问题探讨"和"从社会中来"中的隐性知识如下：①设疑激趣，加深知识间的联系。必修 1 第 5 章第 3 节以酵母菌培养情境设疑，指向细胞呼吸方式的学习并与习题中细胞呼吸的应用相呼应。必修 2 "DNA 的复制"中与章首页内容呼应，基于"DNA 的结构"知识的理解推测其复制方式。②通过古诗词中蕴含的生物学知识，弘扬中华优秀传统文化。选修 2 第 1 章第 3 节运用白居易的《赋得古原草送别》表达自然界种群数量处于不断变动之中，引出探寻影响种群数量变化的因素。选修 3 第 1 章第 1 节引用了王翰的《凉州词》，体现我国传统发酵技术的运用。

"思考·讨论"中隐性知识如下：①对知识的深度理解。如必修 1 第 2 章第 4 节中通过"氨基酸的结构特点"和"氨基酸怎样构成蛋白质"的联系，推测蛋白质形成过程为：氨基酸→多肽→肽链→蛋白质一级结构→蛋白质空间级结构。从而归纳蛋白质种类多样的原因。②培养学生的科学思维。如必修 1 第 5 章第 4 节中的"光反应与暗反应的区别与联系"、选修

1 第 5 章第 1 节 "植物激素与动物激素的异同"等。

2. 探究实践类栏目

本类栏目包括思维训练、科学方法、探究·实践、课外制作、课外实践和到社会中去等部分。

"探究·实践"中蕴藏着 STEM 教育素养的培养。STEM 是把科学（science）、技术（technology）、工程（engineering）和数学（mathematics）等各学科知识进行融合的教育，以为了更好的培养学生的创新精神和实践能力。如必修 1 中"比较过氧化氢在不同条件下的分解"探究实验遵循从常温→体外加热→自然化学反应下的无机催化→细胞中特有的有机催化的实验设计思路，通过其中的 STEM 教学，学生对变量和酶能更有效降低化学反应的活化能有了更清晰的了解。在必修 2 "性状分离比的模拟实验"的探究中，通过数学知识的融合，学生能很好地理解雌雄配子的结合方式，更好地培养了学生的思维能力。

3. 生物科学技术类栏目

本类栏目包括科学·技术·社会、生物科技进展、与生物有关的职业、科学家故事、生物科学史话和科技探索之路等部分。

"科学·技术·社会"中蕴藏着 STSE 教育理念。STSE 即科学（science）、技术（technology）、社会（society）、环境（environment）的缩写。通过把生物学学科知识与 STSE 紧密融合，学生在 STSE 情境中应用学科知识，知道科学技术带来的种种正负效应做出评价与决策，进而培养学生强烈的主人翁意识和社会责任感。

"生物科技进展"栏目内容多为我国在生物科技上取得成就与我国对生物科学技术领域所做的贡献，如人工合成生命的探索、世界上首列克隆猴的诞生、中国脑计划、定量评估我国陆地生态系统的固碳效应等。学生在感受科学家辛勤研究的同时民族自豪感也由然而生。

"与生物有关的职业"介绍了 12 个与生物相关的职业，能潜移默化的对处于新高考中的学生对择业有一定的参考作用。在教学过程中适当的运用该栏目中的内容，有助于情境建构，增加学习的积极性。如在必修 2 第 5 章第 3 节"人类遗传病"内容讲解中，设置学生作为遗传咨询师环节，让学生利用所学给予患者合适的建议，既巩固了所学知识又培养了学生的职业认同感。

4. 辅助延伸类栏目

本类栏目包括异想天开、相关信息、想象空间、资料卡、学科交叉、知识链接、辩论会、批判性思维、拓展视野、与社会的联系等部分。

"相关信息"栏目在教科书中的数量较多，有以下几种作用：①解释说明作用，如必修 1 中的系统、C_3、C_5；必修 2 中的荚膜、诱变育种；选修 1 中的胚芽鞘；选修 2 中的 DDT、自组织；选修 3 中的超数排卵、生物安全等。这些名词在正文中出现，但未详细解释，通过栏目的呈现能让学生理解正文中的一些术语。②补充作用，如必修 2 中正文有两性花的介绍，栏目补充了单性花；选修 3 中正文介绍了次生代谢，栏目补充了初生代谢，呈现知识的完整性。③拓展延伸作用，文中有过相关内容的介绍，"与社会的联系"隐含着环境保护、关爱健康等理念。例如，发菜、减少 CO_2 排放、控糖、囊性纤维化、中暑、糖尿病介绍等。

5. 评价类栏目

评价类栏目包括"练习与应用"和"复习与提高"两个板块。其隐性课程表现为：①隐含知识之间的联系。如必修 1 第 3 章复习提高中考查了细胞的成分、功能、细胞器的作用等知识，可利用该内容帮助学生形成概念图或思维导图，补充知识的完整性与系统性。②蕴含培养学生思维与解决实际问题的能力。如必修1第2章第5节中的拓展应用题，"一切疾病都与基因受损有关"的判断太过片面，因为有的疾病是由于病毒所致。"补充某些特定的核酸，可增强基因的修复能力"说法不对，人们食用的食物中已经包含多种核酸，不需要额外补充。核酸是大分子物质，需要分解成小分子物质后才能被利用。基因修复存在独特的机制，直接补充核酸无效。该拓展题能锻炼学生辨别伪科学的能力，还能传递正确的营养保健知识。

二、隐性课程资源的利用

本部分以必修1《分子与细胞》第1章至第3章内容为例，进行教材中隐性课程资源利用的过程展示。"认识细胞"包括走近细胞、组成细胞的分子和细胞的基本结构，并对应"新课标"中大概念1细胞是生物体结构与生命的基本单位。为后续从动态角度分析细胞的代谢、细胞的生命历程奠定基础。在知识方面，高一的学生经过初中两年生物学的学习，已具备一定的生物学知识基础。经过初中物理和化学的学习，学生还具备一定的化学与物理学知识储备。在认知上，学生已具备一定的归纳概括能力、实验探究能力和抽象思维能力，能按照一定的顺序对细胞进行研究。学生思维较活跃，动手能力强，有助于实验的开展。基于以上教材分析和学情分析，现将教学设计中体现隐性课程资源利用的片段呈现如下。

（一）科学家访谈、目录中隐性课程资源的利用（表2-2）

表2-2　科学家访谈和目录中隐性课程资源利用片段

教学内容	教师活动	学生活动	教学设计意图
科学家眼中的生物学	【播放视频】教师截取施一公教授"开学第一课"部分演讲内容，介绍他是世界著名的结构生物学家，主要研究细胞内大分子复合物的结构与功能 【小组讨论】生物科学研究的精神、品格、方法和意义等	观看视频，了解科学发展的过程，思考生物学学习应具备的品格与能力，表达自己的观点	让学生感悟生物学学习的意义、认同科学探究的价值，领悟"科学没有国界，但科学家有祖国"的爱国情怀
目录知识联系	【展示模型】教师展示细胞立体模型，带领学生按从宏观到微观对细胞进行观察，从系统的角度梳理目录内容。最后呈现目录框架 	观察细胞的立体模型，跟随老师的问题，了解本册教科书要学习的内容，构建本册书的框架	通过对教科书目录的梳理，让学生对所学内容有一个整体性的把握，激发学生的学习兴趣

实施成效：通过教科书科学家访谈内容和目录中隐性课程资源的利用，以科学家的眼中

的生物学给学生学习生物学以指引，带领学生从整体上把握所学内容。这可以克服学生刚接触高中生物学的畏难情绪，落实了生命观念和社会责任及爱国主义的教育。

（二）章首页中隐性课程资源的利用（表2-3）

表2-3　章首页中隐性课程资源利用片段

教学内容	教师活动	学生活动	教学设计意图
我国在细胞水平的研究进展	【创设情境】教师用PPT展示体细胞核移植、首例克隆猴图片。讲解我国从分子水平上研究细胞生命活动的基本规律和取得的成就 【小组讨论】结合章引言内容组织学生讨论细胞研究的价值	观察图片，分析体细胞核移植与克隆猴之间的关系，结合章引言内容，思考讨论	通过展示我国在细胞水平上的取得的成就，认同细胞研究的价值

实施成效：学生了解了我国在细胞水平的研究进展，拉进学生与生物科学之间的距离，增强了民族自豪感。学生认同细胞研究的价值，激发了对细胞学习的兴趣。

（三）插图和概念中隐性课程资源的利用（表2-4）

表2-4　插图和概念中隐性课程资源利用片段

教学内容	教师活动	学生活动	教学设计意图
分析生命系统的结构层次	【展示】教师用PPT展示教科书中图3-1生命系统的结构层次模式图 【模型建构】带领学生在识图、析图的基础上，总结出生命系统的各层次关系式 【拓展延伸】写出单细胞生物、动植物生命系统结构层次并比较三者的异同 【小组活动】将教科书图3-1拆分成各层次对应的小图并打乱顺序，让学生排序。补充大熊猫曾濒临灭绝，因为及时救助才幸存的资料，通过拿掉熊猫图或无机环境图，对生态系统概念进行分析	观察图片，讨论并尝试建构关系：器官＝不同的（组织1+组织2+…+组织n） 群落＝全部的（种群1+种群2+…+种群n） 生态系统＝群落+无机环境。写出各生命系统的结构层次，总结出细胞生物既属于细胞层次也属于个体层次 对打乱的图进行排序并说明理由，理解生态系统的含义	让学生学会用建模的方式来反映概念间的结构关系 掌握生命系统的结构层次。了解单细胞动植物生命系统的差异。初步建立生命的系统观 理解生态系统的含义、正例与反例 感悟保护动物、认同人与自然和谐发展的重要性
显微镜的发展在生物学生研究中的重要作用	【图片展示】教师用PPT展示教科书中虎克时代显微镜图、普通光学显微镜图、数码显微镜观察切片图、体式显微镜图和冷冻电子显微镜图，指导学生学习生物学研究的重要工具显微镜视	观察图片并根据描述，观察各种显微镜的简单操作，思考总结显微镜的发展历程及其在生物学发展过程中的意义	了解显微镜的发展过程，知道各种显微镜的简单操作方法，认同科学工具对科学进步的推动作用
生物大分子以碳链为骨架	【图片展示】教师呈现教科书中图2-3动植物体内多糖分子组成示意图、图2-12中肽链图、图2-14核苷酸链图，补充单糖分子、氨基酸分子、核苷酸分子结构图，指导归纳生物大分子的特点	根据教师展示的图片，观察构成大分子单体的结构图，发现生物大分子以碳链为骨架构成复杂的空间结构。根据老师的指引归纳出生物大分子的特点	理解生物大分子的特点，形成结构与功能观，认同生物界具有统一性

实施成效：学生学会在识图、析图和用图的基础上初步掌握模型建构的方法，学会概念的辨析。学生感知系统观、结构与功能观等生命观念，增强保护动物，人与自然和谐发展的责任意识，认同科学工具发展推动科技进步的意义。

（四）栏目中隐性课程资源的利用

1. 思考讨论类栏目中隐性课程资源的利用（表2-5）

表2-5　思考讨论类栏目中隐性课程资源利用片段

教学内容	教师活动	学生活动	教学设计意图
分析细胞学说建立的过程	【展示】教师把"思考·讨论"中内容划分为几个科学史片段，引导学生分析实验探究中使用的科学方法和需具备的科学精神	观察科学史过程，总结并填写表格 科学家 / 科学技术或方法 / 成就	认同科学技术或方法、科学精神在科学探究中的重要作用
无机盐的作用	【展示】教科书中22页"思考·讨论"资料2内容 【活动】如何证明某种无机盐是否为幼苗生长所必须 【活动】教师用"?"中问题，组织学生从健康角度讨论摄入食盐过多或过少对人体的危害，普及健康生活的方式	阅读"思考·讨论"资料2内容，小组讨论设计证明某种无机盐是否为幼苗生长所必须的实验，并进行说明。根据食盐中含有的无机盐的作用，小组分享查阅食盐摄入过多或过少危害的结果	让学生了解无机盐的重要作用，学会使用缺素培养法设计实验，发展学生科学探究的能力形成稳态与平衡观，认同健康生活的理念
细胞核的功能	【展示】将教科书中54页"思考·讨论"4个资料内容用图表示出来 【活动】组织学生从实验完整性与科学性的角度分析讨论这4个实验的不足之处	根据实验过程总结细胞核的功能。思考并讨论4个实验中的不足之处，发现资料1中实验缺少把白美西螈的细胞核植入去核的黑美西螈细胞中的对照实验。资料4中缺少柄、假根不变，只交换"帽"的嫁接对照实验	了解细胞核的功能，学会将文字转化成流程图来进行实验分析的方法，体会实验完整性与科学性的重要作用，认同批判性思维的重要性

实施成效：学生学会严肃、认真看待科学实验。归纳与概括、批判性思维等科学思维得到培养，初步形成稳态与平衡观，认可观察、实证等科学方法的重要作用，认同科学探究过程的重要价值和健康生活的理念。

2. 实践探究类栏目中隐性课程资源的利用（表2-6）

表2-6　实践探究类栏目中隐性课程资源利用片段

教学内容	教师活动	学生活动	教学设计意图
化合物的检测	【实验探究】教师根据教科书第18页"探究·实践"内容，提供生活中常见的食物，指导学生进行化合物检测 【学以致用】通过对常见食物的检测，了解食物中大致所含的物质，让同学以小组为单位设计一份健康食谱，并说明理由	以小组为单位根据实验操作步骤分别对生活中常见的物质进行检测，分析食物中主要含的物质	学会糖类、蛋白质和脂肪的检测方法 学会合理搭配食物，养成健康饮食的习惯

实施成效：学生学会检测食物中所含物质的方法，关注食品安全问题。学生能从健康饮食的角度，合理配餐，认同合理膳食的观念，社会责任感有所提升。

3. 习题类栏目中隐性课程资源的利用（表2-7）

表2-7　习题类栏目中隐性课程资源利用片段

教学内容	教师活动	学生活动	教学设计意图
建构组成细胞的分子思维导图	【组织活动】教师根据教科书38页"复习与提高"内容，从分子水平指导学生完成本模块思维导图	完成"复习与提高"内容，提炼出每到的知识点与领悟题目设计意图，小组合作总结归纳本模块思维导图	系统掌握相关知识，科学思维得到培养，理解生命是由物质构成的，形成物质观

实施成效：通过制作思维导图，学生建构组成细胞的分子的知识体系，了解各知识点之间的联系，形成物质观的生命观念，归纳与概括的科学思维得到发展。

（案例来源：牡丹江师范学院硕士研究生宋莹）

第三章　中学生物学教学设计

本章学习目标

（1）阐述教学设计的概念、意义、类型、原则等。

（2）学会教学目标的设计、教学过程的设计方法。

（3）阐明单元教学设计的流程，并能够进行单元教学设计。

（4）体会单元教学设计、课时教学设计、片段教学设计的异同点，并能够独立完成相应教学设计。

教学设计是中学生物学课堂教学的必要前提，是提高教学质量的关键所在。教学设计能力是教师专业发展的关键能力之一，它是教师对教材进行分析的基础上，对教材的再次开发过程，是教师创造性活动设计中的重要体现。本章将重点呈现新课标理念下的单元教学设计，从单元的整体设计再到课时的具体实施，以期提升准教师的教学设计能力。

第一节　教学设计概述

一、教学设计的概念

教学设计是教学开发的重要组成部分。随着对教学开发的深入研究，教学设计逐渐成为一门独立的学科。它的目标是以学习者的学习为根本，运用系统科学方法论为指导，根据课程标准和教学对象的特点，对教学活动进行系统规划和教学要素进行有序安排，以确保教学方案的可操作性，并实现教学目标的达成。

二、教学设计的意义

教学设计是教师在教学过程中最为关键的环节之一。它不仅有助于提高教学效果，而且可以促进教师教学能力的提升，满足学生的需求，提高课程的质量，并方便教师管理教学过程。

第一，教学设计有助于提高教学效果。通过系统地思考教学目标、教学内容、教学方法、评价方式等方面的问题，教师可以制定出科学合理、具有可操作性的教学方案，从而提高教学的针对性和有效性。教学设计可以帮助教师在教学过程中更好地理解学生的需求和水平，并选择最适合的教学方法和策略，以便更好地传达知识。

第二，教学设计能够促进教师教学能力的提升。教学设计需要教师具备一定的理论知识和教学经验，通过反复思考和实践，教师可以不断提高自己的教学能力。在教学设计的过程中，教师需要结合学生的需求和教学资源，选择合适的教学方法和策略，从而更好地完成教学任务。这种不断地反思和实践，可以帮助教师提高自己的教学水平，提高教育教学质量。

第三，教学设计可以满足学生的需求。教学设计能够根据学生的特点和需求，制定出符合学生认知规律、能够激发学生学习兴趣和积极性的教学方案，使学生获得更好的学习效果。教学设计可以帮助教师更好地理解学生的认知特点和学习需求，并根据学生的学习特点，选择合适的教学方法和策略，以便更好地帮助学生掌握知识和技能。

第四，教学设计可以提高课程的质量。教学设计是课程建设的核心环节，它能够促进课程的科学化、规范化和质量的提高。在教学设计的过程中，教师需要根据教学内容和目标，结合学生的特点，选择合适的教学方法和策略，并制定出符合教育教学质量要求的教学方案。这些都是课程质量提高的重要保障。

第五，教学设计可以方便教师管理教学过程。教学设计可以帮助教师合理分配教学时间和教学资源，制定出符合课程进度和学生能力的教学计划，方便教师管理教学过程。教学设计能够帮助教师更好地规划和组织教学，提高教学的效率和效果。

综上所述，教学设计在教育教学中具有非常重要的意义。它不仅可以提高教学效果，促进教师教学能力的提升，满足学生的需求，提高课程的质量，还能方便教师管理教学过程。因此，教师在教学过程中应该重视教学设计的作用，并不断地提升自己的教学设计能力，以便更好地完成教育教学任务。

三、教学设计的类型

1. 单元教学设计

单元教学是一种教学模式，旨在以重要概念为中心，对学科内容进行分析、整合、重组和开发，形成一个结构化的课型，包含明确的主题、目标、任务、情境、活动和评价等要素。在单元教学中，"单元"不一定是教材中已编订好的"章"或"节"，而是教师围绕某个主题（如核心概念）重新整合相关知识，以便更好地促进学生学习。

相对于传统的课时教学，单元教学是一个相对完整的教学过程。在教学过程中，单元教学通常会针对特定主题（如知识章节、核心概念等）整合相关知识，并使用各种教学策略和方法来帮助学生达到教学目标。与传统教学相比，单元教学具有目标更明确、构成更全面、结构更完整、过程更优化等特点。这种教学模式打破了以课时为设计单位的教学思路，使教师能够从更高的角度规划教学，更好地培养学生的核心素质。

2. 课时教学设计

课时教学设计是指教师为完成某一教学目标所制定的教学计划。它包括教学内容、教学方法、教学步骤和评价方式等。课时教学设计的目的是帮助教师系统地安排课堂时间，使学生能够在有限的时间内达到既定的教学目标。在设计课时教学时，教师需要根据学生的实际情况和需要，选择合适的教学方法和教学策略，以确保课堂教学的效果和质量。同时，教师还需要对教学过程进行全面的评价，以不断完善自己的教学方法和课程设计。课时教学设计是教师教学的重要环节，对于教学质量和教学成效的提高都有着至关重要的作用。

3. 教学片段设计

教学片段设计是指在一个完整的教学过程中，根据教学目标和学生需求，将知识内容分解为小的教学单元，采用教学视频等多媒体技术，结合情境性、趣味性、启发性和可视化等元素，对知识的重点、难点、疑点、易错点、易混淆点等进行有针对性的讲解，从而形成一系列短小精悍的教学片段。这些教学片段的长度通常在几分钟到十几分钟之间，每个片段都注重深度和广度的平衡，以便学生能够逐步建立知识结构。同时，教学片段设计也需要考虑学生的年龄、知识水平、兴趣爱好等因素，以便让学生更好地理解和接受教学内容。

四、教学设计的原则

教学设计原则是指在教学设计过程中，应当遵循的基本规律和准则。不同流派对教学设计原则持有不同的观点，基于当今时代教育对育人的关注。以下以人本主义为主，重点介绍六个教学设计的原则。

1. 以学生为中心，重视个人意义的学习

学习者是学习的主体，教学过程应以学生为中心，重视学生的个人意义的学习。学习者有不同的兴趣、需求、背景和学习风格。教学者应在设计教学过程中考虑学生的个体差异，尽量满足学生的需求和期望，让学生在学习过程中发挥自己的主体作用，从而更好地达到教学目标。

2. 创设真实的问题情境

教学设计应创设真实的问题情境，使学习者能够在实际问题情境中积累和运用知识。教学者应该通过情境设计、案例分析、实验研究等方式，将学习者带入真实的问题情境中，让学习者能够发现问题、提出问题并寻找解决问题的策略。

3. 充分利用各种学习资源

教学设计应充分利用各种学习资源，包括教科书、网络资源、实验室设备、图书馆等，以提高学习者的学习效果。在利用学习资源的过程中，教学者应注意将其与教学目标和学生需求相结合，让学习者在真实的学习环境中积累和应用知识。

4. 追求学习过程的开放性

教学设计应追求学习过程的开放性，允许学习者在一定范围内自由发挥，充分表达自己的想法和观点。教学者应该通过组织讨论、小组活动、课堂演示等方式，让学习者自由地表达自己的想法，从而激发他们的学习热情和积极性，提高学习效果。

5. 主张协作学习

协作学习是一种能够提高学习者参与度和学习效果的学习方式。教学设计应注重协作学习，让学习者通过与他人的合作学习，相互促进、共同成长。这不仅能够提高学习效果，也有助于培养学习者的合作能力和团队意识。因此，教学设计应尽可能多地设计协作学习任务和活动，促进学习者之间的互动和合作。

6. 加强师生情感互动。

师生情感互动是教学设计中另一个重要的原则。教师应该尊重学习者，与他们建立良好的师生关系。在教学中，应多关注学习者的情感需求，主动了解他们的兴趣、思想和感受，从而更好地引导他们进行学习。同时，教师也应该让学习者感受到自己的关心和支持，建立师生之间的互信和情感联系，从而激发学习者的学习热情和动力。

第二节 单元教学设计

《普通高中生物学课程标准（2017 年版 2020 年修订）》发布后，单元教学成为教育领域

研究的热点，单元教学是培养学生学科核心素养的有效途径。单元教学设计是依据教学目标，将相关内容有机组合在一起，进行的整体设计，突破了传统教学的课时限制，教学时间可以延伸到课下，以促使学生更好地完成相关任务与活动。

一、单元教学设计的概念

单元教学设计是根据教学目的，确定单元主题，组织相关内容，通过真实情境贯穿整个教学过程，设置问题、活动、任务等一系列教学策略，达成教学目标并进行评价的过程。对于单元的划分，不同研究者有不同的观点，通过总结概括，主要有以下几种。

一是教材单元，即直接将教材划分的单元作为教学设计的内容。这种选择在符合知识逻辑的基础上，更容易操控，比较适合新手教师。二是经验单元，即从学生已有的经验出发，打破教材的限制，选择相应的内容组成一个新的单元进行教学设计。这种单元内容的组织有一些难度，适合经验丰富的成熟教师。三是核心素养单元，自核心素养的育人要求提出后，部分教研专家与教育工作者开始研究基于核心素养的单元教学设计。随后高中新课标颁布，各学科的一线教师开始以学科核心素养为主题，将其作为教学目标，进行单元教学内容的重新组合。

除了上述单元划分的依据外，各个学科还依据自身的特点重组单元。2017年版的高中生物学课程标准按照大概念、重要概念，以及次要概念呈现。单元教学还可以围绕大概念或重要概念来设计。

二、单元教学设计的特点

与传统课时教学设计，单元教学设计在当今课程改革中具有许多优势。作为推动课堂转型的关键支点，单元教学的特点主要表现在以下几个方面。

1. 整体性

单元教学设计是依据教学目标，将相关内容组合在一起，统览全局，进行的整体设计。在教学内容方面，设计以大情境贯穿整个单元，将知识按照一定的逻辑连接起来，注重每个内容在该单元中的位置和作用，旨在通过系统的教学，帮助学生构建完整的知识体系，实现有效教学。在教学时间安排上，设计突破了传统教学的课时限制，传统教学要求一个课时完成一定的教学内容，课下的时间主要完成相应的作业，而单元教学设计是一个连续的过程，教学时间可以延伸到课下，以促使学生更好地完成相关任务与活动。

2. 相关性

单元教学设计由目标、情境、活动、任务、评价等组成，在设计过程中并不是将每部分分开进行单独的设计，而是要用联系的观点，对每部分进行深入的研究，围绕知识与素养两条明暗主线将他们紧密关联起来。如单元教学目标主要依据课标而定，起着导向与激励的作用，教学过程中的问题、活动、任务以实现教学目标而展开，评价旨在检测教学目标的达成情况。单元教学围绕主题，根据教学内容将多种教学方法和教学策略组合起来开展一系列教学活动，因此方法与策略的选择必须彼此之间具有相关性。

3. 递进性

单元教学设计的递进性主要体现教学目标要根据教学内容与学生的认知发展设置，遵循布鲁姆的目标分类理论，即识记、理解、运用、分析、综合、评价、创造六个层次。运用、分析、综合即为高阶能力，单元教学设计中的问题、活动、任务根据教学目标体现出递进性，使学生在循序渐进的教学过程中实现深度学习。

4. 综合性

单元教学设计要体现学生的全面发展。对义务教育阶段的生物学科而言，关键能力、必备品格是教学的重点，主要培养学生的四个方面学科核心素养。其中，每一个维度的素养又包含多方面能力，如探究实践要求学生能在真实情境中解决实际问题，其过程就包括思维能力、动手能力、语言表达能力等。因此，单元教学设计在培养学生方面具有综合性，不能仅以核心素养的某一个维度作为教学目标来设计。

三、单元教学内容分析

单元教学内容分析包括课程标准分析、教材分析和学情分析。综合这三个方面的分析，教师可以设计出有针对性的单元教学活动，促进学生的学习效果和核心素养的发展。

1. 课程标准

课程标准是教学的基石，对于教师来说，深入理解和准确把握课程标准的要求是教学设计过程中不可或缺的一环。新课标以概念层级的形式呈现内容要求，这就要求教师对每个概念进行详尽分析，并在此基础上进行单元教学设计。在进行课标分析时，教师应该重点关注内容要求和学业要求，逐一进行分析。通过课标的指导，教师可以准确把握学生需要掌握的知识点和技能，从而进行有针对性的教学活动设计，为学生的学习提供有效的支持。

在设计单元教学时，教师应该结合所学内容对重要概念进行解构，形成一个完整的概念体系。这个体系包括一般概念、次要概念、重要概念和大概念。一般概念由事实性知识支撑，次要概念由一般概念来支撑，重要概念由次要概念来支撑，最终形成大概念。这个过程可以帮助学生在学习过程中形成系统的知识框架，并培养学生的系统思维能力，发展学生的核心素养。

2. 教材分析

教材作为教学的主要载体，对于单元教学的设计具有重要的意义。教师在设计单元教学时，必须对教材进行充分的分析和挖掘，从而实现教材与教学内容的有机衔接和融合。

首先，教师需要对教材的结构和组成部分进行分析。一般来说，教材都是按照一定的逻辑顺序对学习内容进行罗列。因此，教师需要了解教材中各个栏目的性质和作用，如何利用这些资源来支持自己的教学活动。此外，教材中还会有各种图表、实验示范等丰富多彩的教学资源，教师可以结合实际情境，灵活运用这些教材资源来进行教学，提高学生的学习兴趣和效果。

其次，教师在进行单元教学设计时，需要将教材内容与整个学科教材进行联系和融合。教材内容是有机的整体，一个单元的学习内容往往和前后单元的学习内容有着紧密的联系和脉络。教师需要了解本单元的学习内容与以前学习过的、今后将要学习的哪些内容有联系，从而在教学中将不同单元的学习内容有机衔接起来，形成一个完整的知识框架。这样做有助于培养学生的系统性思维和深度思维，促进知识的整合和应用。

最后，教师需要通过教材来实现教学目标。新课标提出了"教学设计重衔接"的理念，强调了课程、教材、教学方法和学生知识的衔接。教师在进行单元教学设计时，需要深入理解新课标的理念，对内容要求和学业要求进行详尽分析，参考教学提示，选择情境素材并设计教学活动。只有将教材与教学目标紧密结合起来，教学才能达到预期效果。

3. 学情分析

学生是教学的主体，因此，在对单元教学内容进行分析时必须结合学情。其包括对学生认知水平、已有经验、学习环境等。

首先，学生的认知水平是非常重要的一步。不同年龄段、不同学科、不同学校的学生认知水平不同，如果教师不了解学生的认知水平，难以在教学中制定合理的教学计划和设置目标。通过观察学生的学习状态、听取学生的自我评价、以及对学生学习成绩和学习过程中的表现进行综合分析，教师可以得出学生的认知水平。

其次，学生在之前的学习过程中积累了各种各样的知识和经验，这些经验会对学生当前的学习产生影响。例如，学生在以前的学习中可能已经掌握了某些知识点，如果教师在教学中重复讲解这些知识点，会让学生感到无聊和浪费时间，从而影响学生的学习积极性。因此，教师要充分考虑学生的已有经验，合理安排教学内容和节奏，避免重复和过于简单的内容，提高学生的学习兴趣和学习效果。

最后，学生的学习环境也是学情分析中需要考虑到的，学生的学习环境包括学校、家庭、社会等方面，这些环境对学生的学习产生着深刻的影响。例如，学校的教学资源是否充足，家庭是否能够提供良好的学习环境，社会的影响是否有利于学生的学习等。通过了解学生的学习环境，教师可以在教学中更好地帮助学生克服困难，创造良好的学习氛围，促进学生的全面发展。

单元教学最终目的是通过一系列任务、活动的开展，使学生能够在真实情境中发现问题并解决问题。所以情境、任务与活动的选择必须与学生的生活实际相联系，以引起学生探索的欲望。单元教学目标并非如"跳一跳就够着的桃子"那么简单，而是基于学生已有的知识储备和生活经验，设置阶梯式的目标，进入深度学习。学情分析的材料可从了解学生的作业情况、观察学生的行为表现、与学生对话等方面来进行搜集。

四、单元教学目标设计

新课标提出的学科核心素养是三维目标的整合与升华，其将知识、技能、情感态度与价值观三个方面的目标置于一定的情境中，整体发展。生物学学科核心素养四个维度之间相互联系，形成一个素养系统，完成生物学科的育人功能。核心素养的系统性决定了教学要以整体进行。因此，培养学生核心素养的过程不能将其分割成四个部分，单独发展学生某一维度核心素养。单元教学目标构建前，教师需要基于对课标、教材、学情的分析结果，在明确单元内容各个部分着重要培养的核心素养后，以教学内容为载体，设置相应的素养目标。单元教学目标的设置需遵循三个主要原则。

1. 系统性原则

一个单元是由多个部分组成的整体，每个部分之间紧密联系，如前面的知识是后面内容基础，后面的内容又促进对前面知识的理解，这种彼此作用的关系，形成一个单元整体。教学目标的设计除了要考虑学生、教师、环境等现实因素外，教学内容就是其主要的依据。因此，教师要以比较高的站位，通览全局，按照单元内容之间的联系设置整体的教学目标，发展完整的核心素养。

2. 进阶性原则

教学目标的达成不是一蹴而就的，需要经过由易到难进阶式过程。布鲁姆认知领域的六个层次中，记忆、理解、运用为低阶目标，分析、评价、创造为高阶目标。多数传统教学仅实现了低阶教学目标，而核心素养的形成前提必须实现高阶目标。因此，单元教学目标需要由低阶到高阶进阶式设置，最终实现深度学习，以落实核心素养的发展。

3. 可视性原则

教学目标是教学评价的主要依据，而评价必须具备一定的指标，所以，设置的单元教学目标要有可测性，表述上尽量避免使用"了解""理解"等抽象的动词，因为在评价的过程中，难以判断学生是否达到设定的教学目标。有时，单元目标比较大，采用抽象动词去描述更适合一些，但在单元目标细化过程中，必须将其转化为可评价的表达形式，如"说出""写出"等，教师可以根据学生是否能够说出或者写出来测量学生达成教学目标的情况，实现"教—学—评"一体化。

五、单元教学流程设计

单元教学的流程设计，通常以"情境—任务—活动"为主线，以核心素养为暗线。强调了创设真实情境，在挑战性活动中以任务为驱动的学习方式能够激发学生的学习兴趣和动力，增强他们的学习效果。

教学流程设计是教学设计的重要一环，其目的是能够帮助学生更好地掌握知识，发展核心素养，实现教学目标。教学流程按照"情境—任务—活动"主线来设计，学生在教师的引导下主动探究与学习，通过活动在情境中解决特定的真实问题，完成单元学习任务。

在单元教学流程设计中，情境是一个非常重要的元素。情境可以提供一个具体的背景和场景，让学生更好地理解和应用所学知识。同时，情境也可以激发学生的兴趣和积极性，提高学生学习的效果。在选择情境时，需要考虑到学生的兴趣、能力和实际情况，选择一个能够引起学生兴趣、能够促进学生学习的情境。

任务是单元教学流程中的核心环节，也是推动学生学习的重要驱动力。任务的设计应该具有一定的难度和挑战性，让学生在任务中能够充分发挥自己的能力，同时又能够达到教学目标。任务的设计应该贴近实际生活，能够让学生在任务中体验和巩固所学知识，提高学生学习的兴趣和积极性。

活动是单元教学流程中的最后一环，也是学生实现任务的具体手段，巩固所学知识的重要途径。活动的设计应该贴近学生的实际情况，选择最适合的活动形式，让学生在活动中能够体验和巩固所学知识。活动的设计应该具有一定的趣味性和挑战性，能够激发学生的兴趣和积极性，提高学生学习的效果。

除了情境、任务和活动，单元教学流程设计还需要考虑到学生的实际情况和学习特点。设计单元教学流程需要考虑到学生的年龄、性别、兴趣爱好等因素，选择最适合的教学资源和教学策略，提高学生学习的效果。同时，教师还应该关注学生的学习进度和学习困难，及时进行调整和帮助，让学生更好地掌握所学知识。

1. 真实性情境

建构主义是一种认为学习是一个主动建构的过程，而不是学习者被动接受知识的教育理论。它强调了学习者的积极性和主动性。在学习的过程中，学习者需要不断地探索、发现和解决问题，通过这样的过程，将已有的知识整合和重构，形成新的知识结构。

在建构主义教育中，教师的角色变得更加重要。教师不再是知识的传递者和学习的支配者，而是学习的组织者、引导者和促进者。教师应该为学生提供来自现实生活中的真实情境，激发学生的学习兴趣和探索欲望，使学生能够更好地发现问题，并将已有的知识化为工具去解决问题。这种真实性的情境可以来自生活实际、科学研究成果、社会热点以及科学史等。假设我们要教授生态系统中的物种相互作用，那么教师可以通过引入真实的生态情境来激发学生的探索欲望。例如，教师可以组织学生参加野外考察，观察生态系统中各个生物种群的互动关系。通过亲身参与的方式，学生可以更好地理解物种间相互作用的概念和实际意义。此外，教师还可以引入一些科学研究成果，比如关于某些物种的生态习性、食性和行为特征的研究成果，让学生了解科学家们是如何通过实验和观察来研究生态系统中的物种相互作用的。

单元教学需要以一个大情境贯穿始终，划分的课时教学也需要丰富的情境作为"支架"去帮助学生学习与运用知识。课时情境必须与单元大情境密切联系，且各个课时情境之间也要具有一定的逻辑关系。例如，在教授数学时，教师可以从一个实际问题出发，引导学生逐步探索解决问题的方法和思路，最终让学生掌握相关的数学知识和技能。

除了提供情境外，建构主义还强调学习者之间的互动和合作。学习者应该通过交流和协作来共同探究问题，分享知识和经验，并互相支持和帮助。在教学过程中，教师可以引导学生组成小组，共同完成一项任务或解决一个问题，这样可以让学生更好地理解和运用所学知识，同时也培养了学生的合作和沟通能力。

2. 驱动型任务

驱动型任务是一种基于学习者探究与思考的教学方法，它能够帮助学生主动参与到学习过程中，更加深入地理解知识，提高学习效果。任务是教学的核心，通过合理的任务设计，可以让学生在完成任务的过程中获得知识，同时也能够培养学生的自主学习能力、创新思维和团队协作能力。

驱动型任务的设计需要遵循任务分层和任务性质多样化的原则。在进行任务分层时，要考虑到学生的不同水平和能力，将任务按照难度和深度分层，为学生提供一个适合自己水平的任务，让学生感到挑战，但也不至于过于困难，从而让学生在完成任务的过程中能够感受到成就感。同时，任务的性质也需要多样化，可以包括调查研究、实验探究、综合评价等不同类型的任务，使学生能够从不同的角度去探究和理解问题，从而达到全面发展。

驱动型任务不仅能够帮助学生学习知识，更重要的是培养学生的学习能力和素养。通过任务的完成，学生能够获得探究和解决问题的能力，同时也能够培养创新思维和团队协作能力。这些能力对于学生未来的发展具有重要的意义。

如使用高倍镜观察细胞的任务，教师可以要求学生在任务中探究细胞结构和功能。任务要求学生组成小组，使用高倍镜观察不同类型的细胞，并通过绘图和实验等方式深入了解细胞的不同组成部分和其功能。学生需要具备识别和分析细胞结构的能力，同时也需要了解细胞在生物体中的作用和意义，如通过比较动植物细胞的差异来深入了解它们在不同生物体中的特殊功能。这个任务要求学生具备多方面的能力，包括实验设计、实验操作、观察和记录数据、绘图分析、团队协作和综合评价等方面的能力。在任务完成后，学生不仅能够掌握有关细胞结构和功能的知识，而且能够培养学生的实验探究能力、观察和分析能力、团队协作和综合素质，提高学生的科学素养和实践能力。

3. 挑战性活动

活动的开展以真实情境为背景，旨在完成学习任务。这种以任务为驱动的学习方式在教学实践中越来越受到教育界的认可和推崇。因为，任务型学习旨在让学生通过探究和实践的过程，主动地构建自己的知识结构和提升解决问题的能力。在教师设计的单元教学活动中，任务型学习活动应该具有一定的挑战性和可行性。挑战性的活动有助于激发学生的学习兴趣和动力，从而增强他们的学习效果。但是，活动的难度不能太大，否则容易让学生感到挫败和失望。

教师设计单元教学活动的目标是通过活动让学生学习并掌握相关的知识和技能。为了达到这个目标，教师需要为学生准备充分的学习材料，并发挥积极的引导作用。在活动过程中，教师应该扮演一个指导者的角色，帮助学生理解任务的目标、过程和方法。教师还可以为学生提供各种资源和支持，如图书馆资源、互联网资源、同伴支持等，以帮助学生完成任务。

同时，任务型学习活动也应该适应学生的认知发展过程。教师可以设计一系列连续的活动，从简单到复杂逐渐增加难度，以便学生可以逐步发展自己的认知能力和技能。在这个过程中，教师应该关注学生的学习效果，并在适当的时候对学生进行指导和反馈。通过这种方式，教师可以更好地了解学生的学习情况，从而为学生提供更加个性化的学习支持和帮助。

教学活动设计还应该考虑到学生的全面发展。教师可以通过活动的不同环节，发展学生的观察、思维、表达等能力。例如，教师可以设计一些小组讨论或者展示活动，以培养学生的交流和表达能力。此外，教师还可以安排学生进行实地考察或者实验，以增强学生的观察和实践能力。

六、单元教学效果评价

单元教学是以一个主题为中心，对知识进行系统地学习，以发展学生的整体核心素养。单元教学中教师要重点关注学生建构学习的过程，要在整合真实情境、教学任务、核心素养等基础上构建评价方案，以实现"教—学—评"一体化，促进教学目标的达成。

评价是教学的重要环节，起着诊断、调整、激励的作用，能够检验学生核心素养的达成程度。评价有助于促进教学目标的达成，能够发现学生的优势和不足，以便教师进行指导和调整。发展核心素养是教学的最终目标，因此单元教学评价需指向核心素养，而学生只有在特定的情境中，通过活动完成一定的任务时才会表现出相应的素养。因此，单元教学评价要以建构为核心，即教师要关注学生建构学习的过程，要在整合真实情境、教学任务、核心素养等基础上构建评价方案。

单元教学采用多元化的评价方式，主要包括两个方面。一是评价的方式多元化，传统的纸笔测试与表现型评价相结合，包括作品展示、口头报告、小组讨论等方式，使学生能够在不同的情境中使核心素养外显化。二是评价主体多元化，教师可以采用自己的评价方式，如教师观察、记录学生的表现，采用问卷调查等方式收集学生的反馈，以此了解学生的学习情况和进步。教师应该将权力下放至学生，让学生之间进行互评与自评，使学生真正参与到整个教学过程中来。这不仅能够促进学生之间的交流和合作，还能够培养学生的自我评价能力，增强学生的学习动力和自信心。同时，学生之间的互评也能够帮助教师更好地了解学生的表现和需求，从而调整教学内容和方法，更好地适应学生的需求。

第三节　教学设计的实践案例

本节将以一具体教学内容来呈现教师教学设计的完整过程，从确定教学内容—分析教学要素、明确核心素养—构建教学目标、整合教学资源—设计教学流程、制定评价方案—反思教学设计等四部流程逐一呈现，以期提升准教师的教学设计能力。

一、单元教学要素分析

（一）课标分析

"生物的遗传和变异"属于新课标主题六"遗传与进化"中大概念7的内容，与重要概念7.2"生物体的性状主要由基因控制"对应，由6个次位概念组成。该部分内容对应的学业要求有四条，并从教学策略、情境素材、学习活动三个方面做出了相应的教学提示。内容如表3-1所示。

表3-1　新课标中对"生物的遗传和变异"单元的要求

内容要求	学业要求	教学提示
7.2　生物体的性状主要由基因控制 7.2.1　DNA是主要的遗传物质 7.2.2　基因是包含遗传信息的DNA片段，随配子由亲代传给子代 7.2.3　基因位于染色体上，人的性别是由性染色体的组成决定的 7.2.4　生物的性状是由基因组成和环境共同决定的 7.2.5　遗传信息发生改变可以引起生物变异 7.2.6　杂交育种、转基因等技术促进了农业发展	1. 能够解释遗传信息在生殖过程中完成了传递，并控制新个体的生长发育 2. 借助图示或模型阐明染色体、DNA和基因的关系 3. 运用结构与功能相适应、生物与环境相适应的观点，阐明基因组成和环境共同决定生物的性状 4. 通过实例分析，认识到杂交育种、转基因技术对人类生产生活具有巨大推动作用	1. 教学策略：组织学生调查和统计人体的常见性状，引导学生认识遗传与变异现象，分析基因的传递规律 2. 情境素材：孟德尔的豌豆杂交实验，我国人口普查中关于性别比例的资料，人类基因组计划，《中华人民共和国民法典》中关于近亲结婚的条款，袁隆平的杂交水稻研究和科学精神 3. 学习活动：实验探究活动，人的性别决定的模拟活动，遗传性状显隐性的模拟活动。调查与交流活动，调查人体常见性状，调查家族内遗传性状的表现

根据对课标内容要求的分析可知，"生物的遗传和变异"以"生物的性状主要由基因控制"这个重要概念为主线贯穿整个单元。该概念是建立在以"生殖"为关键词的重要概念基础上，并为后面"进化"的相关概念形成做铺垫，具有承前启后的作用。课标中对本单元的学业要求，是教学目标确立的主要依据，教学提示中所给的建议可充分有效地利用到单元教学过程中，作为单元情境、任务、活动素材。

（二）教材分析

"生物的遗传和变异"内容位于北师版八年级生物学上册第20章，也是本册书的最后一个章节。学习"生物的遗传和变异"有助于对前一章内容所涉及的概念更加深入的理解，以及为后面学习"生命的演化"奠定基础。因此，本章内容在教材中起着承上启下的作用。从学段的角度分析，该教学单元的内容在小学科学中已有初步的呈现，初中学生对生物的遗传和变异现象有一定的了解。"生物的遗传和变异"在高中阶段作为重难点内容，位于人教版必修2"遗传与进化"这本书中，其认知的深度上了一个很大的台阶。所以，学好初中阶段的"生物的遗传和变异"单元，对高中该部分内容的深入学习意义重大。当然，"生物的遗传和变异"中所要理解的概念属于微观层次，且比较抽象。因此，该教学单元在整个初中阶段的生物学中，也为学生学习的重难点。

"生物的遗传和变异"教学单元在教材中由6小节的内容组成，并按照一定的逻辑关系排列，由现象到本质再到应用，知识之间紧密联系，形成一个体系。如该教学单元首先让学生感知遗传与变异的现象，其次认识遗传的物质基础，接着进一步探究遗传的规律，再对性别的遗传进行判断。在学习完遗传的基础内容后，又继续分析遗传与环境的关系，并提出遗传信息是可以改变的，进而让学生理解变异，从本质上明白了亲子代的异同正是由遗传与变异导致的。最后，学生要用所学的知识去解决生活实际中有关遗传病与人类健康的问题。教材中的具体内容除了正文以外，还包括"思考与练习""活动""小资料"等栏目，在单元教学中，可创造性地使用这些教材资源，以帮助学生理解相应的概念，促进核心素养的发展。

根据新课标中的内容要求，结合教材整理出可以支撑次位概念的一般概念，如表3-2所示。

表3-2 "生物的遗传和变异"单元中的一般概念

一般概念	具体内容
性状	指生物体在其遗传基因和环境的相互作用下所表现出来的形态、结构、生理功能或行为特征
相对性状	指一个个体某个性状的表现相对于其他个体在同一环境条件下的表现的大小或程度
遗传	父母将其遗传物质（包括基因和染色体）传递给后代的过程和现象
变异	指生物体的遗传信息在传递和复制过程中发生的改变
基因	"基因"是生物体遗传信息的基本单位，是指控制生物体某种特定性状的遗传因子
染色体	存在于生物细胞核中的一种线状结构，主要由DNA、蛋白质组成，承载了细胞的遗传信息
等位基因	指存在于同一个位点上的基因，可以决定相同性状或控制相同代谢途径的不同基因形式
显性基因	指在同一位点的基因，它的表现会掩盖掉另一个等位基因的表达
隐性基因	指在同一位点的基因，它的表现会被另一个等位基因的表达所掩盖
基因型	指一个生物个体在某个基因位点上所拥有的基因的组合
表现型	指一个生物个体在某个环境条件下所呈现出来的外在形态和性状
性染色体	决定一个生物个体性别的染色体
常染色体	与性别无关的染色体

（三）学情分析

"生物的遗传和变异"对初中阶段的学生而言具有一定的神秘感，因为它与人，以及其他生物息息相关，但学生却从未真正地去了解过。如在学习前面章节"动物的行为"时，学生需要记住动物的行为除了受神经系统与激素的调节以外，还受遗传物质的控制。考试中，其以填空题的形式出现，要求学生写"遗传物质"，学生的答案有多种，其中每个班几乎都有几个同学写DNA或者基因。在此之前，他们并未在初中生物学中涉及过DNA和基因的概念。在知道自己的答案并不正确时，有的学生对这三者的关系产生疑惑并与老师交流。由此可知，学生具备一些与该单元有关的前概念，但却理解得不够深入，并期望去揭晓真相。

"生物的遗传和变异"中，大部分概念需要学生从微观的角度去理解。首先，八年级学生的抽象思维已有了很大的发展，因此他们完全可以接受该单元的内容。其次，处于这个阶段的学生具备一定自主学习能力和上网查阅资料的能力等，这能够保证学生在单元教学过程中正常地完成学习任务，从而顺利开展教学活动。再次，这个年龄的学生好奇心与求知欲都非常强，而且很活跃，比起以教师讲授为主的传统课堂，他们更喜欢师生互动的学习形式，在这个过程中学生努力去表现自己，学习也更积极主动，这使得单元教学能够有效进行。最后，八年级的学生已学过一年的生物学，他们具有一定的生物学素养。而且，在学习"生物的遗传与变异"之前，他们已经学习了"生物的生殖和发育"，知道个体是由受精卵发育而来，这些已有的知识与技能可以为学生学习本单元提供很大的帮助。

（四）构建概念体系

基于对新课标与教材的分析，围绕"生物体的性状由基因控制"这个重要概念构建出单元教学的概念体系，如图 3-1 所示。

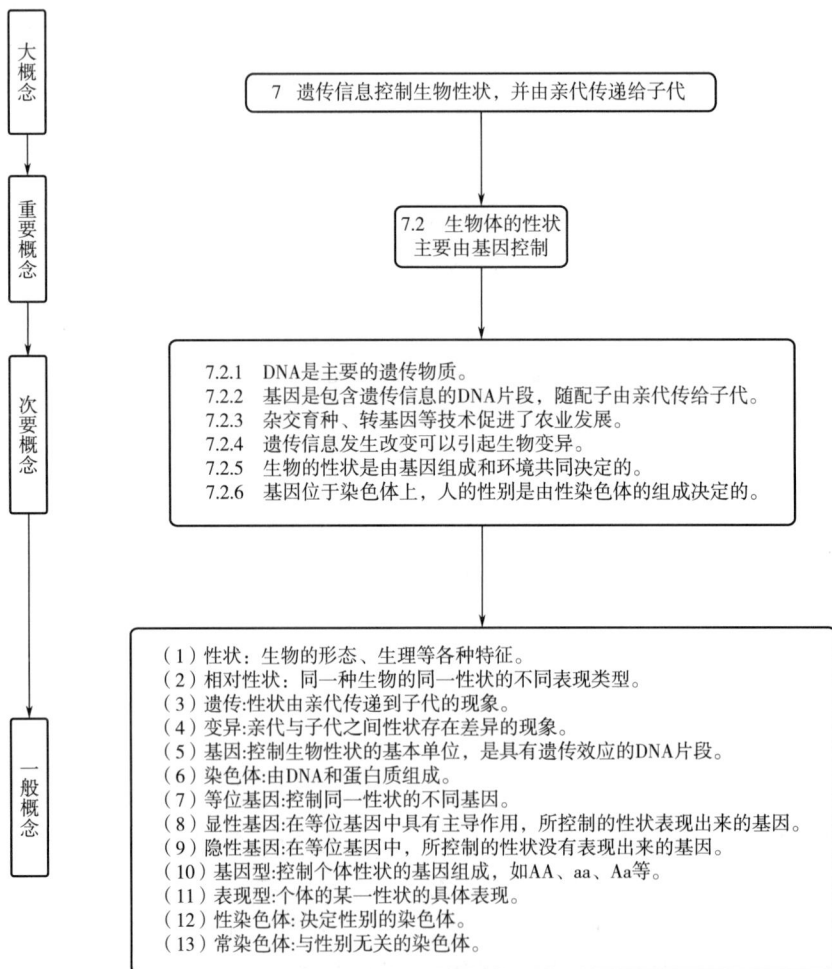

图 3-1 单元教学概念体系图

二、单元教学目标构建

单元整体教学目标的设计参照课程标准中学业要求，并从学科核心素养的层面制定具体的目标。单元整体目标确立后，根据教学要素进行分析，并将其细化为课时教学目标，为教学提供依据，最终实现核心素养的落实。本单元的整体教学目标如下。

（1）能够准确解释遗传信息在生殖过程中的传递，运用相关术语描述遗传信息对新个体生长和发育的控制。

（2）能够使用图示或模型清晰地阐明染色体、DNA 和基因之间的关系，并解释它们之间的联系和作用。

（3）能够应用结构与功能相适应、生物与环境相适应的生物学观点，描述基因和环境对生物性状的影响，并解释生物性状的多样性及其形成机制。

（4）能够通过对杂交育种、转基因技术的实例分析，解释它们对人类生产生活的推动作用。

根据课标中对应的内容要求，结合教材的内容与编排特点，将单元整体教学目标细化为六个部分。按照每个部分的主要内容，目标设置六个子主题，使用六个课时来完成。具体的课时目标如表 3-3 所示。

表 3-3　"生物的遗传和变异"单元教学目标细化

课时	课时目标
课时 1：遗传与变异的现象 课时 2：性状遗传的物质基础 课时 3：性状遗传的规律 课时 4：人的性别遗传 课时 5：遗传与环境 课时 6：遗传与变异原理的应用	1. 通过列举和分析生活实例，能概括出遗传和变异、性状和相对性状的概念，能描述亲子代间在性状上的延续现象，提升学生归纳与概括的思维能力 2. 能够通过观察和分析图片，描述染色体、DNA 和基因的关系，并能够利用物理模型、概念模型表示，以解决问题，培养学生的问题解决能力；通过说明基因是一段具有遗传效应的 DNA 片段，举例说明生物的性状是由基因控制的，并且这些基因随着染色体在生殖细胞中的传递而传递给后代，培养学生的抽象思维和概括能力；通过将所学的生物学知识与现实生活联系起来，学生能够解释生活中出现的生物学现象，培养学生关注社会和解决现实问题的素养 3. 通过分析孟德尔一对相对性状的遗传实验，能利用遗传图解分析和解释遗传现象，培养学生归纳演绎思维；通过模拟孟德尔一对相对性状的杂交实验，得出基因的传递规律，并能利用遗传图解预测未来子代的基因型和性状表现，发展学生探究实践和解决现实问题的能力 4. 通过观察和对比男女染色体的图片，能够解释人的性别是由染色体决定的，从而培养学生的分析能力；通过模拟精子和卵细胞随机结合的实验，验证生男生女的概率相等，提高学生的实践探究能力；通过生活实际的案例，培养学生用科学的态度看待生男生女问题，杜绝性别歧视，提高学生关注社会问题的素养 5. 通过分析案例，解释基因型、表现型和环境之间的关系，区分可遗传变异和不可遗传变异，培养学生的分析综合能力，发展结构与功能相适应、生物与环境相适应的生物学观点；通过对相关资料的深入分析，学生能够应用遗传和变异的原理设计新品种的培育方案，提升学生的知识应用能力 6. 通过收集常见的遗传病例，分析后代患病比例，能够利用遗传与变异的知识解释禁止近亲结婚的理由，培养学生推理能力，并提高他们对现实生活问题的关注和解释能力

三、单元教学流程设计

在确定教学目标与课时划分的基础上，结合单元内容围绕"情境—任务—活动"主线设计教学流程。情境、任务、活动的设计如表 3-4 所示。

表 3-4　情境—任务—活动的设计

情境	任务	活动
情境：呈现三组学生家庭合照（第一组：某女生与父母；第二组：某男生与父母；第三组：某男生与父母以及妹妹），每组照片中的学生与其家人之间都有相似之处	任务：解释每个孩子和他们的父母都有相似之处的遗传原理	活动1：根据相关特征猜猜照片中是哪位同学的父母，归纳出性状的概念 活动2：根据性状的概念找出宠物狗与豌豆的性状 活动3：完成个体间性状的比较，归纳出相对性状的概念 活动4：根据相对性状的概念找出豌豆的相对性状 活动5：分析某位同学家庭成员性状调查表中其与父母、兄妹的相同性状与不同性状，归纳出遗传与变异的概念
情境：呈现某位学生的家庭成员性状调查表，该学生的某些性状与父母具有明显的相似	任务一：寻找控制性状的遗传物质在哪里	活动1：回顾细胞核的结构与功能，确认遗传物质的位置在细胞核中 活动2：观察不同的染色体照片，归纳染色体的特点，分析染色体的来源 活动3：自主阅读染色体组成、沃森和克里克发现DNA双螺旋结构的相关资料，确认DNA是储存遗传信息的物质 活动4：观看介绍基因的视频，说出染色体、DNA、基因三者的关系 活动5：制作细胞核、染色体、DNA、基因的关系模型 活动6：自主阅读基因控制生物性状的相关资料，说出基因控制生物性状的原理
	任务二：探究人的性状如何传递给下一代	活动1：探究孟德尔的豌豆杂交实验 活动2：用图解表示出孟德尔杂交实验的过程与结果 活动3：利用性状遗传的规律预测未来子女的有关基因型和表现型
情境：呈现三胎政策的相关内容，出示某位学生四口之家的照片，如果父母再要一个孩子，判断其性别是什么	任务：探究男女性别是怎样决定的	活动1：阅读性染色体的发现史资料，了解性染色体的由来 活动2：观察男女体细胞中染色体排序图，识别性染色体 活动3：绘制性染色体遗传图解，分析性染色体的来源 活动4：模拟精子与卵细胞结合的过程，探究生男生女的概率 活动5：讨论男女比例失衡问题

续表

情境	任务	活动
情境：展示不同品种的稻米图片，以及2020年"太空稻安家田间"的报道资料	任务一：探究遗传与环境的关系	活动1：探究环境对蒜苗性状的影响 活动2：观察实验结果，分析遗传与环境的关系 活动3：阅读"南橘北枳"与摩尔根培养果蝇的资料，区分可遗传变异与不可遗传变异 活动4：根据资料分析稻米变异的原因
	任务二：谈论遗传与变异在育种上的应用	活动1：讨论怎样获得具有优良性状的稻米 活动2：收集我国遗传育种的相关资料，并制作成展板汇报
情境：播放有关遗传病的视频，视频中，医生正在向一位家长解释他们的孩子患有遗传病的原因和可能的治疗方案	任务：讨论遗传变异在遗传病方面的应用	活动1：分析血友病与艾滋病的相关资料，总结出遗传病的特点 活动2：介绍常见的遗传病实例，让学生认识到遗传病在人群中的普遍存在 活动3：分析血友病患者家系图谱，讨论近亲结婚的危害 活动4：小组讨论，怎样降低遗传病发病率 活动5：绘制优生优育海报

四、单元教学评价体系制定

为更好地反馈教学效果，本单元制定了多样化的评价方式，分别从概念建构、探究实践、表现性活动、单元测试成绩四个方面来评价学生的核心素养的发展情况。

（一）概念建构评价

学生在学习过程中对概念的理解程度，可通过他们绘制的思维导图来评价。思维导图以图文结合的方式将零散的知识提炼整合为系统知识。利用这种可视化工具，可检测学生概念层级的形成，从而了解学生生命观念与科学思维素养的发展情况。本单元对学生思维导图的评价依据，采用陕西师范大学文琰在研究思维导图优化初中生物教学中构建的思维导图评价表，其从主题、内容、结构、美观、创新五个方面来进行评价，分为优良差三个等级。

（二）探究实践评价

本单元选择"探究环境对蒜苗性状的影响"活动，来评价学生科学思维、探究实践素养的达成情况。该活动位于教材中"遗传与环境"一节，原实验对象为小麦，但考虑到学生虽然对面粉较为熟悉，但对小麦种子比较陌生，因此将实验中所用的小麦种子换成学生常见的大蒜，利用大蒜探究环境对生物性状的影响。活动过程与结果采用工作单的形式进行评价，工作单分为引导性、结构性、开放性三种，引导性工作单比较基础，适合学生初次探究使用，开放性的工作单难度最大，对学生已有的探究能力要求较高。学生在学习该单元之前已经对探究过程进行过理论学习，但并未真正落实到实践中去。所以，本单元为了更好地检测学生探究实践方面的水平，选择难度介于引导性与开放性之间的结构性工作单。工作单的编制如下。

探究环境对蒜苗性状的影响

班级：　　　　　　探究小组：　　　　　　探究人：

日期：　　　　　　成绩：

你们小组的实验材料有：花盆 2 个、完整的蒜头 1 个、培养土、不透光盒子、剪刀、直尺、放大镜、彩色笔，如不够可以自己寻找可使用材料。

一、提出问题

我们吃的蒜苗来自地里或者蔬菜大棚中，在种植时，需要浇水、施肥，以及给予充足的光照等，以培育出优质的蒜苗。请你根据以上的情景提出一个你感兴趣的问题，并利用相关的材料开展实验探究。例如：光对蒜苗的颜色有影响吗？

二、做出假设

根据你提出的问题，结合生活经验以及学过的知识，作出假设。

三、制订计划

根据你提出的问题，选择合适的实验材料，设计实验方案。你可以使用文字或简图描述出实验步骤，实验步骤要足够清晰。

四、实施计划

根据你设计的实验方案进行实验，并记录实验结果。

五、得出结论

对你观察到的实验现象进行分析，得出实验结论。

六、表达与交流

(1) 在小组交流中，你们讨论了哪些问题？

(2) 你们与其他小组探究了哪些问题？写出你的收获和感想。

（三）表现性活动评价

为了促进学生将所学知识与现实生活联系起来，发展态度责任方面的素养，本单元教学过程中还设置了两个具有创造性的活动，一个是收集我国遗传育种的相关资料并制作成展板汇报，另一个是在完成本单元学习后设计优生优育的海报。由于生物课的时间有限，所以两个任务主要在美术课与活动课中进行，以小组为单位，合作完成。在任务开始前，教师需要提前引导学生从哪些方面去完成，如展板主要从科学性、内容表达、影响力、表现性四个方面去制作，评价主体由教师与学生共同参与。

（四）单元测试成绩评价

传统的纸笔测验是评价学生是否达成教学目标的有效方式。本单元课程结束后，对学生进行一次单元测试，以学生测试所得的成绩作为单元学习后科学思维发展情况的评价来源。将对照班与实验班的数据进行比较分析，判断单元教学相对于传统教学，是否能促进学生科学思维的提高。

五、课时教学设计

单元整体目标分解后，需要通过多个课时来实现。"生物的遗传和变异"单元使用六个课时来完成教学，每个课时都围绕着一个子主题，对应的教学目标统领活动的开展，以任务驱动，通过活动完成对概念进行建构，落实核心素养的发展。

单元整体下的课时教学设计过程中需要考虑每部分内容之间的关系，情境素材的使用上注重连续性，概念之间是贯通的。第一课时为"生物的遗传和变异"单元教学的开端，主要内容是带领学生建构遗传与变异、性状与相对性状的概念，四个概念贯穿整个单元教学内容。因此，课时1——遗传与变异的现象，相当于为整个单元创设了一个大情境；课时2——性状遗传的物质基础；课时3——性状遗传的规律；课时4——人的性别遗传；课时5——遗传与环境，依次对"遗传与变异"的内容展开学习；课时6——遗传与变异原理的应用，为单元教学的收尾，即将所学的知识运用到现实生活。整个单元教学遵从由现象到本质，最后上升到应用的过程，实现深度学习。

具体的课时教学按"情境—任务—活动"主线设计，首先结合学生的现实生活创设真实情境；然后提出问题，驱使学生通过活动完成相应的任务；最后形成概念。以下为"生物的遗传和变异"单元六个课时的教学设计案例。

课时 1　遗传与变异的现象

情境：呈现三组学生家庭合照（第一组：某女生与父母；第二组：某男生与父母；第三组：某男生与父母以及妹妹），每组照片中的学生与其家人之间都有相似之处。

任务：解释每个孩子和他们的父母都有相似之处的遗传原理。

活动1：观察照片，根据相关特征猜猜是哪位同学的父母，归纳出性状的概念。

观察所示照片，猜猜是班上哪位同学的父母，并说出根据哪些特征判断出来的，归纳出"性状"的概念。以真实情境为例，激发学生对新知识的学习兴趣。

活动2：根据性状的概念找出宠物狗与豌豆的性状。

根据所示的宠物狗照片，说出狗狗的性状有哪些；观察课前发放的豌豆材料，说出豌豆的性状有哪些。通过日常生活中常见的例子，加深学生对"性状"的理解。

活动3：完成个体间性状的比较，归纳出相对性状的概念。

根据课本第96页的活动步骤，与教师配合逐一完成个体间性状的比较，归纳出"相对性状"的概念。在此过程中，学生对"相对性状"有了深刻的理解，归纳概念的能力有所提高。

活动4：根据相对性状的概念找出豌豆的相对性状。

观察课前发放的豌豆材料，说出豌豆的相对性状有哪些。将概念运用到实际中，为后续探究孟德尔的豌豆杂交实验做铺垫。

活动5：分析某位同学家庭成员性状调查表中其与父母、兄妹的相同性状与不同性状，归纳出遗传与变异的概念。

观察某位同学的家庭成员性状调查表，分析该同学与父母，兄妹的相同性状与不同性状，总结出遗传与变异的概念。通过实例，锻炼学生归纳概念的能力。

课时 2　性状遗传的物质基础

情境：呈现某位学生的家庭成员性状调查表，该学生的某些性状与父母具有明显的相似。

任务：寻找控制性状的遗传物质在哪里。

活动 1：回顾细胞核的结构与功能，确认遗传物质的位置在细胞核中。

回忆初一学的细胞核功能，思考它是怎样控制遗传信息的。唤醒学生已有的知识，开启寻找控制性状的遗传物质之旅。

活动 2：观察不同的染色体照片，归纳染色体的特点，分析染色体的来源。

观察光学显微镜下细胞分裂时的装片照片，找到被染成深色区域的染色体；观察电子显微镜下染色体照片，认识染色体的结构；观察人、水稻、果蝇体细胞中染色体排序图，归纳出生物体细胞中染色体数目的特点以及染色体的来源。引导学生进行不完全归纳，培养学生科学思维能力。

活动 3：自主阅读染色体组成、沃森和克里克发现 DNA 双螺旋结构的相关资料，确认 DNA 是储存遗传信息的物质。

自主阅读书本第 99 页，回答染色体的主要成分是什么，作为遗传物质的是哪一种；自主阅读沃森和克里克发现 DNA 双螺旋结构的相关资料，推断遗传信息的储存形式。通过该过程，学生的自主阅读、提取信息、材料分析等能力得到一定的发展。

活动 4：观看介绍基因的视频，说出染色体、DNA、基因三者的关系。

观看相关视频，总结出体细胞以及生殖细胞中染色体、DNA、基因三者的数量关系。通过直观的演示，促进学生对有关概念的理解，为探究性状遗传的规律打下基础。

活动 5：制作细胞核、染色体、DNA、基因的关系模型。

小组合作，使用超轻粘土制作出能体现体细胞或生殖细胞中细胞核、染色体、DNA、基因关系的物理模型，小组代表上台展示、汇报，学生与教师共同点评。在此过程中，学生的动手能力得到提高，进一步感受建模思想。

活动 6：自主阅读基因控制生物性状的相关资料，说出基因控制生物性状的原理。

阅读书本第 100 页的内容，将基因组比作建造飞机的蓝图，说出基因如何控制生物的性状。引导学生利用类比法将所学内容形象化，有利于学生对概念的理解。

课时 3　性状遗传的规律

情境：呈现某位学生的家庭成员性状调查表，该学生的某些性状与父母具有明显的相似。

任务：探究人的性状如何传递给下一代。

活动 1：探究孟德尔的豌豆杂交实验。

（1）小组代表上台介绍孟德尔的生平事迹。

（2）自主阅读有关豌豆介绍的资料，小组讨论孟德尔为什么使用豌豆作为实验材料。

（3）小组代表上台介绍豌豆人工授粉的过程；分析孟德尔豌豆杂交实验过程，推测出相对性状中存在显隐之分，并对显性性状与隐性性状下定义。

（4）从基因的角度对实验做出解释，归纳出显性基因、隐性基因、等位基因、基因型、表现型的概念。

引导学生像科学家一样思考，在此过程中，学生的科学思维、探究实践方面素养得到提升。同时，资料收集与整理、语言表达等综合能力增强，对概念的理解也更加深刻。

活动 2：用图解表示出孟德尔杂交实验的过程与结果。

小组合作：推导纯种高茎豌豆与纯种矮茎豌豆杂交，子一代、子二代的基因组成，并用遗传图解表示出来；小组派两位代表上台，使用红色与透明卡片模拟控制高茎和矮茎基因的传递过程，并解说；将推导的结果与实验现象做对比，证明孟德尔对实验现象的解释是正确的。引导学生利用模型对归纳结果进行演绎，证明猜测的正确性，培养学生归纳演绎的科学思维。

活动 3：利用性状遗传的规律预测未来子女的有关基因型和表现型。

小组合作：根据书本第 104 页的活动，完成对未来子女有关基因型和表现型的预测，并用遗传图解表示出来；小组代表上台展示并讲解；教师对方案做出点评。培养学生团结合作，用所学知识解决生活实际问题的能力。

课时 4　人的性别遗传

情境：呈现三胎政策的相关内容，出示某位学生四口之家的照片，如果父母再要一个孩子，判断其性别是什么。

任务：探究男女性别是怎样决定的。

活动 1：阅读性染色体的发现史资料，了解性染色体的由来。

自主阅读性染色体发现以及命名的相关资料。通过科学史，了解性染色的来源，有利于学生更好地认识性染色体。

活动 2：观察男女体细胞中染色体排序图，识别性染色体。

观察男女体细胞中染色体排序图，找出性染色体，归纳出 X 染色体与 Y 染色体在形态上的区别。通过对图片的观察，学生能够直观的理解 X、Y 属于同一对染色体。

活动 3：绘制性染色体遗传图解，分析性染色体的来源。

分析形成生殖细胞的过程中，染色体的数目变化情况；推出男性产生精子、女生产生卵细胞的种类，画出性染色体的遗传图解；判断生男生女由什么决定。引导学生逐步分析，得出结论，有利于发展学生的思维能力。

活动 4：模拟精子与卵细胞结合的过程，探究生男生女的概率。

小组合作：利用红色、蓝色糖果，以及不透明盒子（生殖器官）为材料，模拟实验，探究生男生女的机会是否相等；对实验结果进行统计、分析，得出结论。在体验探究实践的过程中，学生的综合能力得到增强。

活动 5：讨论男女比例失衡问题。

分析我国人口普查数据，讨论男女比例失衡导致的问题，以及该怎么做。通过使用所学知识解决现实中真实问题，有利于培养学生的态度责任素养。

课时 5　遗传与环境

情境：展示不同品种的稻米图片，以及 2020 年"太空稻安家田间"的报道资料。

任务一：探究遗传与环境的关系。

活动1：探究环境对蒜苗性状的影响。（课前）

根据结构性工作单的引导，探究环境对蒜苗性状的影响，并完成工作单上的内容。让学生体验科学探究的一般过程，检测学生科学思维、探究实践方面素养的发展情况。

活动2：观察实验结果，分析遗传与环境的关系。

观察"光对蒜苗颜色的影响"实验结果，分析基因型、环境、性状三者的关系。引导学生通过对真实实验数据的分析，得出相应的结论，帮助学生对相关概念的理解。

活动3：阅读"南橘北枳"与摩尔根培养果蝇的资料，区分可遗传变异与不可遗传变异。

分析"南橘北枳"的例子，归纳出不可遗传变异的概念；分析摩尔根培养白眼果蝇的例子，归纳出可遗传变异的概念。引导学生通过真实案例，归纳出相关概念，提高学生概念建构的能力。

活动4：根据资料分析稻米变异的原因。

小组合作：探究稻米变异的原因：观察稻米的性状有哪些；思考不同品种稻米的性状是否可以遗传给子代；结合所给的资料分析稻米产生可遗传变异的原因有哪些。在探究过程中，培养学生解决问题的能力。

任务二：讨论遗传与变异在育种上的应用。

活动1：讨论怎样获得具有优良性状的稻米。

小组合作：讨论如果你是一位育种学家，你想获得稻米哪些优良性状，怎么去实现；小组代表上台进行角色扮演。增强学生之间的交流，以及语言表达能力，将所学知识与社会生产实践联系起来，培养学生态度责任素养。

活动2：收集我国遗传育种的相关资料，并制作成展板汇报。（课后）

小组合作：通过网络与书籍等，收集我国遗传育种的相关资料，并制作成展板汇报。学生在分工合作中，自主学习能力得到增强，通过对我国遗传育种的了解，学生在无形之中产生民族自豪感。

课时 6　遗传与变异原理的应用

情境：播放有关遗传病的视频，视频中，医生正在向一位家长解释他们的孩子患有遗传病的原因和可能的治疗方案。

任务：讨论遗传变异在遗传病方面的应用。

活动1：分析血友病与艾滋病的相关资料，总结出遗传病的特点。

分析血友病与艾滋病的相关资料，归纳出遗传病与非遗传病的概念。加深学生对遗传病的认识。

活动2：介绍常见的遗传病实例，让学生认识到遗传病在人群中的普遍存在。

小组代表上台展示课前收集的常见遗传病实例，并作相应介绍。培养学生善于关注现实问题的素养；学生在完成任务的过程中，其收集、整理资料的能力得到提升。

活动3：分析血友病患者家系图谱，讨论近亲结婚的危害。

分析血友病患者家系图谱，讨论近亲结婚的危害。利用生物学原理解释现实生活中的问题，有利于发展学生的科学思维。

活动4：小组讨论怎样降低遗传病发病率。

小组讨论怎样降低遗传病发病率；如何提高遗传病患者的生活质量。锻炼学生的思维能力。

活动5：绘制优生优育海报。（课后）

根据已学习过的知识，以及收集到的相关资料，绘制优生优育的海报。培养学生的态度责任素养。

六、教学反思

教学目的是培养学生的整体核心素养。但从学生们的表现来看，实验班的学生相较于对照班有明显提升，但两个班的整体成绩都不是很理想。从对核心素养四个维度的分析结果来看，教师在教学中要更加注重对学生探究能力的培养，让学生能够深入思考问题并提出创新性的假设和解决方案。在单元教学中，教师可以增加更多的开放性问题，鼓励学生在探究中体验科学思维的魅力。同时，在实验环节中，教师应该更加注重引导学生独立思考和分析实验结果的能力，而不仅仅是完成实验的操作。此外，教师应该在实验设计中加强对变量的讨论和控制，让学生能够理解实验的科学性和严谨性。

在再教学中，教师可以采用更多的启发式教学法，通过提出问题、引导学生思考和讨论等方式，激发学生的探究兴趣。同时，教师可以增加更多的案例和实践活动，让学生能够更好地理解科学知识和掌握科学思维的方法。此外，在教学过程中，教师应该关注学生的思考和表达过程，鼓励学生自由表达，让学生感受到自己思考和表达的自由和独立。最后，教师在教学中应该注重反思和总结，让学生能够反思自己的学习过程，总结经验和教训，从而更好地提升科学思维能力。科学思维的发展促进学生对概念的理解，从而形成生命观念，并将其运用到生活实际中，实现社会责任素养的发展。

（案例来源：牡丹江师范学院硕士研究生彭国红）

第四章 中学生物学习题解析与设计

本章学习目标

（1）能够说出生物学习题的类型和作用。

（2）能够基于高考评价体系对生物学习题和试题进行解析。

（3）能够尝试进行生物学习题的设计。

（4）能够完成生物学习题课的实施。

《普通高中生物学课程标准（2017年版2020年修订）》提出：落实生物学学科核心素养是生物学课程的设计宗旨和基本要求，生物学学科核心素养的培养应贯穿于教材编写、课堂教学及考试评价中。课程标准是考试评价的重要依据，习题作为生物学教学的诊断性评价与形成性评价的重要手段，承载着学生生物学核心素养的培养与考查任务。在课程改革深化进程中，生物学教学习题的解析与设计质量必然会影响到课程理念的落实。

第一节 中学生物学习题概述

习题作为教学内容的重要组成部分，在日常学科教学与考试评价中起着重要作用，与教学内容紧密相连、相互依存，是课堂教学内容的运用与延伸。对教师来说，习题是检测教学效果、获得反馈信息的重要工具。对学生而言，习题是加深对所学知识理解、加强运用知识解决实际问题的能力、提升核心素养的桥梁。正是习题的这种特殊地位和作用，基于核心素养的教学改革不应只关注教材内容及教学方式的变革，日常的习题设计与高考命题更应与时俱进，进行相应的改革。

一、习题的概念

习题就是一门课程或一部教材为学生或读者提供的，可供练习和实践的问题，简言之，指用作教学练习用的题目。它不仅仅包括各种课后习题、试题、练习题，还包括围绕所学内容进行的实践活动，是一种以巩固学生所学知识、发展学生思维、拓展学生能力的一种有组织、有目的的练习活动。习题既是帮助学生理解巩固知识、发展创新能力、形成正确价值观念的重要载体，也是评价教师的教学情况和学生学习效果的有效工具。

生物学习题是指在生物学教学过程中，为达到教学目标而编制的练习题，是从现实的情境中，经过选择、简化、抽象等过程而形成的一种以巩固与检测学习效果的组织方式。本章主要研究高中生物学习题，它是根据高中生物学课程内容，依据课程标准和教学目标的要求，以培养学生生物学学科核心素养为宗旨，从现实生活情境中选择的，用以理解和巩固生物学核心概念，检测学生在真实的情境中发现问题、分析问题与解决问题能力的一类习题。研究范围包括高中生物学教科书中"问题探讨"与"思考·讨论"栏目中的课中习题、"练习与应用"及"复习与提高"栏目中的课后习题、教辅资料中的巩固检测习题、章节测试、学段测试、合格考及高考试题等。

二、习题的类型

生物学中常见的题型有判断题、选择题、填空题、图表题、实验设计题、材料分析题、讨论题等。各种题型有其考查要点及解题要点。

选择题一直是生物学习题中的重要组成部分,其考查的知识内容与能力要求较为广泛。可以根据不同知识内容创设简单或复杂的问题情境。选择题的设计增加了信息内容,同时在选项中设置混淆的概念,灵活地考查学生的分析、判断和综合推理能力。此类习题对学科核心素养的考查维度较多,包括生命观念、科学思维、科学探究与社会责任,需要学生在解答问题时能够避免无关条件干扰,解除思维定势,认真审题,挖掘习题中的信息,利用生物学知识解决实际问题。

填空题较为重视对生物学基础知识与相关概念的考查,常以一个基本的概念和事实的抽象过程为题干内容,需学生对知识概念予以补充。常见的填空题主要包括直接填空和选择填空,即学生需要根据一定的文本、图解或表格中所包含的生物学信息,用精炼的文字填写清楚。此类试题的解答多要求学生具备一定的生命观念,能够综合运用基础知识,联系上下题干内容,灵活运用生物学语言,使其具备科学性与规范性。

图表题、实验设计题、材料分析题与讨论题可统一称为综合拓展类试题,相对于其他类型试题在考查内容上较为复杂,需在特定的情境中考查学生对生物学知识的掌握与运用情况,所选择的习题素材多与生活实践相联系。此类试题在解题方法、解题规律上注重考查学生的科学探究与科学思维能力,以生物学核心素养为导向拓展学生视野,培养学生的综合能力。

图表题通常结合图片、表格等内容构建问题情境,完成对问题的设计,解答此类试题需要学生有一定的图形分析能力,且常与实验设计题相联系。根据实验设计题的性质与考查内容,图表题可分为绘图题、识图填图题、图形识别题、实验技能题、实验作业题等,采用展示生物学装置、生物结构、实验流程图、生物结果图片等形式考查学生对生物学实验的基本技能。实验设计题通过实验现象或结果的描述,训练和考查学生对实验情境信息的分析与应用能力,同时也考查学生对基础生物学实验技能的掌握情况,对实验器材、实验材料的了解情况。

材料分析题与论述类习题的题目常以较大篇幅的文字呈现一个或多个问题,是考查学生基础知识和综合能力的试题,根据考查内容可将其分为论述题、问答题、论证题与推断题,此类试题要求学生结合文本中已知条件,运用生物学规律进行分析与推理实际问题,要求学生规范生物学语言,结合具体事实情境完成对试题的解答。主要考查学生的科学思维与科学探究能力,尊重严谨的事实依据,运用科学思维去认识事物,解决生产生活中的实际问题。

三、习题的作用

习题是教学与评价的重要组成部分,也是发展学生生物学学科核心素养的综合载体。无论是高中生物学教科书中的习题检测,还是教辅材料中的练习题,均注重了对学生综合实践能力的考查，体现了新课标的教育理念与评价标准的一致性。

习题在教师的教学、学生的学习与教学效果的检测与教育评价中具备一定的价值，三者的有机统一与综合利用，使教学活动更好地为发展学科素养服务。在教学层面，教师通过习题研究，探究不同类别下的习题特征与设计理念能够帮助教师反思教学，为教学与检测中的习题应用与习题设计提供参考，从而优化课堂教学。在学习层面，学生对习题有针对性的练习与检测，通过教师的正确归因，能够及时调整信息差，转变传统的"题海战术"，提升学习效果。在教育评价层面，通过习题的测验使教师能够正确反思自身的教学与学生的学习效果，以便及时调整教学策略，设置适当的习题数目，采取更为得当的教学手段。

生物学习题有助于学生学科素养的落实。通过生物学习题的练习与应用，使学生能够较好的掌握与运用生物学基本概念，促进学生结构与功能观、物质与能量观的形成，了解生物的多样性与统一性，为学生在解决问题上提供科学思想与方法，拓宽学生的思路，在试题解决中遵循事实依据，创新解决问题的能力，培养良好的社会责任。

第二节　中学生物学习题解析

中学生物学习题的解析能力是生物科学师范生、学科教学（生物）专业学生必备的能力之一，应在掌握中学生物学的知识结构的基础上，能够将生物学知识与实际生活、科学前沿、社会热点有机结合，并能够结合真实的问题情境进行有效的析题、解题、讲题与评题，在习题的解决过程中培养学生的生物学科核心素养。

一、教科书中课后习题解析

普通高中生物学教科书（2019年版）的"练习与应用"栏目中设置了概念检测和拓展应用两部分。概念检测部分主要包括选择题、判断题、问答题，旨在夯实学生生物学知识基础；拓展应用部分主要包括分析题，供有能力的学生选做进而提高分析问题能力和创新思维能力。"复习与提高"栏目通常设置在每一章的章末，主要包括选择题和非选择题两部分，旨在及时检测学生对该章节的掌握情况。

（一）通过概念检测题促进学生概念形成

在高中生物教科书中，很多重要概念都以加粗的黑体字形式凸显出来，增强学生对概念的感知。同时，通过"概念检测"中的客观题强化学生对重要概念的掌握与理解。但这并不意味着教师把这些概念直接抛给学生或是让学生仅仅通过这些题来巩固知识，而是教师在讲授概念前让学生先预习这部分习题，学生通过对习题的预判和分析讨论增强学习效果。例如，在学习密码子时，出示下面习题。

例1：密码子决定了蛋白质的氨基酸种类以及翻译的起始和终止。密码子是指（　　　）。

A. 基因上三个相邻的碱基　　　　B. DNA 上三个相邻的碱基

C. tRNA 上三个相邻的碱基　　　　D. mRNA 上三个相邻的碱基

教师引导学生思考两个问题：一是给出答案并说明理由，二是通过分析本题尝试思考 RNA 翻译成蛋白质的过程。通过对本题的分析和判断，学生再一次加深了对密码子概念的掌握，从而激发学生对 RNA 翻译成蛋白质过程的思考，这些概念的获得都是学生通过自己的思考而主动构建起来的，比老师直接讲授或学生被动接受效果要好很多。

（二）通过拓展应用题提高学生综合能力

拓展应用题一般是开放性的，与生产生活紧密联系，是鼓励学生多动脑思考的一类题。这类题看似答案不唯一，但在解题过程中应用的都是已经学过的知识。通过对这类题的思考，学生能够将所学知识应用到实际生产生活，做到学以致用，大幅提高了学生综合运用知识和分析归纳总结的能力，同时也有利于培养学生的创新思维与创新意识。这类题供学有余力的同学选做，教师对问题给予适当程度的分析和解答。例如，在学习中心法则后，出示下面习题。

例 2：红霉素、环丙沙星、利福平等抗菌药物能够抑制细菌的生长，它们的抗菌机制如表 4-1 所示，请结合本节内容说明这些抗菌药物可用于治疗疾病的道理。

表 4-1　抗菌药物和机制

抗菌药物	抗菌机制
红霉素	能与核糖体结合，抑制肽链的延伸
环丙沙星	抑制细菌 DNA 的复制
利福平	抑制细菌 RNA 聚合酶的活性

学有余力的同学可以组成学习小队，进行课下交流。题目中的三种药物都是在平时生活中常见的，学生通过讨论交流，将学到的理论知识应用于生活，达到学习知识的真正目的，更有利于学生对相关知识点的把握，也发展了学生的人际交流能力和科学探究能力。再如，学习完孟德尔的豌豆杂交试验后，让学生思考解答下面这道题。

例 3：假如水稻高秆（D）对矮秆（d）为显性，抗稻瘟病（R）对易感稻瘟病（r）为显性，控制两对性状的基因独立遗传。现用一个纯合易感稻瘟病的矮秆品种（抗倒伏）与一个纯合抗稻瘟病的高秆品种（易倒伏）杂交，F2 中出现既抗倒伏又抗病类型的比例是＿＿＿＿＿＿。

学生解答完后，教师可以把题目进行变形，如：F2 中出现易倒伏又易感病类型的比例是多少；F2 中出现易倒伏但抗病类型的比例是多少。一系列的变形，有助于学生更好地掌握和运用"分离定律"和"自由组合定律"，探索此类题型的解题方法和解题技巧，达到举一反三的教学效果。

（三）通过画概念图助力学生系统地构建知识框架

概念图能帮助学生梳理知识、构建知识框架。概念之间的区别和联系可以通过概念图清晰地表示出来，教师也可以用概念图串联一节课、一章节的内容，方便学生对本节课、本章节所学知识进行梳理复习，帮助学生及时查缺补漏。同时学生在每学习完一章节内容后自行绘制本章节的概念图，通过小组讨论交流，完善概念图并再次对该章节内容进行梳理，使每一个知识掌握得更加扎实，也能够进一步提高学生的交流合作能力和语言表达能力。例如，学习完必修一第三章之后，通过补充完整下列概念图进一步巩固动物细胞的相关知识。

例4：将概念图4-1补充完整。

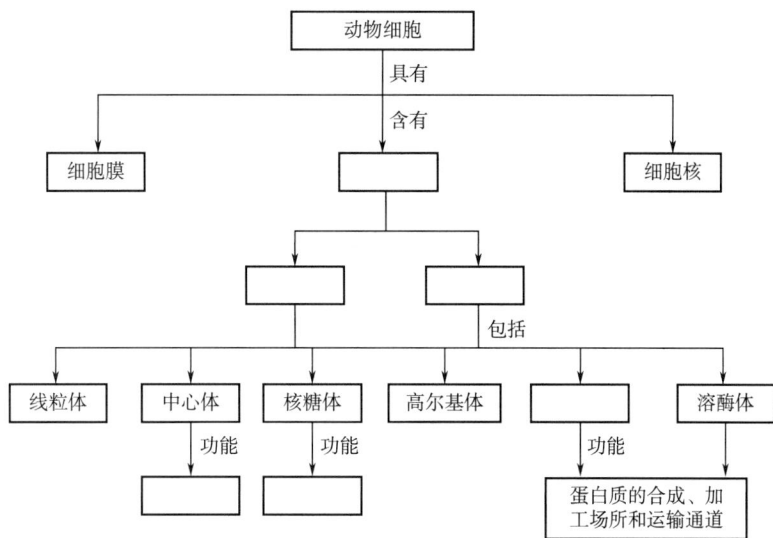

图4-1　概念图

在该概念图的基础上，教师可以根据学生的实际知识储备情况，继续将该概念图进行扩充。例如，可将细胞器之间的协调配合完成分泌蛋白合成与分泌过程表示出来，发挥出概念图可发展性的特点。

二、高考试题解析

中国高考评价体系发布后，全国卷及各省市自主命制的高考试题更加注重发挥高考的核心功能，从考查内容、考查要求及考查载体上做足功课。若准教师能够基于高考评价体系对高考试题做好相应解析，将对下一步教学工作大有益处。近几年高考试题几乎都以相应情境为基础进行编制，这些情境源于现实生活中的真实事件，材料呈现方式多样、开放性较强，且试题的情境与学科知识关联性强，将生活实践中的客观事物与抽象的学术问题融合在一起，实现由"解题"向"解决问题"转变。以下分别以四类情境试题为例，从试题的情境背景、考查内容、考查要求等角度进行分析，描述各类情境化试题的考查特点与教学指引。

（一）科学探究类情境试题

例1：（2020北京，4题）用新鲜制备的含过氧化氢酶的马铃薯悬液进行分解H_2O_2的实验，两组实验结果如图4-2所示。第1组曲线是在pH=7.0，20℃条件下，向5mL 1%的H_2O_2溶液中加入0.5mL酶悬液的结果。与第1组相比，第2组实验只做了一个改变。第2组实验提高了（　　　　）。

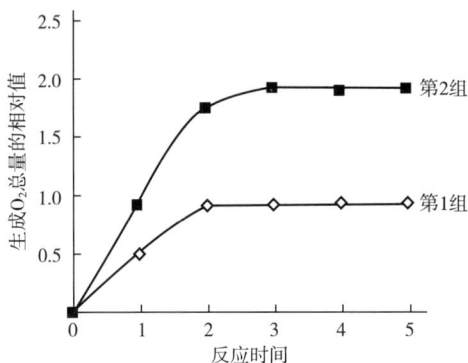

图 4-2　北京 2020-4 题图

A. 悬液中酶的浓度　　　B. H_2O_2 溶液的浓度
C. 反应体系的温度　　　D. 反应体系的 pH

　　本题以探究过氧化氢酶分解 H_2O_2 的实验为背景，结合数学模型呈现问题情境。本题主要考查内容为酶的特性、酶促反应的原理、酶促反应的因素、影响酶活性的因素。本题要求学生理解曲线图中坐标轴、转折点的含义，结合题干中实验内容的描述，分析题图中自变量与因变量的关系，提取图中信息关键点，读懂曲线的起点、顶点与转折点与曲线走向的关键意义。此题旨在引导学生体会科学实验的严谨性与可操作性，体现了高考生物学试题的基础性、应用性考查要求，考查学生的科学思维与科学探究的学科素养。

　　近年来的高考生物学试卷中，科学实验与探究类试题的题量逐年增加且占有较大的比重。这类试题涉及的知识范围广泛，考查的综合能力强。其呈现的数学模型、流程图、表格、遗传图解等图表形式，往往与文字结合，是一种更为直观、形象地展现理论概念和实验流程的方式。科学探究类试题情境的设置反向指引教师重视课堂情境探究活动的设计，引导学生观察分析图像变换的关键信息，为学生创造更多的实验探究条件。

（二）生命科学史类情境试题

　　生命科学史类情境试题主要是指由真实的生物学研究内容以及其迁移设定的情境而提出的问题，常见的内容包括教材中的基础实验如 DNA 的提取与鉴定、恩格尔曼实验、DNA 复制、光合作用等内容，同时包括新时代国家支持和发展的科技研究成果类。

　　例2：（2022 北京，4 题）控制果蝇红眼和白眼的基因位于 X 染色体。白眼雌蝇与红眼雄蝇杂交，子代中雌蝇为红眼，雄蝇为白眼，但偶尔出现极少数例外子代。子代的性染色体组成如图 4-3 所示。

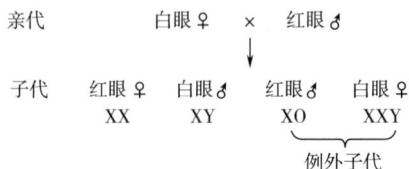

图 4-3　北京 2022-4 题图
注：O 代表少一条性染色体。

下列判断错误的是（　　　）。

A. 果蝇红眼对白眼为显性

B. 亲代白眼雌蝇产生 2 种类型的配子

C. 具有 Y 染色体的果蝇不一定发育成雄性

D. 例外子代的出现源于母本减数分裂异常

本题以基因位于染色体的经典实验为情境背景。主要考查了果蝇的性别方式、减数分裂与染色体数目变异的知识内容。本题要求学生准确分析题干信息，结合遗传图解，明确变异的来源与原因，对科学实验过程进行合理推理与判断。本题基于真实实验研究，巧妙结合教材中的探究历程，对教材知识内容适当延伸，考查学生的生命观念与科学思维。

近几年的高考生命科学史类情境化试题的设置很少照搬教材中的真实科学实验内容，试题的立意源于生物学教材又高于教材，试题与高中生物学课堂教学联系紧密，体现了对学生的基础性与应用性考查要求。生命科学史类试题的解答需要学生有一定的科学实验基础，能根据情境呈现的知识定位教材，探寻解题思路。基于真实生命科学史类情境的课堂教学，要求教师学会借鉴、继承、应用与创新，在教材中完善对生命科学史类情境内容的讲解，设计有层次的问题，逐步引导学生完成自主探究，积极构建知识内容，了解真实科学研究成果的探究历程，感悟科学家的研究精神。

（三）自然生态类情境试题

生态系统的结构与功能、生态系统的稳定性、自然生态环境保护与污染治理、全球气候变暖等内容成为近几年高考自然生态类试题的考查热点。这类情境常与生物环境相联系，要求学生从生物系统的视角理解生物与环境之间、生物之间的密切联系，贯彻落实学生环境保护与生物安全意识的培养。

例 3：（2021 北京，15 题）随着改革实践不断推进，高质量发展已成为对我国所有地区、各个领域的长期要求，生态保护是其中的重要内容。以下所列不属于生态保护措施的是（　　　）。

A. 长江流域十年禁渔计划　　　　B. 出台地方性控制吸烟法规

C. 试点建立国家公园体制　　　　D. 三江源生态保护建设工程

本题以我国改革实践中的生态保护为情境背景。试题的主要考查内容为生物多样性的保护措施。该类试题的解答与生活实际相关，要求学生识记生态保护措施，注重对国家生态环境保护的相关政策的分析与解读，掌握生态环境保护的责任意识形态。该类情境试题体现基础性与应用性的考查要求，培养学生的生命观念与社会责任。

高考生物学自然生态类情境试题的比重较为稳定，虽然此类情境试题数目占比不大，但该类试题的情境素材、问题设计越发创新，试题考查基础知识源于教材，试题意义由"解题"向"解决问题"方向发展。该类情境化试题的设计指引教师在课堂教学中转变传统教学观念，注重对我国生态保护政策、生态保护措施的解读，升华学生对生态环境保护的责任态度。

（四）健康生活类情境试题

例 4：（2021 北京，16 题）新冠病毒（SARS-CoV-2）引起的疫情仍在一些国家和地区肆虐，接种疫苗是控制全球疫情的最有效手段。新冠病毒疫苗有多种，其中我国科学家已研发出的腺病毒载体重组新冠病毒疫苗（重组疫苗）是一种基因工程疫苗，其基本制备步骤是：将新冠病毒的 S 基因连接到位于载体上的腺病毒基因组 DNA 中，重组载体经扩增后转入特定动物细胞，进而获得重组腺病毒并制成疫苗。

（1）新冠病毒是 RNA 病毒，一般先通过_____得到 cDNA，经_____获取 S 基因，酶切后再连接到载体。

（2）重组疫苗中的 S 基因应编码_____。

A. 病毒与细胞识别的蛋白　　　　　　B. 与病毒核酸结合的蛋白

C. 催化病毒核酸复制的酶　　　　　　D. 帮助病毒组装的蛋白

（3）为保证安全性，制备重组疫苗时删除了腺病毒的某些基因，使其在人体中无法增殖，但重组疫苗仍然可以诱发人体产生针对新冠病毒的特异性免疫应答。该疫苗发挥作用的过程是：接种疫苗→_____→_____→诱发特异性免疫反应。

（4）重组疫苗只需注射一针即可完成接种。数周后，接种者体内仍然能检测到重组腺病毒 DNA，但其 DNA 不会整合到人的基因组中。请由此推测只需注射一针即可起到免疫保护作用的原因。

本题以我国科研人员研制出的新冠病毒重组疫苗为试题的情境背景，紧扣我国防疫政策。主要考查新冠病毒的遗传物质、PCR 技术、重组疫苗和人体免疫等知识内容。要求学生掌握生物学基本概念、掌握基因工程的基本流程、了解新冠病毒侵入人体引起的免疫反应、疾病的防控等内容。前三道试题主要考查基因工程、人体免疫接种流程的知识内容，要求学生结合试题情境进行规范描述。第（4）题引导学生解释只接种一针即可形成免疫保护的原因，考查学生运用所学知识解决生活实践问题的能力，使学生深刻体会到科学技术的关键作用，对我国的指导优势产生关键认同，增强爱国主义情怀。这体现了基础性、应用性、综合性的考查要求，培养学生的生命观念、科学思维和社会责任。

近年来，时代社会背景发生变化，如新冠病毒的肆虐等，使全国增加了对生命安全的重视，健康生活类情境化试题的比重逐渐增加，要求学生在个体水平秉持健康生活习惯、在社会水平了解健康防护措施，在国家层面体会我国疫情防护政策的努力与抗疫精神。健康生活类情境素材较广，涉及知识范围较大，需要教师在课堂教学中确立该类情境背景下的教学主题，整合该主题下的知识内容，筛选能够进行知识构建与迁移的情境材料与情境试题，优化情境教学设计。

近几年，高考生物情境化试题关注社会热点，培养责任担当意识、科学与科技领域的题目更加靠近前沿，信息维度更加广阔，图文信息和数据表格的考查难度增加。高考生物学情境化试题利用多种形式呈现信息、设置问题，考查学生对图表信息读取能力以及在情境中敏锐捕获关键信息的能力。高中生物学情境化试题相比传统试题有更高的优势和重要性，可以更好地考查学生的综合运用能力和创新思维，试题情境更贴近生活实际。教师可以通过对试题的情境描述，创新情境教学模式，提高学生的信息整合能力与知识的应用能力。

（案例来源：牡丹江师范学院硕士研究生张萌）

第三节　中学生物学习题设计

一、习题设计的概念

在《现代汉语词典》（第 7 版）中"设计"是指：在正式做某项工作之前，根据定的目的要求，预先制定方法、图样等；设计的方案或规划的蓝图等。《辞海》中，"设计"就是：按照任务的目的和要求预先定出工作方案和计划为解决这个问题而专门设定的图文。可见，"设计"是活动前预先进行的计划。在"设计"前加上"习题"，则是在习题练习前按照教学材料的要求，根据课程标准，为教学活动的顺利开展，预先创设的练习和实践的问题。

生物学习题设计是指根据《普通高中生物学课程标准（2017年版）》的目标和要求，预先创设贴近生活实际的有探究性的问题，以核心素养作为指导方向，结合学生的现有水平，通过科学、规范的组织整理，精心系统编制，以提高学生的生物学学科核心素养为目的的一种创新活动。

二、习题设计的理念

（一）把握生物学课程标准，促进核心素养发展

传统的教育，重视知识的学习，轻视学生能力和素养的培养，随着《普通高中生物学课程标准（2017年版）》提出"核心素养为宗旨"的基本理念，教学才着眼于学生适应未来社会发展和个人生活需要，从生命观念、科学思维、科学探究、社会责任四个方面培养学生的学科核心素养。习题教学是发展学生生物学学科核心素养的一种重要载体，是在生物学课程中落实立德树人根本任务的一个抓手，那么作为生物学课程重要环节的生物学习题理应为生物学课程分担其责。核心素养与生物学习题形成一个循环系统，以核心素养为宗旨的高中生物学习题不仅使学生所学的知识得以巩固，也让教师能够针对生物学习题完成的效果调整教学策略，最重要的是在培养学生的学科核心素养方面起到关键作用。反之，生物学学科核心素养是高中生物学教学的指导性方针，促进生物学习题的有效设计，使生物学习题的目的性更明确。基于学科核心素养的生物学习题设计，以课程标准中的内容要求、学业质量标准为依据，指向生物学学科核心素养的发展水平。

（二）素材指向生活实际，创设真实问题情境

《普通高中生物学课程标准（2017年版）》确定了我国中学生物学课程理念，提出课程设计要注重与现实生活的联系，希望学生在现实生活情境中学习生物学科学与技术，将现实生活中的现象、问题、经验与生物学的概念及原理联系起来。遵循课程改革方向，教师提出利用现实生活的素材，创设真实情境的习题，提高学生的生物学学科核心素养。教师在进行习题设计创设真实问题情境时，首先应明确要达到的目标，其次针对学生的认知程度，以引起学生的学习兴趣为出发点设计习题，激发学生探究的欲望。情境所设问题不宜过难或简单，而是要联系实际，建构主义强调，真实问题情境有利于帮助学生在解决问题的过程中活化知识，将事实性知识变为解决问题的工具，从而构建新知识。教师要关注学生的生活，善于从身边挖掘素材，让习题的素材是学生所熟悉并感兴趣的。例如，蕴含生物学知识的电影电视片段、小故事、图片等。通过情境创设联系实际，将问题置于真实情境中，使学生真切地感受到生物学知识与生活实际的关联，让枯燥的知识变得生动起来，激发学生的兴趣，提高学生学习的自主性。因此，教师要善于发现、积累、创造适合进行习题设计的素材，用以提高生物学习题的质量。

（三）内容符合认知规律，问题设计梯度化

新理念下的习题设计应该考虑到学生个体的差异。不同学生的能力水平、已有的生活经

验和认知水平都存在着差异，要让所有的学生都有各自所需的发展和提升空间，就要将习题的问题进行科学合理的分层设置，遵循由浅入深，从易到难的规律，这样才能从学生的需要出发，突出学生的主体地位。基于高中生物学学科核心素养的习题设计将习题问题梯度化设计时，需要考虑习题内容指向生物学学科核心概念，生物学教师应围绕核心概念设置梯度生物学习题，加强学生对核心概念的理解，进而帮助学生运用生物学思维更好的面对现实生活中的问题。指向学科核心素养的高中生物学习题在设计过程中要关注全体学生的学习需求，设计梯度化问题，以符合学生的认知规律，达到分层的效果。

三、习题的设计原则

（一）科学性原则

科学性是习题设计中最基础的原则，也是评价习题质量的首要指标。科学性要保证习题的背景素材、习题的表达与呈现、习题的参考答案和评分标准的制定要科学。首先，习题的背景素材要科学。基于生物学核心素养引领的习题素材来源广泛，在选取习题素材时，需要对相关素材进行查证，保证素材内容的准确性。其次，习题的表达与呈现要科学。一方面，习题中的生物专业术语表述要规范，符合课标的要求；另一方面，习题题型的设置，习题中一些图表资料的编排，都要不违背科学性的原则。最后，习题的参考答案和评分标准的制定要科学。一方面，要保证答案的准确性。另一方面，要严格按照课标中基于生物学核心素养检测的要求制定评分标准，评分标准要合理，能有效评价学生发展水平。

（二）目的性原则

目的性即指习题考查内容要具有明确的方向性。根据新课标的要求，习题要指向学生生物学学科核心素养的检测。因此，在进行习题设计时，要明确习题具体考查的核心素养角度、核心素养的水平及相关的生物学概念。

（三）层次性原则

层次性即设计的习题要有区分功能。新课标在命题建议中明确指出，习题要能够区分不同素养水平的学生。为了习题课教学效果最大化，教师必须精选习题。所选习题应具有典型性，必须是本章节或本模块的重点或难点部分，也是课程标准要求掌握的核心内容。所选习题的难度要适中，符合所教班级学生的水平，符合最近发展区理论，选择出那些对大部分学生有一定的难度，但是思考后又可以完成的试题，过易或过难都会使习题课的效果受到影响。同时，所布置的习题的内容还应有一定的层次性，要难易适度搭配，课本知识和课外知识互相兼顾，封闭式试题和开放式试题相结合，将单一的知识点和多个知识点的习题揉合到一起。

（四）发展性原则

新课标中明确指出，评价应指向学生生物学学科核心素养的发展水平。习题评价当然也是以学生核心素养发展为指向。习题设计应着眼于学生生命观念、科学思维、科学探究、社会责任等方面提升，使学生通过做相应习题，能认识到生物学在坚持人与自然的和谐共处，促进科技发展，社会进步和提高人类生活质量等方面的重要贡献，树立生命观念。学生应能够运用这些观念认识生命现象，探索生命规律，形成科学思维的习惯；能够运用已有的物学知识，证据逻辑，对生物学议题进行思考或展开论证；能够掌握科学探究的思路和方法，形成合作精神；能够善于从实践的层面探讨或尝试解决现实问题，具有开展生物学实践活动的意愿和社会责任感；能够在面对现实世界的挑战，能充分利用生物学的知识，主动宣传引导，愿意承担抵制毒品和不良生活习惯的社会责任，为继续学习和走向社会，打下认识和实践的基础。

（五）情境真实性原则

新课标中明确指出要注重真实情境的创设，让学生在真实情境中发展核心素养素养。而要保证习题情境的真实性，习题素材应从学生的生产生活实际、科研成果、社会热点等领域中选取，尽量避免使用虚拟的素材创设习题情境。此外，还应注重创设的情境与所考查内容的贴合性，防止出现考查内容与习题情境相脱离的现象，情境创设应充分体现核心素养的考查。

四、习题设计的程序

根据新课标中有关命题程序，并结合相关文献中的习题设计流程，梳理出习题设计程序如图 4-4 所示。

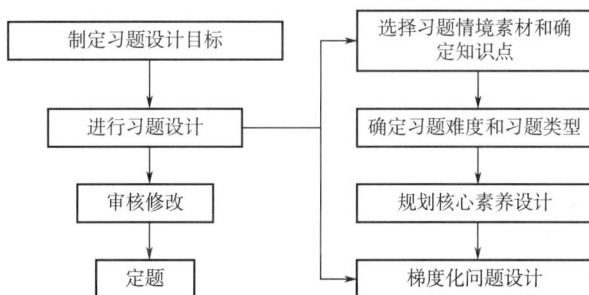

图 4-4　习题设计流程图

（一）基于学科核心素养制定习题设计目标

以培养学生生物学学科核心素养为宗旨进行的习题设计，强调目的性。布鲁纳说过："有效的教学，始于期望达到的目标"。因此，在进行习题设计时，首先应制定目标。将习题设计目标作为起点，对后续的习题设计具有导向性作用。习题目标的制定，要以课程标准蕴含的生物学学科核心素养为基础，能结合学生的学情做出适度的调整。在设计课堂练习时，还需要考虑教学目标，设计单元练习题，需要考虑单元教学目标，因为习题是对课堂知识掌握程度的考查和进一步的巩固。也就是说，习题与课堂教学具有互补性，所以习题目标的制定也会受到教学目标的影响。

（二）统筹习题设计目标和要素设计习题内容

1. 合理选择素材创设问题情境

根据习题目标进行素材的选择，促进生物学学科核心素养的落实。所选素材应指向生活实际，创设真实问题情境，符合学生的生活经验，提高学生学习兴趣。生物学教师根据习题目标筛选素材，要确保素材真实可靠，没有逻辑性错误，能帮学生树立正确的价值观。教师认真梳理教材内容，围绕生物学核心概念进行习题设计。

2. 根据学情确定习题难度和类型

根据学生的实际学习状态及习题需求目的，进行不同难易程度及习题类型的设计。不同的习题对知识的考查和核心素养的维度的侧重点不同，如开放性的习题侧重培养学生的创新能力，变式习题侧重培养学生分析和解决问题的能力，以坐标曲线和表格数据为信息载体的习题，侧重培养学生收集和处理信息的能力。因此，要根据实际情况进行习题类型和难度的确定。

3. 根据不同问题合理规划核心素养

习题要根据学业质量标准对接生物学学科核心素养的内涵，设计学习内容考查的层次要求。高中学生在学习和应用知识的能力水平、发展需求等方面差异较大。因此，教师在习题问题的设置过程中，需要科学合理划分生物学学科核心素养水平，以求客观准确的把握学生对生物学课程学习的深度及其学科核心素养能力的真实水平。习题问题设计，还要考虑哪些素材和知识内容能帮助学生建构生命观念，哪些素材和知识内容可以用来培养学生的科学思维和科学探究，哪些可以引导学生培养社会责任。教师应提前做好联想与规划。

（三）习题审核修改定题

教师设计好习题之后，需要对习题的结构和内容进行反复推敲，弥补设计过程中的不足之处。教师对习题进行以下几个方面的审核：一是设计的生物学习题目标是否符合课程标准，与教学目标是否协调，是否符合不同学生的情况；二是习题的难易程度是否适宜，习题设计是否能测量出不同素养水平学生的表现；三是习题能否对学生学习能力进行科学性、准确性、完整性的测量；四是习题的陈述和指向是否规范、科学、明确、清晰、直接，习题答案是否准确无争议；五是习题是否加强对学生在真实情境中综合运用所学知识分析和解决具体问题能力的考察，是否关注学生创新意识和实践能力的考察。教师应从以上五个方面反复打磨和修改习题，确保习题质量。

五、习题设计案例及分析

（一）培养学生生命观念类习题

例1：人的骨骼肌和心肌细胞的主要成分都是蛋白质，但骨骼肌细胞可以完成人体各种运动，并辅助部分器官进行正常生命活动，心肌细胞的细胞核位于细胞中央，一般只有一个，承担心脏律动作用，请从蛋白质结构的角度分析这两种细胞功能不同的主要原因。

设计理由：本题考查的知识点是"蛋白质的结构及其多样性"。在常规的习题中，往往都是对蛋白质多样性的直接考查，回答问题的情况取决于学生对蛋白质多样性原因的死记硬背程度。本题需要学生在清楚骨骼肌和心肌细胞的主要成分都是蛋白质，以及它们各自功能的基础上，从结构与功能相适应这一视角，解释蛋白质的功能是由蛋白质的结构决定的，蛋白质结构多样性取决于氨基酸种类、数目和排列顺序、肽链折叠或盘曲形成的空间结构。所以，蛋白质的功能是由氨基酸种类、数目和排列顺序、肽链折叠或盘曲形成的空间结构决定的。人的骨骼肌细胞可以完成人体各种运动，是因为肌动蛋白是肌肉收缩的完成单位。而心肌细胞主要是承担心脏律动作用，是因为心肌蛋白的结构适于律动。因此，习题帮助学生理解生命现象，在此基础上，建构生命观念。

（二）培养学生科学思维类习题

例 2：胰岛素于 1921 年由加拿大人 F. G. 班廷和 C. H. 贝斯特首先发现，1922 年开始用于临床，使过去不治的糖尿病患者得到挽救。图 4-5 表示胰岛素分子中的一条多肽链，其中有 3 个甘氨酸（R 基：—H），分别位于第 8、20、23 位。下列叙述不正确的是（　　）。

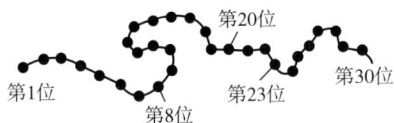

图 4-5　胰岛素分子多肽链

A. 该多肽含有一个游离的羧基，位于第 1 位
B. 用特殊水解酶除去 3 个甘氨酸，水解产物的相对分子质量比原多肽增加 108
C. 用特殊水解酶除去 3 个甘氨酸，形成的产物中有 3 条多肽、一个二肽和 3 个甘氨酸
D. 用特殊水解酶除去 3 个甘氨酸，形成的产物比原多肽多 6 个氨基

设计理由：本题主要考查的知识点是"蛋白质的相关计算"。"胰岛素使过去治不好的糖尿病患者得到挽救"这一段文字的阅读，创设了资料情境，将生物学知识与现实生活联系起来，使学生感觉自己学到的知识在现实生活中都能够学以致用，从而激发学生学习的兴趣，产生求知欲。以往"蛋白质的相关计算"的习题设计中，题目直接表述问题，这样的设计不利于学生学习积极性的增强，不利于学生学以致用观念的培养。本题难度适中，以图为信息的载体。学生阅读完题干以后，需要在图和题干中提取有用信息，明确本题所考查的知识点，对所学知识进行回忆，知道一条多肽链至少含有一个游离的羧基和一个游离的氨基，看图可知，位于第 1 位或第 30 位。在以往习题的设计中，一般考查学生正向推理问题的能力，而不会涉及逆向思维。本题设计了问题：用特殊水解酶除去 3 个甘氨酸，水解产物的相对分子质量比原多肽增加了多少？形成的产物比原多肽多几个氨基？解决这两个问题，学生首先根据个甘氨酸的位置可知，除去 3 个甘氨酸，要断裂 6 个肽键，分析推理：脱去一分子水，形成一个肽键，反之断裂 6 个肽键，需要消耗 6 个水分子，故水解产物的相对分子质量比原多肽增加 $6 \times 18 = 108$；然后通过图中断裂后的产物的氨基酸个数就可以确定产物；最后通过破坏的肽键数，就可以知道多了几个氨基，一个氨基酸分子的羧基（—COOH）和另一个氨基酸分子的氨基（—NH_2）脱去一分子水，形成一个肽键，反之破坏一个肽键会重新形成一个氨基和一个羧基；这两个问题在分析的过程中很好地培养了学生的逆向思维。因此，本题学生在分析解决问题的整个过程中，不仅促进了学生对基础知识的深化和掌握，能更好地理解氨基酸脱水缩合形成蛋白质的过程，还培养学生收集和处理信息的能力以及逆向分析解决问题的能力。

（三）培养学生科学探究类习题

例 3：有一组学生在完成"探究 pH 对淀粉酶活性的影响"实验时，观察到淀粉溶液在碱性条件下遇碘不变蓝。

（1）根据实验结果溶液不变蓝，你能提出什么问题？

（2）实验出现这种现象是否说明淀粉酶在碱性条件下活性很高呢？应该怎样进一步检验？

（3）如果淀粉酶在碱性条件下活性低，你要帮该组同学找出具体原因，展开进一步的探究，写出实验设计思路。

设计理由：以侧重培养学生发现问题，分析问题、探究解决问题的能力为目标，以"探究 pH 对淀粉酶活性的影响"实验为素材，以知识酶活性受到环境因素（如 pH 和温度）的影响为载体设计本习题。习题设计了三个不同层次的问题，问题清晰、直接，层层深入，符合学生的逻辑思维。情境来源于教学过程中学生做探究活动时出现的问题，观察到的现象。对于问题（1），学生首先通过实验过程细致的分析、合理的推理并且需要明确淀粉遇碘液变蓝，才能对新生成的实验现象提出疑问："试管中的淀粉完全溶解了吗？"在提出问题的基础上进行分析，如果酶活性高，淀粉就会完全水解成葡萄糖，而葡萄糖可以用斐林试剂检测，在知道这个问题的基础上就可以解决问题（2）。在问题（2）的基础上分析问题（3），淀粉既然没有水解，为什么遇到碘液不变蓝了，是什么阻止了淀粉和碘液的显色反应。这需要学生继续提出问题，分析问题，设计实验思路进一步探究解决问题，做出合理的解释。探究是一个创造性解决问题的过程，在这个过程中，提升了学生的科学探究能力，渗透了学科核心素养。

（四）培养学生社会责任类习题

例 4：肆虐全球的新冠病毒感染是由新型冠状病毒引起的。新型冠状病毒是一种包膜病毒，其遗传物质是单股正链 RNA。2020 年 1 月 12 日世界卫生组织（WHO）将该病正式命名为"coronavirus disease 2019，COVID-19"。COVID-19 作为急性呼吸道传染病，已纳入《中华人民共和国传染病防治法》规定的乙类传染病，其主要通过飞沫和接触传播，也可能具有通过气溶胶传播的能力，患者常出现发热、干咳、乏力等症状，少数伴有鼻塞、流涕、咽痛、肌痛、腹泻等，严重者可出现呼吸困难和/或低氧血症，甚至造成严重急性呼吸窘迫综合征、脓毒症休克等。2020 年 2 月，华东师范大学的研究人员基于新型冠状病毒表面抗原开发出了灵敏度高的抗体诊断试剂盒，一滴血仅十分钟就可以检测出结果。并且，试剂盒已用于疑似感染者、密切接触者、确诊病例的临床试验。回答如下问题。

（1）新型冠状病毒感染是一种传播能力较强的新发传染病，其主要通过飞沫和接触传播，人们采取哪些措施尽量避免被感染，并说明这样做的生物学原理依据。

（2）新型冠状病毒侵入人体以后，人体通常会出现发热的现象，人体体温升高的直接原因是什么呢？

设计理由：本题以社会广泛关注的新型冠状病毒感染为素材，要求学生运用核心素养中的社会责任，关注涉及生物学的社会议题。考查学生对于传染病的预防措施的了解程度。题干给出了抗体检测在新型冠状病毒感染诊断中灵敏度明显高于胶体金法的一个情境，可以引发学生对于现代生物学技术在社会生活中的应用的关注。问题（1）题干展示了新型冠状病毒感染的传染性和传染方式，启发学生了解传染病的危害与防控知识，运用防控知识保护自身健康，珍爱生命，进而提出保护措施。问题（2）新型冠状病毒侵入人体具有严重危害，首要症状是发热，要求学生在了解传染病基本症状的基础上，运用所学过的生物学知识解释发热的原因，通过这样的问题设计，培养学生在解决问题时联系生物学知识的意识。

（案例来源：牡丹江师范学院硕士研究生尚瑞琪、杨桃）

第四节 中学生物学习题课

根据教学任务性质，可将教学常规课型分为新授课、习题课、复习课、实验课等。习题是习题设计者将实际问题经过抽象、简化处理得来。与新授课相比，习题课中的问题更接近生活实际，更有利于培养学生学以致用的意识，更有助于提升学生应用科学方法解决问题的能力，有利于培养学生的生物学学科核心素养。

一、习题课的概念

习题课是学生在教师面对面的指导下，对指定的题目进行解题作业的教学形式。习题课是新授课之后，教师有目的、有计划地指导学生运用已学过的知识解决一系列问题的教学活动。在高中生物学教学中，习题课发挥了重要作用，目的是利用习题对学生学习的知识进行查漏补缺，是巩固课堂所学知识的关键一步，是处理具体问题的有效方法，是教师掌握学情与体验教学效果的重要手段。除此之外，教师不要忽略习题课在学科核心素养培养方面的重要作用，通过对已学的概念、原理、规律的再次理解，促进学生生命观念的形成；通过对习题的分析及解题方法的介绍中发展学生的科学思维和科学探究能力；通过对试题情境的分析及现实问题的解决，培养学生的社会责任意识。

二、习题课的类型

（一）循序渐进型习题课

所谓"循序渐进型"习题课，是继承于传统习题课教学形式，对于习题的处理方式为逐个解决，有别于传统的"教师一言堂"之处是在习题讲解过程中，教师可以把遇到的相对简单的习题抛给学生来解答。

（二）反思评析型习题课

所谓"反思评析型"习题课，是在进行习题讲解过程中将本节课所涉及的知识点同步列出，将习题按照所考查的知识点进行分类讲解分析的教学形式。

（三）科学演绎型习题课

所谓"科学体验型"习题课，来源于科学实验中经常运用到的演绎法（综合法、分析法、反证法）、归纳法和类比法等引入到课堂教学中使学生经历类似科学家的实验过程，加强理解科学概念和科学本质进而促进学生思维发展的教学模式。

（四）小组互评型习题课

所谓"小组互评型"习题课，是指在教师的引领下，利用学生之间的合作和竞争关系，以小单元的方式进行习题的解答，并整理小组内负责的习题的讲解，同时其他小组的讲解进行评价或者补充的教学模式。

（五）师生共创型习题课

所谓"双脑共创型"习题课，是指教师指导学生在习题课上借用"头脑风暴"的特点，充分利用左右大脑的优势，争取动用最多的感官刺激通过对习题的解答来识记习题所涉及的知识点，并且从中学会知识迁移的教学模式。

三、习题课的作用

（一）巩固基础知识、加深对概念的理解

高中生物学知识比较零散和片段化，学生不容易理解和熟记。通过习题课可以把零碎的知识有机地整合在一起，使其系统化、网格化，学生在接受习题练习的过程中可以加深对概念的理解，有效地梳理知识内容。与此同时，习题的教学还可以查明学生的困惑所在，纠正学生所犯的错误，完善知识系统，达到查缺补漏的功效。

（二）强化技能训练、培养学科核心素养

生物习题常以概念性的知识、图像图表的识别、计算题，以及实验探究的形式出现，从一定层面上强化了学生的记忆能力、思维能力、计算能力，以及表达能力。除上述四种能力之外，其对核心素养的达成也有至关重要的作用。习题课在总结题目规律的基础上提高学生问题解决的能力，养成科学的思维习惯，形成积极的科学态度，实现对学生智力和思维的二次开发和创造。在夯实概念的基础上加深对生命观念的理解，形成生物学思想。在践行实验探究的基础上掌握科学探究的基本思路与方法，从而提高学生科学探究的能力。

（三）促进理论联系实际、培养生物学兴趣

生物学这门学科可以指导我们实际的生产和生活，生物科学技术的发展已经在农业、林业、医疗美容行业和环境保护方面取得了巨大的成就，教学中不仅要在新授课当中将生物学取得的进步与发展渗透其中，习题的教学也要紧密的联系生活实际，促使学生能用生物学知识来科学的解释生活中的现象和问题，在此过程中达到知识的灵活运用，从而提高学生学习生物学的兴趣。

（四）反馈教学信息、有效评价教学

教学过程是复杂多变的，单单通过课堂上师生互动的情况很难了解学生对知识的掌握程度，通过习题课的教学，可以诊断出学生的困惑和结症所在，及时调整教学策略和教学计划，明确教学目标，从而抓住重点解决难点，使学生更好地吸收消化知识，发挥课堂功效提高课堂效率。

四、习题课的实施

习题课是教学的一种常规课型，是教学过程的重要组成部分，也是提升学生基本能力的有效途径。习题课教学可以分为以下几个阶段。

（一）课前准备阶段

"凡事预则立，不预则废。"习题课也是一样，课前的准备是必需的，特别是对习题课的教学目标定位非常重要。首先对习题进行精选，精选的习题要做到的处理程序是"考—批—

统一备一校一评一理"，即组织学生规定时间内答题、教师认真批改、统计学生答题情况、针对出现的问题进行有效备课、讲评前下发答案指导学生自我纠错、课上精讲精评、课后错题梳理和针对性训练。

1. 问题归类

在每次考试或者练习之后，教师要对学生作答情况进行详细研究，把问题归类。归类不但要从学生方面深入分析，统计得分情况、错误率、错误类型及原因，也要从教师自己方面找得失，如知识点是否讲透、讲全，教法是否恰当。

2. 解题思路和方法归纳

要对错误率高的试题进行深入的分析，包括审题、关键字词、隐含条件、信息处理和分析、答题语言组织与表述等方面存在什么样的问题，找出解决问题的突破口，解题思路是怎样的，解题方法、技巧是否简明。

3. 补救措施

每次练习或考试都会反映出学生学习中存在着的一些问题，要在做深入细致的分析基础上，制订出解决这些问题的具体办法和措施，还可以编制少量反思练习或变式训练题，用以巩固和提高。

4. 制订评讲方案

哪些题略讲？哪些题详讲？哪些题的试题情境需要重点分析？哪些题的分析能够培养学生的科学思维？哪些题能够体现出科学探究能力的培养？哪些题目信息能够激发学生的学习兴趣与责任意识？面对这些教师应该怎么讲？讲什么？突出重点是什么？学生的思维从哪里发散？习题反思后有哪些经验、教训？

（二）课上实施阶段

1. 讲评方式的确定

典型试题讲解是习题课的核心，也是习题讲评是否高效的关键，讲评时要根据学生所做习题类型来选择讲解的方式。一是把习题卷中涉及相同知识点的题，集中分析讲评即按知识点归类讲解，通过把考查相同或相近的知识的习题集中讲评，这样做可以使他们对这些知识点的理解更加深刻；二是按解题方法归类，如把一份综合试卷的试题分为图表题、概念题、计算题、实验题等，这样可以把相同的解题方法、解题技巧集中介绍，方便学生掌握；三是按习题卷中出现的错误类型进行归类讲解的，如对生物概念和规律理解不透甚至错误、审题时对题中的关键字、词、句的理解有误、识图分析或生理过程分析错误等、语言表达不准确不规范、字迹潦草卷面不整等。

2. 讲评的内容

不管我们采用的是哪种讲评方式，我们最终落实在讲评的过程中无外乎就是讲错题、讲思路、讲方法、讲规律、讲变化。

讲错题时要引导出错的学生说出出现错误时的心理，以暴露隐藏在学生思维深处的错因，是概念不清还是审题不清？是解题表述不规范还是隐含条件的意义不清？是思想不重视还是心理紧张过度？"关键词理解错误""隐含条件寻找困难或运用不当"要找准病根以对症下药，以求收到实效。

讲思路时主要是讲试题题型的特点和解题的思路，要引导学生思考试题在考查哪些知识点，这些知识点之间有什么联系，解题突破口在哪？用什么方法解题最好。

讲方法时主要是引导学生从题目中提取信息，例如：一是看给什么——明确题干、图表、题支的信息；二是看考什么——明确考查意图；三是看问什么和怎么问——明确设问内容、角度和方式，一定注意要穷尽已知条件、强调关键条件、注意隐含条件、排除干扰因素。

讲规律即归类讲解，对某一类题目的解题方法进行高度概括和总结，总结出相对固定的解题规律，规范解题格式，真正使学生分析一道题，明白一个道理；纠正一道错题，会解一类题。

讲变化即讲评中不能就题论题，要借题发挥，善于将原题进行变形，对某知识点从多角度、多层次和不同的起点进行提问，如可以对习题的提问方式和题型进行改变（改一改）、对习题所含的知识内容扩大使用范围（扩一扩）、从某一原题衍生出许多新题目（变一变）、也可把某一数据用其他数据代替（代一代）、把习题因果关系倒过来（反一反）、把几个题目组合在一起或把某一题目分解为几个小题举例（合一合，分一分）等。

3. 讲评的策略

（1）激励和鞭策。教师在评讲试卷前应对一部分学生进行心理指导，帮助他们分析成功之处、失败之因，学会正确的自我肯定与否定，从而使学生重获自信、恢复进取心，切忌一味地批评。激励应贯穿评讲的始终。

（2）由易到难，逐层递进。在教学过程中，很多老师都想尽可能得让学生练更多的习题、讲更多的习题、解决更有挑战度的习题。但是老师们不要忽略学生的认知规律，更不要忘记我们的教学过程要面向全体学生。因此，在讲解例题和习题时，应该从知识的基本应用题开始。许多老师以为这类习题不需要处理，可以忽略，直接讲解难度更高的例题，这样对学生掌握解题技巧事倍功半。基本应用题是通往更高阶梯的台阶，一定要要循序渐进，由易到难，逐层递进。

（3）巧用课堂提问，激活学生思维。根据心理学原理，学生的注意力不可能持续较长时间，教师要善于把题目分解为一系列环环相扣的问题，按学生思维的进程，面向全体学生依次提出，分别由不同的学生作答，由问题寻找突破口，依次展开习题情境分析、现象分析、方法归类、结论得出等。

（4）善用多媒体进行习题教学。老师们在新授课教学时习惯使用多媒体，认为能够更加直观形象、更加高效呈现教学内容，保障新课教学的高效性。在习题课上，对学生答题情况的展示、错因的归类、典型习题处理过程等，借助多媒体能够更加高效便捷，尤其是学生答题情况的个性化展示过程，能够更加直观、更有说服力，更易于同伴之间的榜样示范、错因警示等。

（三）课后反思阶段

在一堂习题评讲课后，教师要认真、积极地反思，主要针对以下问题：有哪些问题该讲而没有讲，哪些问题该略讲却详讲了？应如何补救？有哪些问题没有讲到位，应该如何弥补？哪些问题学生理解仍不深刻，需要在今后的练习中如何呈现？哪些知识是学生的盲点，应该怎样让学生记忆深刻？哪些问题具有典型性，应该如何让学生再次接触此类型的题目？哪些问题应该收入反思练习中？教学过程中有没有强化得分意识？有没有注重解题的一般程序？自己的分析思路、语言表达和板书有没有示范性？有没有收集学生的反馈信息，能不能根据他们的要求在教学上作适当的改变？

第五章 中学生物学教学设计与习题设计案例

第一节 单元教学设计案例

单元教学设计——《细胞的物质输入和输出》

一、设计理念

本单元教学过程中以生物学与生活实际相结合为主导思想，在教学过程中采用任务驱动的问题探究法进行概念的建构，促进学生科学文化素养和人文素养的形成。整个教学过程倡导探究性学习的教学策略，通过设置与学生实际生活贴近的情境帮助学生对本章内容的理解达到一定水平。

二、课标分析

课程标准是教师在教育教学过程中的重要依据，新课标提出"以核心素养为宗旨，内容聚焦大概念"。本单元的大概念是细胞的生存需要能量和营养物质，并通过分裂的方式进行增殖。大概念是在重要概念的基础之上形成的，重要概念提出：物质通过被动运输、主动运输等方式进出细胞，以维持细胞正常的代谢活动。重要概念又是以三个次位概念作为支撑，次位概念提出：①阐明质膜具有选择透过性。②举例说明有些物质顺浓度梯度进出细胞，不需要消耗能量，有些物质逆浓度梯度进出细胞，需要消耗能量和载体蛋白。③举例说出大分子物质是通过胞吞、胞吐的方式进出细胞。由此不难发现，将本单元进行整体的教学设计，更有利于学生对大概念的深层次理解。

三、教材分析

《细胞的物质输入和输出》是人教版必修1的第4章。将新旧教材对比分析后发现，新教材对本章内容进行了重组整合，将生物膜的流动镶嵌模型移至第3章使细胞结构体系更加完整，起到承上启下的作用。内容提出了转运蛋白、易化扩散等名词，增加了载体蛋白和通道蛋白的区别和作用，将高中知识与大学生物学教材形成良好的衔接。教材且以正文的形式介绍了胞吞胞吐的过程和作用，可以看出新教材着重凸显了结构与功能观。这样的安排符合学生学习从易到难的认知规律。按照上述思路，本章根据是否需要消耗代谢产生的能量安排了两节内容，第1节是被动运输，第2节是主动运输和胞吞、胞吐。通过对几种跨膜方式的探究，培养学生信息解读和知识迁移转化的能力。除此之外，本章内容安排在第3章《细胞的基本结构》之后，显然是考虑到细胞膜的结构是学习本章内容的基础。同时，第3章第2节中"分泌蛋白的合成与运输"过程说明最终蛋白质的分泌就是借助胞吐方式进行的，这部分内容对于学生学习理解本章中胞吞、胞吐的过程及其意义是很好的铺垫，也是对生物膜具有流动性的一个佐证。因此，学生学习好本章内容是十分必要的。

四、学情分析

本单元的授课对象是高一学生，在初中阶段的学习过程中，学生已经对植物细胞的吸水与失水有了初步的了解，知道当细胞液浓度大于外界溶液浓度时，细胞就会吸水；当细胞液浓度小于外界溶液浓度时，细胞就会失水。学生知道一次性施肥过多会导致"烧苗"现象；知道可以利用食盐进行食品腌制等。这些已有的知识都可以为教师创设教学情境提供理想素材，帮助学生更好地理解物质进出细胞方式的具体机制。虽然对新鲜事物有探究学习的热情，但缺乏一些科学思维的理解需要教师在教学过程中及时的引导。

五、单元教学目标

生命观念：通过不同物质进出细胞的方式及特点，建立起生命结构与功能相统一的观点。

科学思维：

（1）通过比较、归纳主动运输和被动运输的特点及对它们的影响因素绘制曲线培养学生的科学思维能力。

（2）运用创造性思维阐释植物细胞吸水与失水的方式。

科学探究：通过植物细胞吸水与失水的实验过程，培养学生的实验设计思想，提高动手操作能力和设计实验能力。

社会责任：

（1）运用物质进出细胞的相关知识解决与生活实际相关联的生物学现象，并将所学知识应用和解决生产实践问题，养成学以致用，关注生产生活实践的习惯，以此说明科学探究永无止境。

（2）结合物质进出细胞的方式，说明某些疾病的成因，宣扬健康生活。

六、重难点

第一课时：

教学重点：实验"探究植物细胞的吸水和失水"。

教学难点：实验"探究植物细胞的吸水和失水"。

第二课时：

教学重点：被动运输的过程、原理和特点。

教学难点：转运蛋白的种类和作用。

第三课时：

教学重点：主动运输的过程、特点和意义。

教学难点：主动运输的过程、特点和意义；胞吞、胞吐的过程。

七、教法和学法

教法：实验探究法、体验教学法、任务驱动法、演示法。

学法：阅读法、思维整合法、概念建构法、知识迁移法。

八、教学过程

（一）第一课时

【情境创设】

为什么放久了的蔬菜会出现萎蔫现象？

为什么农作物施肥过多会出现"烧苗"现象？

为什么糖蒜又甜又酸？

（激发学生对本单元学习的探究欲望）

设计意图：

由于本单元所学内容较抽象，物质进出细胞的过程是看不见的，所以在教学过程中设置了一些与学生们实际生活贴近的情境帮助学生更好地理解本单元内容，使学生认识到生命活动是一个较为复杂的过程。

【任务驱动】

任务1：

播放渗透作用实验的视频，根据实验现象及对教材中问题探讨的深入研究能够简单描述渗透作用发生的条件。

学生活动：观看微课，回答老师提出的问题，总结渗透作用发生的条件。

设计意图：渗透作用的实验现象的发生时间比较长，因此可提前将实验录制成微课在课堂上展示，提高课堂效率。增强直观感和感性认识。

任务2：

复习植物细胞结构，阅读教材第63页最后一段，寻找植物结构的新名词，让学生提出植物细胞满足渗透作用条件的假设。

设计意图：使学生对新旧知识做好衔接，且由于学生对渗透作用发生的条件了解得还不够深入，各个小组提出了多种假设。在这个过程中可以充分培养学生的科学思维，落实核心素养。

任务3：

各学习小组根据自己提出的假设设计植物细胞失水和吸水的实验方案，通过评价分析，确定正确的实验方案。

设计意图：由于这是学生第一次接触探究性实验，对实验方案的书写还不熟练，正确度与完善度也存在一定的问题，这时发起学生之间的追问，同时教师也提出一些疑问，让学生进一步学习科学探究的一些方法，最终确立正确的实验方案。

任务4：

指导学生完成实验操作，观察实验过程中洋葱液泡的大小、颜色及原生质层的位置，为后续部分概念的建构奠定基础。（课前教师应做好实验准备工作，将所需材料提前拿到教室，课上指导学生完成实验操作，由于上课时间有限，效果的呈现并不是每个同学都能看到的，所以我把实验材料留在教室，以供学生课后对实验现象的观察）

任务5：

分析实验结果，得出结论进行归纳总结，在以正确的实验方案进行实验的基础上学生们基本得到了与预期相吻合的结果。也有一些同学因为操作不当导致实验失败，课后对失败的原因进行分析总结。

任务 6：

展示盐碱地图片，引导学生分析盐碱地不利于植物生长的原因。

设计意图：为了让学生真正体会到知识来源于实践又应用于实践，形成积极的生态意识和社会责任。

【问题系统】

在任务驱动的前提下为了促进学生的深层次学习，实现从低阶思维到高阶思维的转变，通过提出一系列问题加强学生对所学知识的理解。

【概念建构】

（1）渗透作用的条件。

（2）质壁分离的原因（外因和内因）。

【学业评价】

设置与本课时基础知识相关的习题加以巩固练习，完成第一课时的教学。

（二）第二课时

【情境创设】

教师向学生展示人工无蛋白质的脂双层膜对物质进出所起控制作用的视频。

小组讨论：视频中哪些物质可以通过人工膜，哪些物质不能通过？

学生活动：小组合作探究后对不同物质的跨膜运输情况进行概括。

【任务驱动】

任务 1：

教师在讲台面对教室喷香水，前排的同学会先闻到香味，后排的同学会较前排同学晚一些闻到香水味。

提问：这种现象属于什么过程？具有什么特点？

设计意图：增加学生学习的直观性。

任务 2：

利用多媒体观看动画，思考 O_2、CO_2、脂溶性物质的运输方向。

提问：O_2、CO_2、脂溶性物质的运输方向是怎样的？

学生活动：观看动画，得出结论。

设计意图：为了使学生对物质跨膜运输形成更直观的感性认知，激发学生的求知欲望。

概念建构：归纳出物质通过简单的扩散方式进出细胞就称为自由扩散完成对知识的建构。

任务 3：

展示葡萄糖进入红细胞的动画过程。

提问：观察葡萄糖跨膜运输的方向是怎样的？与自由扩散相比有何不同之处？

学生活动：分组讨论得出结论，并总结出与自由扩散的不同之处。

（为了提高学生思维的深刻性，在讲解协助扩散时，将磷脂双分子层比喻成河的两岸，把可以自由通过的物质比喻成会游泳的人，并且提问那不会游泳的人应该怎么办。学生很自然的想到可以通过船过河，并理解了载体蛋白就相当于船，使深奥的知识浅显化、形象化。

这种类比不但很形象，也会使学生的思维比较活跃，课堂上也比较积极。)

概念建构：师生共同总结提出协助扩散完成对概念的建构。

【学业评价】

设置与本课时基础知识相关的习题加以巩固练习，完成第二课时的教学。

（三）第三课时

【情境创设】

展示视频，学生观看视频发现细胞可以主动选择的吸收物质，寻找不同于被动运输的跨膜运输方式。

设计意图：激发学生学习兴趣，引导学生思考总结。

【任务驱动】

任务 1：

引导学生阅读教材问题探讨并思考以下问题：

（1）甲状腺滤泡上皮细胞内外的碘浓度高低是怎样的？

（2）碘进入甲状腺滤泡上皮细胞的过程是被动运输吗？为什么？

任务 2：

观看主动运输过程视频，以小组为单位探究以下问题：

（1）主动运输的特点、运输方向及条件是什么？

（2）主动运输与被动运输的区别是什么？这对于细胞的生活有什么意义？

（3）自由扩散、协助扩散、主动运输的影响因素有哪些？尝试用曲线的形式加以描述。

任务 3：

利用教具演示主动运输的过程。

设计意图：培养学生的科学思维能力和实验探究能力。

概念建构：学生根据视频及教具演示流程，总结出主动运输的方向、条件及对于生物体的生命活动的重要意义。氧气浓度、载体蛋白的种类和数量都会影响主动运输的运输速率。

任务 4：

学生观看胞吞和胞吐的视频，然后结合教材思考讨论以下问题：

（1）胞吞、胞吐过程的实现与细胞膜结构的特性有什么关系？

（2）胞吞、胞吐过程是否需要能量？

（3）胞吞、胞吐过程穿过几层膜？

任务 5：

痢疾内变形虫是如何在肠道内获取食物的？预防阿米巴痢疾的关键措施是什么？

概念建构：小组总结，完成对胞吞、胞吐概念的建构，进一步说明胞吞胞吐体现了细胞膜的流动性。

【学业评价】

设置与本课时基础知识相关的习题加以巩固练习，完成第三课时的教学。

【总结提升】

引导学生构建大概念知识体系，师生共同总结分析将细胞的物质运输方式绘制成思维导图。

【应用解惑】

（1）家里放久了的蔬菜为什么会出现萎蔫现象？如何使萎蔫的蔬菜变得坚挺？

（2）为什么对农作物施肥过多，会造成"烧苗"现象？

（3）解释为什么用盐腌制过的肉不容易腐败？

（4）根据所学内容解释说明为什么糖蒜又甜又酸呢？

（5）护肤品中往往加入甘油的成分，根据所学知识，推测它被皮肤吸收的方式。

【总结提升】

将本章所学内容进行全面的比较和分析，引导学生构建大概念知识体系，将细胞的物质运输方式绘制成概念图。（提示：运输分子的大小、能量、载体、浓度流向等。）

【作业检测】

回归教材，解答教材中的练习与应用，考查学生对本节课知识的掌握情况。

九、板书设计

板书设计见图 5-1。

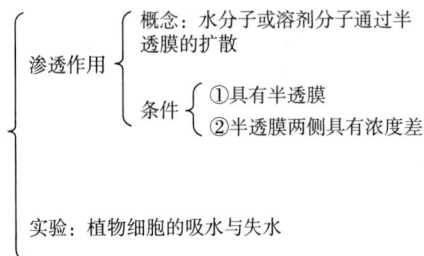

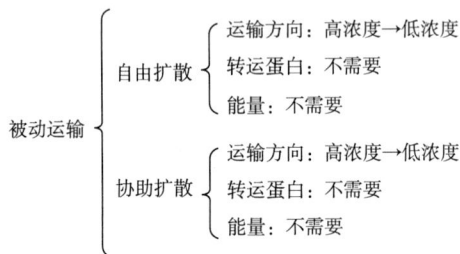

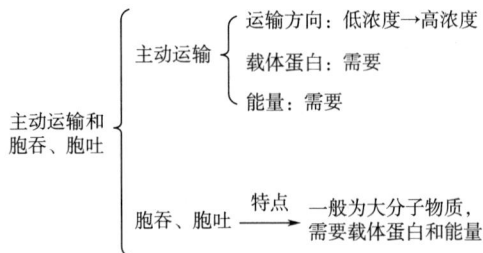

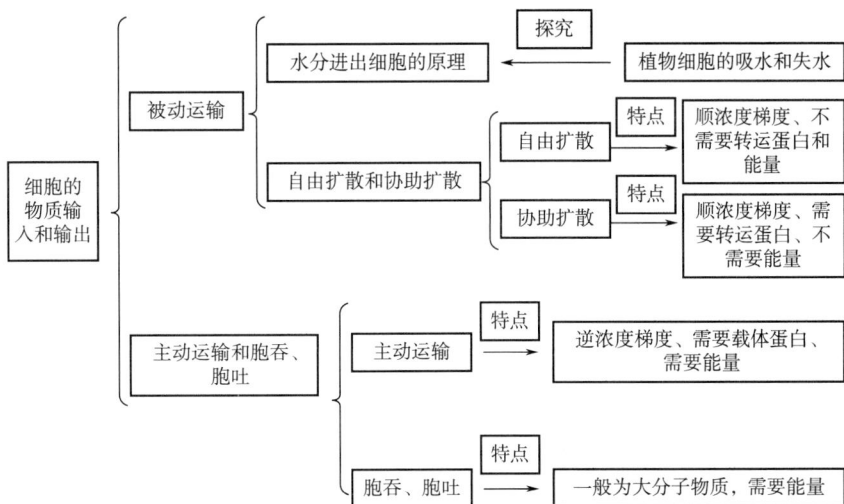

图 5-1　板书设计

十、教学评价

诊断性评价：

解决完成导学案中的问题设置，并链接高考考点，准备一些与本节课有关的经典例题、历年高考试题等。

形成性评价：

A 级：（加一分）。

①能够描述出渗透作用发生的条件。②可以将细胞的物质运输方式绘制个性化的概念图（提示：运输分子的大小、能量、载体、浓度流向等），评价学生的理解程度。

B 级：（加二分）。

能简单写出本单元主题——植物细胞失水和吸水的实验设计方案。

C 级：（加三分）。

会制作临时装片，能独立使用显微镜观察植物细胞的吸水和失水现象。

总结性评价：对作业习题及单元检测成绩进行分析汇总，并对学生出现的问题及时进行纠正。

十一、教学反思

（1）利用多媒体与导学案相结合的一体化教学模式，围绕大概念展开，首先创设大概念下的问题情境，激发学生的探索欲望，然后通过若干个小议题使学生明确本单元的学习任务，通过问题驱动引导学生自主的对概念进行建构。

（2）在教学过程中，教师通过具体的简易实验培养学生的实践操作及实验设计能力，并通过构建运输方式的模型培养学生的科学思维，从组成细胞的分子引导学生对物质运输方式的学习，使学生形成生命观念。目的是让学生能够运用生物学原理解决生产、生活中的实际问题，形成良好的生态意识和社会责任。为了让学生形成对大概念的深度理解，教师让学生自主设计思维导图，使学生真正由获取知识到核心素养的形成。

（3）对于本单元教学主题的设计存在一定的不足，在课堂教学中一些环节的问题设置上没有考虑到学生认知层次的差异性，导致教学过程中问题提出后对于问题的回答出现较强的两极分化，这与问题本身的设置也有很大关联。在今后的教学工作中，教师应该根据学生的掌握情况进行个性化分层次教学，在课堂问题的设置和课后习题的布置上保证一定的梯度性，使每个学生都能学有所获，学有所成！

（案例来源：牡丹江市第二高级中学郭建爽）

案例评析

此案例的设计充分体现了"面向全体学生，提高生物学科素养，倡导探究式学习"的课程理念。教学目标全面、具体、适宜。教学设计思路符合教学内容实际，符合学生现有的认知结构，然后在现有的基础水平上建构新的知识，教学思路的层次脉络清晰，对教材、课标及学情研究透彻，重难点突出，教学内容的内在逻辑结构清楚，由浅入深，符合学生认知水平。教学善于通过一系列的活动如预先录制实验微课、制作装片观察细胞的失水和吸水、及对主动运输过程模型的制作及演示。教学倡导学生们探究性学习，改变了传统的单一课堂教学组织模式；创设民主的课堂教学氛围；创设与学生实际生活相贴近的问题情境，强化问题意识，将学生的思维层层深入，激发学生的求知欲；培养学生独立思考、敢于探索、敢于质疑的习惯；培养学生善于观察的习惯和心理品质；组织学生合作学习、探究学习，教会学生在多方面思考问题，多角度解决问题的能力。目的是使学生的学习成为富有个性的过程。接下来，教学可进一步加强新课标等理论的学习，留出更多的时间让学生思考，更好地体现学生的主体地位，使课堂更加具有针对性和实效性。

单元教学设计——《细胞的生命历程》

一、设计理念

（1）关注学生终身发展。

（2）合作探究的教学模式。

（3）培养生物学科核心素养。

二、教材分析与学情分析

1. 概念体系分析

大概念："细胞的生存需要能量和营养物质，并通过分裂实现增殖"。

重要概念："细胞会经历生长、增殖、分化、衰老和死亡等生命进程"。

次位概念："描述细胞通过不同的方式进行分裂，其中有丝分裂保证了遗传信息在亲代和子代细胞中的一致性""说明在个体发育过程中，细胞在形态、结构和功能方面发生特异性的分化，形成了复杂的多细胞生物体""描述在正常情况下，细胞衰老和死亡是一种自然的生理过程"。而这些次位概念又是基于若干事实性知识形成的。

深入学习重要概念"细胞会经历生长、增殖、分化、衰老和死亡等生命进程"，又是学习"减数分裂产生染色体数量减半的精细胞或卵细胞""遗传信息控制生物性状"等概念的基础。据此，以"细胞会经历生长、增殖、分化、衰老和死亡等生命进程"这一重要概念进行单元整体教学设计。

2. 教材地位

《细胞的生命历程》是人教版必修 1 的第 6 章，本单元一共分为三部分，分别是《细胞的增殖》《细胞的分化》《细胞的衰老和死亡》。本单元主要是沿着生命历程这条主线，从"细胞的一生"这一微观角度介绍了细胞的增殖、分化、衰老和凋亡等正常的生命活动过程对个体生命的意义，帮助学生理解生命的神奇，进而更加珍爱生命。本单元的内容是必修 1 前几个章节的系统化和综合化，前几章介绍了细胞生命系统的组成、结构和功能，在此基础上本单元介绍细胞这个生命系统基本单位的产生、发展和消亡过程。同时，《细胞的生命历程》对必修 2 相关知识也起到一定的铺垫作用，特别是有丝分裂与必修 2 减数分裂和受精作用，生物的生长发育以及遗传和变异都紧密相关。另外，细胞的分化以及细胞的全能性也与选修内容植物组织培养及动物细胞培养互相关联。因此，本单元的设置起到了承上启下的作用，学生学好本章内容是十分必要的。

3. 学情分析

学生在初中阶段已经学习过"细胞通过分裂产生新细胞""受精卵通过细胞分裂和分化，形成组织、器官（系统），发育为多细胞生物体"，但并没有深入能够解释细胞如何分裂产生新细胞，对于细胞的分化、衰老，以及死亡停留在感性认识，缺乏对细胞整个生命历程的知识体系建构。针对这部分内容的学习，对于抽象思维能力还比较薄弱的高一学生而言是有一定困难的。因此在教学过程中，可以利用学生初中的知识基础通过恰当的教学策略，同时要遵循学生的认知规律，实现知识的迁移，帮助学生将新知识建构到已有的知识网络中。

三、教学目标

（1）学生通过"尝试构建有丝分裂过程中染色体行为变化"的活动，学习模型与建模的研究方法，并能运用结构与功能观来解释有丝分裂过程中遗传信息在亲、子代细胞间的一致性。（生命观念、科学思维）

（2）学生使用高倍显微镜观察根尖细胞有丝分裂临时装片，依据实验结果建构染色体、染色单体、核 DNA 数量变化的数学模型。（科学思维、科学探究）

（3）对细胞分裂、分化、衰老和凋亡相互关系的展开分析和讨论，学生能够对稳态与平衡观、局部与整体观有更深入的认识，从而认同健康的生活方式。（生命观念、科学思维、社会责任）

（4）让学生搜集细胞相关研究等信息进行交流，学会运用所学生物学原理解释人口老龄化、干细胞研究等社会热点问题。（科学思维、社会责任）

四、教学过程（情境—问题—活动）

大情境：

播放视频——中国科学院院士施一公在未来论坛上题为《生命的本质》的演讲。

展示图片——受精卵、胚胎发育、婴儿时期、青少年、老年时期的图片。

视频主要内容：

视频主要介绍"人从哪里来"。这里有个动画，显示的是人出生的整个过程。每一个生命大都来自一个受精卵，这个受精卵进行分裂形成 2 个细胞、4 个细胞、8 个细胞、16 个细胞时，它还在子宫外表游荡；64 细胞、128 细胞起，受精卵快要找到子宫着床地点了。着床之后，受精卵开始发育，短短四个星期之后胎儿开始有心跳，神经形成了，脊柱开始形成了，四肢开始发育。四、五个月的时候，胎儿在母亲肚子里开始踢蹬。出生之前，胎儿的大脑发展得非常快，神经元和各种神经突触迅速形成，直至胎儿出生，一个新的生命历程就要开始了。

俗话说："0 岁闪亮登场，10 岁茁长成长，20 岁为情彷徨，30 岁拼命打闯，40 岁基本定向，50 岁回头望望，60 岁告老还乡，70 岁搓搓麻将，80 岁晒晒太阳，90 岁躺在床上，100 岁挂在墙上。"

提出问题：人的一生从生理过程分析共发生了哪些变化？个体发育的起点是什么？一个受精卵经历什么过程后形成一团相同的细胞（胚胎干细胞）？由这团相同的细胞形成 200 种不同的细胞，又经历了什么？个体衰老和死亡是如何发生的？

任务 1：

探究细胞如何完成增殖。（2 课时）

情境：播放视频——受精卵的连续分裂成胎儿的过程。

问题：什么是细胞周期？细胞分裂过程中如何做到细胞染色体均等分裂？

活动 1：尝试构建有丝分裂过程中各个时期染色体行为的模型。（第 1 课时）

小组合作利用毛根建构含有两对染色体的细胞分裂各时期染色体行为变化模型；组间展示与交流；结合有丝分裂真实视频，修正模型并归纳总结出有丝分裂各时期染色体行为特点。

活动 2：用高倍显微镜观察有丝分裂临时装片。（第 2 课时）

两人一组完成实验观察，熟练掌握高倍显微镜的操作，深刻理解有分裂各时期特点。

活动3：相关数学模型的构建。（第2课时）

通过对以上两个活动进行总结，学生以小组合作形式，构建有时分裂过程中，染色体、染色单体、核DNA数量变化的数学模型。教师主要引导学生构建数学模型，并且感悟建模的方法。

任务2：

个体中不同类型的细胞是如何产生的——细胞分化。（1课时）

情境：回顾受精卵发育成胎儿的视频，展示人体受精卵分化形成的上皮细胞、骨骼肌细胞、软骨细胞、神经细胞图。

问题：这些细胞的来源是否一致？在形态、结构和功能上有什么不同？

活动1：根据视频、图片并结合教材内容。

学生尝试构建细胞分化的概念、实质，明确细胞分化与个体发育的关系。

活动2：阅读教材美国科学家斯图尔德胡萝卜韧组培实验、非洲爪蟾蝌蚪肠细胞核移植实验，并给出克隆羊"多利"、克隆猴"中中""华华"等资料。

学生得出细胞全能性的概念，小组合作提出利用全能性是否有可能解决人类移植器官来源等问题。

活动3：提供材料——白血病患者的血液中出现大量的异常白细胞，而正常的血细胞明显减少。通过骨髓移植可以有效地治疗白血病。

学生阅读"骨髓移植和中华骨髓库"内容，搜集干细胞疗法相关信息。学生用小组合作，课堂进行交流的方式，了解到干细胞疗法让许多恶性疾病患者看到了希望，但也有不少惨痛的教训。学生思考科学、技术和社会的关系。

任务3：

认同细胞衰老与凋亡是正常的自然生理过程。（1课时）

情境：展示照片——高一5班王炳申同学祖孙三代的合影，观察祖孙三人的体貌特征，如皮肤状态、老年斑等。

问题：老年人有哪些生理变化？人体为什么会衰老？

活动1：观察祖孙三人的体貌特征，如皮肤状态、老年斑等。

学生根据以上照片，结合教材内容，组内合作从细胞的成分、结构、功能等方面对细胞的衰老特征进行分析，联系"结构与功能观"对细胞衰老进一步进行探索，形成"细胞的形态、结构代谢水平改变，最终引起功能改变"的概念。

展示草履虫、细菌等单细胞生物的图片。

学生结合已经学习过的知识分析对于单细胞与多细胞而言个体衰老与细胞衰老的关系。

活动2：阅读细胞凋亡相关研究资料。

分析人体如何清除衰老细胞，理解细胞凋亡的意义，并且比较细胞凋亡与细胞坏死的区别。

活动3：展示我国老龄化人口数据、黑龙江省老龄化人口数据。

讨论人口老龄化带来的社会问题，以及我们的应对策略。

五、教学评价

1. 形成性评价

（1）学生能够正确构建细胞分裂过程中染色体行为变化模型的实际情况，及时予以矫正。

（2）教师通过学生所绘制的细胞分裂过程中染色体数目变化、染色单体数目变化，以及核 DNA 数目变化的数学模型的情况，评价学生对于细胞分裂过程的理解程度。

2. 总结性评价

（1）教师根据学生课时作业与单元测试卷等成绩，对学生出现的问题进行收集、整理、汇总，及时予以矫正。

（2）学生以"细胞的一生"为题，写一篇短文。

（案例来源：牡丹江市第三高级中学崔辰）

案例评析

高中生物学核心概念不仅是高中生物学教学的基石，同时也是生物学课程目标得以实现的重要载体。然而，在日常教学教学中，教师对生物学核心概念教学所采用的教学策略和教学内容过于单一，使学生对生物学核心概念的理解仅停留在低水平的层次上，学生并没有真正的在解决实际问题的过程中深入理解生物学核心概念，想要运用核心概念解决实际问题更是难上加难。本案例对"细胞的生命历程"整单元的内容进行了重构，并引入施一公的演讲进行情境教学，并以问题串的形式带入问题探讨式教学方法，学生通过不同的学习方式完成三个大任务。整个教学设计更加贴近学生生活，发人深省，从而引发学生解决问题的欲望，进行主动求索，并通过合作，解决实际问题。

在进行生物学实际教学过程中，生物学教学设计要以"核心概念"为核心，教学内容应以辅助"核心概念"的形式呈现，要以解决实际问题、提高生物科学素养为宗旨展开。教学要重视核心概念之间相互联系，进而选取较好的教学手段帮助学生构建核心素养。

单元学历案——《人体的内环境与稳态》

一、课标要求

1. 课标具体内容

内环境又称细胞外液，是人体细胞直接生活的环境，为细胞提供适合的生存条件，机体细胞通过内环境与外界环境进行物质交换。内环境的变化会引起机体的自动调节，以维持内环境的稳态。

2. 相关的重要概念

（1）内环境的概念；内环境是机体细胞生存的环境，而外环境是机体的生活环境。

（2）内环境稳态的概念及重要意义，机体通过不同的器官、系统协调统一共同完成各项生命活动，是维持内环境稳态的基础。

3. 学业要求

学生通过运用概念模型、图示等方法，阐明并解释内环境为机体细胞提供了适宜生活的环境，内环境还可作为细胞与外界环境进行物质交换的媒介。课程要求让学生建立对稳态概念及意义的全面认识；理解人体是一个开放、平衡的整体，建立生命观念与系统观念。

通过本单元的学习，学生能说出机体内环境的组成、成分及理化性质；认同细胞的生存需要内环境提供相应的物质基础和维持理化性质的稳定；理解内环境稳态的概念，阐述维持内环境稳态的主要调节机制和重要意义。

二、单元目标

（1）通过分析各种细胞生活的环境（图 5-2），让学生能够说出血浆、组织液和淋巴液共同构成机体内细胞生活的直接环境即内环境；运用模型的方法建构内环境组成之间的转化关系。（生命观念、科学思维）

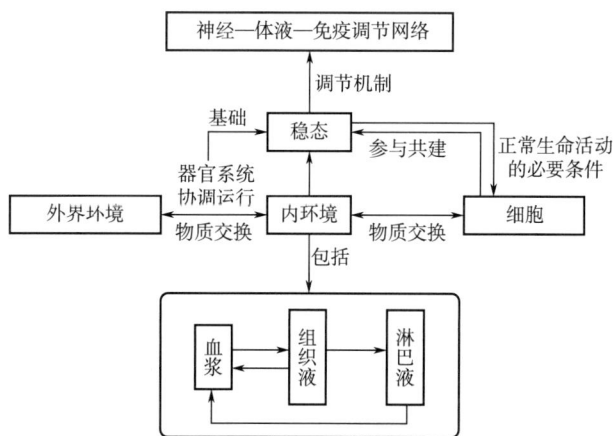

图 5-2　细胞生活的环境

（2）通过对血浆化学成分及内环境组成之间的转化关系，归纳总结出内环境的化学组

成。（生命观念、科学思维）

（3）通过生活中多种实例的分析，说明内环境存在着一定的理化性质。（生命观念、科学思维）

（4）尝试运用模型建构的方法，阐明人体细胞是依赖内环境与外界环境进行物质交换的，同时需要各器官、系统的协调。（生命观念、科学思维）

（5）能运用实例说明内环境稳态及其意义。（生命观念、科学思维）

（6）通过动手实践"生物体维持 pH 稳定"的探究活动，阐明生物体维持 pH 稳定的机制，并进一步探索、描述人体内环境稳态的调节机制。（生命观念、科学探究）

（7）学生通过对多种疾病的分析，结合内环境稳态的相关的知识，建立起关爱自己和他人身体健康的责任意识。（社会责任）

三、单元知识结构

（一）内环境的概念

【学习目标】

（1）通过阅读教材和分析各种细胞的生存环境，总结出血浆、组织液和淋巴液共同构成机体内细胞赖以生存的内环境，并运用模型的方法建构内环境组成之间的转化关系图。

（2）通过血浆成分表中的数据，归纳总结出内环境的化学组成并说明内环境的理化性质。

（3）通过探讨细胞如何吸收代谢所需的营养物质及如何排出代谢废物，构建机体细胞通过内环境与外界环境进行物质交换的模型。

【设计分析】

知识设计见表 5-1。

表 5-1　知识设计

目标序号	知识维度	认知水平维度					
		记忆/回忆	理解	应用	分析	评价	创造
1	概念性知识	√	√	√	√		
2	程序性知识		√	√	√		
3	事实性知识		√		√		

【评价任务】

（1）完成任务 1：掌握内环境的组成；理解血浆、组织液和淋巴液三者之间的关系并构建关系模式图。（指向目标 1，检测目标 1、5）

（2）完成任务 2：了解细胞外液的成分，掌握内环境的理化性质。引导学生进行物质归纳和总结，建立人体整体观和动态平衡观。（指向目标 2，检测目标 2、3、5）

（3）完成任务 3：构建表示内环境与外界环境的物质交换关系的概念模型。（指向目标 3，检测目标 4）

【设计意图】

（1）展示炎炎夏日进行户外作业的工人、农民，在冰天雪地的南极进行考察的科学家的图片。让学生感受到劳动者默默无闻的坚守和无怨无悔的奉献，应该受到全社会的尊敬和关爱；感受到科考队员为科学事业不畏严寒、艰难前行的精神，激发学生的爱国热情。

（2）通过学习细胞生活的内环境，进一步解析生命的奥秘，激发学生学习欲望。

（3）通过分析归纳血浆的组成成分及内环境的理化性质，培养学生分析、概括的思维能力，建立人体的动态平衡观。

（4）通过构建细胞内环境与外界环境进行物质交换的概念模型，促进学生模型思维的发展，提升学生的理解知识的深度。

【学习过程】

课前准备：预习新课并提前了解毛细淋巴管的结构与功能，组织液与淋巴液的生成与回流等相关知识，有利于学生对本课新知识的学习。

资料：毛细淋巴管的结构（图5-3）。

毛细淋巴管是淋巴管中最微小的管道，也是淋巴管道的起始部分。毛细淋巴管有一端是盲端，始于组织间隙，另一端与其他淋巴管逐渐聚合形成更大的淋巴管。毛细淋巴管的管壁比较薄，能发挥回收组织液中的大分子物质（如蛋白质等）的功能。其盲端的内皮细胞像鱼鳞状相互覆盖，形成向内开放的单向活动瓣膜，使组织液进入淋巴管无法倒流。当组织间隙中的组织液增多时，毛细淋巴管外增高的压力使内皮细胞间的间隙增大，有利于组织液通过毛细淋巴管形成淋巴液。

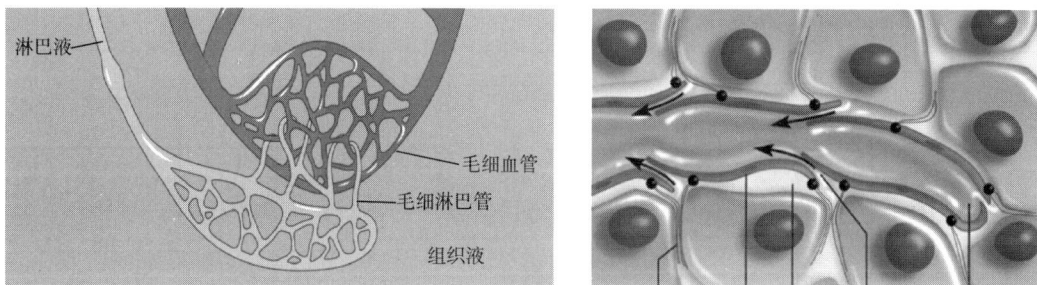

图5-3 毛细淋巴管的结构

学习过程：

创设情境，导入新课。

①播放视频：播放在新冠病毒流行期间，专家建议人们饮用电解质水的视频，从而激发学生的探究意识。

②展示图片（图5-4），引发思考：无论是在高温户外作业的工人、农民，还是在南极进行考察的科学家，他们的体温都维持在37℃左右的原因；严重腹泻时，需要及时补充电解水或淡盐水的原因。目的是激发学生的探索欲望。

任务1：

利用问题探讨，掌握内环境的组成，构建关系模式图。

展示草履虫、红细胞的图片：利用问题探讨，重点分析探讨两种细胞生活的环境及如何与外界环境进行物质交换，总结出单细胞生物与多细胞生物生存环境与物质交换方式的差别，并完成深度思考：

图 5-4 劳动者

（1）以血细胞、肌肉细胞、淋巴细胞为例，分析三类细胞各自的生活环境。

（2）展示人体中细胞外液流动方向的动画，以小组为单位建构血浆、组织液、淋巴液之间转化关系概念图。

（3）分析各种不同细胞生活的环境（表 5-2）。

表 5-2 不同细胞生活的环境

细胞	环境
组织细胞（胰腺细胞、骨骼肌细胞）	
血细胞	
淋巴细胞、吞噬细胞	
毛细血管壁细胞	
毛细淋巴管壁细胞	

（4）与生活的联系：分析静脉注射和肌肉注射，药物到达组织细胞发挥作用的运输途径有什么不同？

表 5-3 为效果评价 1。

表 5-3 效果评价 1

评价标准	评价结果是否完成	评价结果
能掌握内环境的组成并构建对应的关系模式图		在评判标准中，三项都可以完成加 3 分，完成两项加 2 分，完成一项加 1 分
能认真阅读教材，对不理解的问题能认真倾听老师和学生的讲解		最后累积三次评价加分，累积分数 8~9 分评价为优秀，累积分数 5~7 分评价为良好，累积分数小于或等于 4 分为不达标
能积极参与小组讨论，能很好的解决处理问题或提出自己独到的见解		

任务 2：

归类细胞外液的成分，明确内环境的成分差别及理化性质。

活动 1：以小组为单位讨论红细胞在血浆中能正常生活，为什么在体外若无特殊环境很快死亡？并依次解决以下问题：

（1）利用教材第4页血浆化学组成的表格，讨论、分析内环境的化学组成。探讨不同细胞内环境成分的差异。

（2）探寻：为什么说生命起源于海洋？

（3）引导学生归纳、分类哪些成分属于内环境。

活动2：思考细胞生存在什么环境中更"舒适"，更有利于完成自身的各项生命活动。以小组为单位讨论下列问题：

（1）分析若长时间高盐饮食会对人体造成怎样的影响？

（2）分析人体剧烈运动后产生的酸痛感觉，一段时间后这种感觉消失的原因？

（3）为什么人在感冒发烧时，食欲不振？

引导学生总结出渗透压、酸碱度和温度是细胞外液的三个理化性质。讲解渗透压与溶液浓度的关系。明确影响血浆、细胞外液渗透压大小的主要因素。

深度探究：生活中常有人表现出身体某部位浮肿的现象，尝试从内环境的各种组成部分之间的转化关系来分析此现象。

表5-4为效果评价2。

表5-4 效果评价2

评价标准	评价结果是否完成	评价结果
学生是否能掌握内环境组成成分和理化性质		在评判标准中，三项都可以完成加3分，完成两项加2分，完成一项加1分 最后累积三次评价加分，累积分数8~9分评价为优秀，累积分数5~7分评价为良好，累积分数小于或等于4分为不达标
能独立思考并与小组同学进行良好的交流，认真倾听小组成员的想法，对不同的想法能提出自己的观点		
能积极参与小组讨论，在交流与与讨论中不断完善小组的结论		

任务3：

结合初中学过的人体各系统（如消化、呼吸、排泄、循环等）的知识，构建细胞内环境与外界环境进行物质交换的概念模型。

细胞为完成各项生命活动，需源源不断从外界吸收营养物质并排出对细胞有害的代谢废物。但细胞无法直接获取外界环境中的物质，它们是如何进行物质交换的呢？通过小组讨论完成以下活动：

（1）描述氧气、小分子等营养物质进入组织细胞的过程。

（2）思考参与维持 pH 的 HCO_3^-/H_2CO_3 是怎样形成的？

（3）分析细胞的代谢废物如何排出体外？

（4）结合所知的人体各系统（如消化、呼吸、排泄、循环等）的知识。展开小组讨论，构建内环境与外界环境物质交换的概念模型。

教师对每个小组构建的模型比较异同，进行评价讲解，学生修正、完善建构的模型。

课后作业：总结本课知识，构建知识网络框架。

表5-5为效果评价3。

表 5-5　效果评价 3

评价标准	评价结果是否完成	评价结果
能构建细胞内环境与外界环境进行物质交换的概念模型		在评判标准中，三项都可以完成加 3 分，完成两项加 2 分，完成一项加 1 分 最后累积三次评价加分，累积分数 8～9 分评价为优秀，累积分数 5～7 分评价为良好，累积分数小于或等于 4 分为不达标
能通过小组讨论，很好地解决内环境物质交换的相关问题或提出有意义的见解		
能积极参与小组构建模型活动，并在小组交流过程中及时修正与完善小组成果		

【检测与作业】

检测目标 1

结缔组织细胞、唾液腺细胞和毛细血管壁细胞所处的内环境分别是（　　）。

①组织液　②唾液和组织液　③血浆和组织液　④淋巴液和组织液　⑤血浆、淋巴液和组织液

A.①③③　　B.②①③　　C.①⑤④　　D.①①④

检测目标 2

从某种程度上说，细胞外液本质上是一种盐溶液，类似于海水，内含多种物质，下列各组物质中属于内环境成分的一组是（　　）。

A. CO_2、解旋酶、Cl^-、尿素

B. 胃蛋白酶、溶菌酶、胰岛素、糖蛋白

C. K^+、血浆蛋白、性激素、脂肪酸

D. Ca^{2+}、转运蛋白、胰蛋白酶、DNA 聚合酶

检测目标 3

下列关于内环境的组成成分及理化性质的描述，正确的是（　　）。

A. 内环境中含量最多的成分是蛋白质

B. 血浆渗透压的大小主要与 Na^+ 和 Cl^- 的含量有关

C. 剧烈运动后，大量乳酸进入血液，但正常人的血浆 pH 仍将维持在 7.35～7.45

D. 长期处于严寒环境无食物摄入和额外保暖措施，正常人的体温仍将维持在 37℃左右

检测目标 4

如图 5-5 所示为高等动物体内细胞物质交换的相关示意图，下列有关叙述不正确的是（　　）。

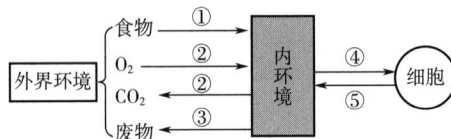

图 5-5　细胞物质交换

A.①③可分别通过消化系统和泌尿系统完成

B. 人体的体液包括细胞外液和细胞内液，其中占比例较高的为细胞外液

C.④表示细胞从内环境获取氨基酸、葡萄糖和氧气等营养物质

D. 从图中可以看出体内细胞可通过内环境与外界环境间接进行物质交换

检测目标 5

如图 5-6 所示是人体胰腺组织局部结构模式图，请据图回答下列问题。

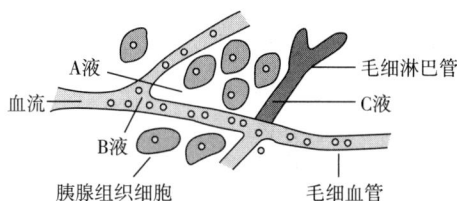

图 5-6　胰腺组织局部结构模式

（1）A 液为_____，B 液为_____，C 液为_____，三者共同构成了内环境，图中毛细淋巴管壁细胞生活的具体内环境是_____（填字母）。

（2）简述胰腺组织细胞与人体外界环境之间物质交换的关系：_____。

（3）CO_2 不能从毛细血管进入胰腺组织细胞的原因是_____。

（4）胰腺分为外分泌腺和内分泌腺两部分，健康人构成胰腺组织的不同细胞可分泌不同的物质，如消化酶、胰岛素，其中_____能进入血液。

【学后反思】

（1）通过本节课你的收获（表 5-6）。

表 5-6　课堂收获 1

维度	内容要点	与之联系的知识内容（举例）	与生活的联系或其他的启发、收获
概念			
方法			
思维			
其他			

（2）本节课学习后你存在哪些疑惑（表 5-7）。

表 5-7　课后疑惑 1

维度	疑惑内容要点（具体到环节）	计划如何解决	计划实施后是否解决疑惑
概念			
方法			
思维			
其他			

（二）内环境的稳态

【学习目标】

（1）通过实验探究活动尝试解释生物体维持 pH 稳定的机制。

（2）通过收集、调查、比较家人的日体温变化规律，说出内环境稳态的概念。

（3）通过了解维持内环境稳态需机体不同器官、系统共同协调完成，阐述出稳态的调节机制。

（4）通过了解内环境稳态失调的实例和原因，认同维持机体内环境稳态的重要意义，关注相关健康问题。

【设计分析】

认知水平维度表见表5-8。

表5-8　认知水平维度表

目标序号	知识维度	认知水平维度					
		记忆/回忆	理解	应用	分析	评价	创造
1	概念性知识	√	√	√	√		
2	程序性知识		√	√	√		
3	事实性知识	√		√	√		

【评价任务】

（1）完成任务1：通过实验，尝试解释生物体维持pH稳定的机制。（指向目标1，检测目标1、2）

（2）完成任务2：理解维持内环境稳态需要机体不同器官、系统协调统一地正常运行。掌握稳态的概念，认同机体维持稳态的主要调节机制为：神经—体液—免疫调节网络。（指向目标2、3，检测目标5）

（3）完成任务3：理解稳态是机体进行生命活动的必要条件，认同维持内环境稳态的重要性。（指向目标4，检测目标3、4）

【设计意图】

（1）通过让学生小组合作完成"模拟生物体维持pH的稳定"的探究实践活动，领会内环境动态变化的特征，建立稳态与平衡观，培养学生实验操作能力，以及对比、分析实验数据等科学思维的能力。

（2）通过课前调查、对比家人体温的日变化数据，理解内环境稳态的概念、实质和调节机制。了解稳态的建立过程，培养学生不断实践和探索的科学精神。

（3）通过各种稳态失调实例的了解与分析，认同内环境稳态的重要意义。学生可以做到用所学知识指导自己健康的生活。建立起关爱自己和他人身体健康的责任意识。

【学习过程】

课前准备：预习新课并提前了解血液生化检查的意义、尿毒症的病因及危害和中暑症状表现及生理意义等相关资料。课前监测家人体温的日变化并整理数据思考日体温的变化规律。

中暑：高温引起机体体温调节功能紊乱，从而发生中枢神经和心血管功能障碍的急性疾病，主要症状有高热、恶心呕吐、心悸、头痛、口渴、多汗等。严重中暑会使体温超过40℃，病死率比较高。

尿毒症：肾功能衰竭终末期即为人们常说的尿毒症，病人以代谢性酸中毒、水和无机盐等的代谢会紊乱最为常见，可出现全身水肿，尿素氮升高、呕吐、贫血、昏迷等一系列症状，严重时会导致死亡。

学习过程：创设情境，导入新课。

展示图片，引发思考：展示某人的血液生化化验单的一部分结果（表5-9）。让学生观察化验单中各项指标和参考值，并回答问题探讨中的问题。引导学生初步了解内环境稳态的特点和意义。

表 5-9　血液生化化验结果

项目	英文对照	结果	单位	参考值
丙氨酸氨基转移酶	ALT	11	U/L	9~60
天冬氨酸氨基转移酶	AST	12↓	U/L	15~45
葡萄糖	GLU	10.96↑	mmol/L	3.9~6.1
糖化血清白蛋白	GA	33.7↑	%	10.8~17.1
肌酸激酶	CK	126.0	U/L	38~174
肌酸激酶同工酶 MB	MMB	1.9	ng/mL	0.6~6.3
乳酸脱氢酶	LDH	173	U/L	140~271
甘油三酯	TG	2.21↑	mmol/L	0~1.7
总胆固醇	TCHO	5.15	mmol/L	3.1~5.2

（1）机体的健康状况为什么可用血浆的生化指标反映？

（2）结果中每种成分的参考值都存在一个变化范围，可说明什么问题？

（3）化验单上超出正常范围的成分有哪几种？这几项异常指标可对机体产生哪些不利影响？

高原反应：援藏的干部人才到青藏高原后常会出现头痛、失眠、呼吸困难、心跳加快甚至血压升高等症状的原因是？外界环境与内环境稳态之间的关系？

学生分析讨论得出相关结论：外界环境的变化会影响内环境的稳态。进而得出随着外界环境的变化和体内细胞代谢活动的进行，内环境（如血浆）的各种化学成分和理化性质在不断发生变化，处于动态平衡中的结论。

任务1：

进行探究·实践"模拟生物体维持 pH 的稳定"。

活动1：让学生阅读教材熟悉实验的原理、目的要求、方法步骤等，并思考如何形象直观的展示实验结果（认同曲线图在展示数据时的优势）。在实验记录本中完善实验相关内容。

（1）实验原理。

（2）实验目的。

（3）材料用具。

（4）方法步骤：绘制实验记录表5-10，记录相关实验数据。

表 5-10　实验数据

材料 (25mL)	加入 0.1mol/L HCl							加入 0.1mol/L NaOH						
	加入不同数量液滴后的 pH							加入不同数量液滴后的 pH						
	0	5	10	15	20	25	30	0	5	10	15	20	25	30
自来水														

材料 （25mL）	加入 0.1mol/L HCl							加入 0.1mol/L NaOH						
	加入不同数量液滴后的 pH							加入不同数量液滴后的 pH						
	0	5	10	15	20	25	30	0	5	10	15	20	25	30
缓冲液														
肝匀浆														

活动 2：以小组为单位开始实践活动，最后展示小组成果（以曲线图形式展示）（图 5-7）。通过探究·实践活动，让学生尝试解释生物体维持 pH 稳定的机制。

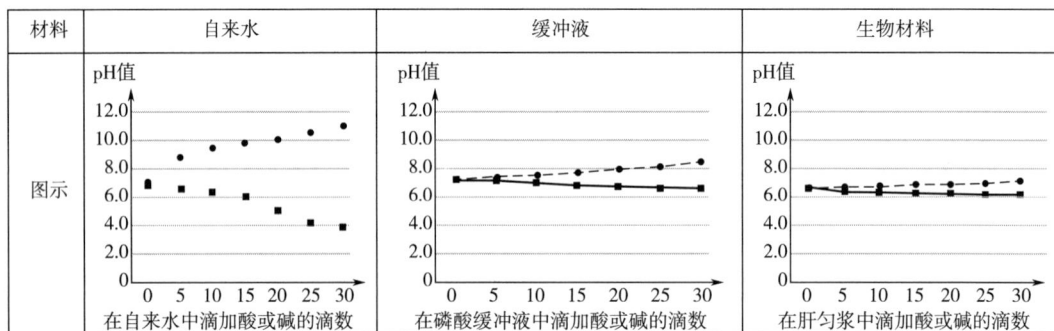

图 5-7　溶液 pH

活动 3：根据活动 2 的数据分析结果，尝试用多样的生物材料代替肝匀浆，重复上面的实验。总结出生物材料具有缓冲物质可维持 pH 稳定的普遍性。（可选的生物材料：动物血浆、鸡蛋清、马铃薯匀浆等）

表 5-11 为效果评价 4。

表 5-11　效果评价 4

评价标准	评价结果是否完成	评价结果
能解释生物体维持 pH 稳定的机制		在评判标准中，三项都可以完成加 3 分，完成两项加 2 分，完成一项加 1 分
实验准备充分，有完整的实验记录，实验操作规范标准		最后累积三次评价加分，累积分数 8~9 分评价为优秀，累积分数 5~7 分评价为良好，累积分数小于或等于 4 分为不达标
能对实验数据进行认真、准确的分析，归纳数据画出更具象化的曲线图来展示结果		

任务 2：

掌握稳态的概念及机体维持稳态的主要调节机制。

活动 1：小组展示家人体温的日变化规律的调查结果。并完成下列讨论，从而得出健康人的体温始终接近 37℃，处于动态平衡中。

（1）不同年龄、性别的人体温变化有何异同？

（2）同一个人在一日内的体温变化有何特点？

（3）人体温的日变化与当地气温的日变化是否有关？

　　类比体温，健康人内环境的每一种成分如血糖、血脂，以及温度、渗透压等理化性质都是在不断变化的，但都处于一定的范围内，从而让学生得出并理解稳态的概念及内环境稳态的实质。

　　活动2：展示内教材第9页的示意图1-4，让学生明确人体各器官、系统协调一致地正常运行是维持内环境稳态的基础。并通过阅读教材第10页，认同机体维持稳态的主要调节机制。

　　表5-12为效果评价5。

表5-12　效果评价5

评价标准	评价结果是否完成	评价结果
能掌握稳态的概念及机体维持稳态的主要调节机制		在评判标准中，三项都可以完成加3分，完成两项加2分，完成一项加1分 最后累积三次评价加分，累积分数8~9分评价为优秀，累积分数5~7分评价为良好，累积分数小于或等于4分为不达标
能认真做好课前体温调查的准备做好详细记录。并能类比体温认同内环境其他成分的动态平衡		
能积极参与小组讨论，能很好地解决问题或提出有意义的见解		

　　任务3：

　　理解稳态是机体进行生命活动的必要条件，认同内环境稳态的重要性。

　　活动1：预习作业展示，成果交流。小组分别展示课前查阅的"稳态失调的实例"，如尿毒症、失温、高原反应、中暑、腹泻等，并思考：

　　（1）人体维持稳态的调节能力是怎样的？

　　（2）内环境维持稳态的意义是什么？

　　活动2：阅读资料，拓展对稳态发展的认识。学生通过课后阅读，进一步探索稳态概念的发展，使同学们认识到在分子水平、细胞水平、器官水平、群体水平、生态系统水平上都存在着稳态。

　　课后作业：总结本课知识，构建本章知识网络框架。

　　单元拓展作业：以"关爱健康"为主题，写一份倡议书。

　　表5-13为效果评价6。

表5-13　效果评价6

评价标准	评价结果是否完成	评价结果
能掌握内环境稳态是机体进行生命活动的必要条件，认同内环境稳态的重要性		在评判标准中，三项都可以完成加3分，完成两项加2分，完成一项加1分 最后累积三次评价加分，累积分数8~9分评价为优秀，累积分数5~7分评价为良好，累积分数小于或等于4分为不达标
能认真倾听老师和学生的讲解，并能独立说出几种免疫失调实例的症状、原因及缓解症状的方法		
能积极参与课堂活动，能很好地解决老师提出问题并联系实际举出其他体现内环境稳态重要的实例		

【检测与作业】

检测目标 1

探究血浆 pH 值维持稳定的机制，设计 3 组实验比较：蒸馏水、人工配制的缓冲液、动物血浆，分别滴加 0.1mol/L NaOH 和 0.1mol/L HCl 后 pH 变化的情况。下列关于实验的设计和分析不正确的是（   ）。

A. 蒸馏水组加入酸或碱后 pH 变化明显

B. 遵循单一变量原则，每组中所加酸或碱的浓度和量是相同的

C. 本实验缺乏对照

D. 血浆和缓冲液在加入酸或碱后 pH 都不会发生很大变化

检测目标 2

图 5-8（a）为向清水中滴加 HCl、NaOH 溶液后，清水的 pH 变化；图 5-8（b）为向血浆中滴加 HCl、NaOH 溶液后，血浆的 pH 的变化（图中酸碱溶液的浓度相同）。据图分析，下列相关叙述错误的是（   ）。

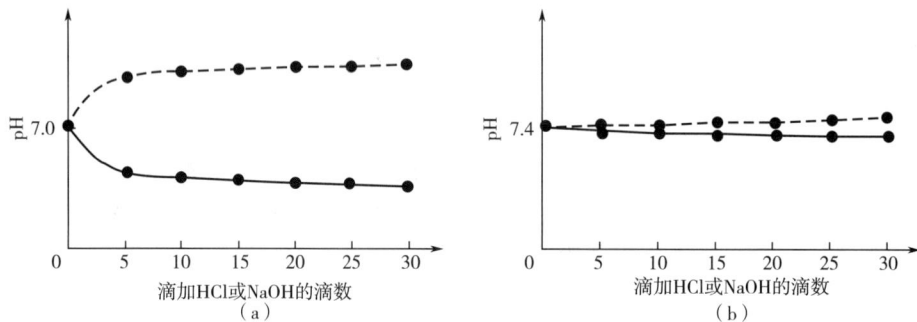

图 5-8　pH 变化曲线

A. 实验所用 HCl、NaOH 溶液的浓度为无关变量

B. 本实验的因变量为 pH 的变化

C. 实验中的清水组，随着 HCl 滴加量增加，pH 会一直减小

D. 实验结果表明，血浆对 pH 的变化具有缓冲作用

检测目标 3

人体稳态的调节能力不是无限的，下列现象属于内环境稳态失调的是（   ）。

①发烧时精神不佳　②缺钙导致肌肉抽搐　③从平原到高原后，有的人出现肺水肿症状　④肾炎导致的组织水肿　⑤没吃早饭而心慌　⑥肠胃炎导致的四肢无力　⑦镰刀型细胞贫血症　⑧寒冷时打寒战　⑨剧烈运动后，血浆 pH 没有明显的变化　⑩高原反应

A. ①②③④⑤⑥⑩　　B. ①②③④　　C. ①②③④⑥　　D. ①③⑥⑧⑨

检测目标 4

内环境稳态是机体进行正常生命活动的必要条件。对此解释错误的一项是（   ）。

A. 稳态一旦失调，细胞代谢定将紊乱

B. 稳态一旦失调，血糖浓度定将下降

C. 内环境渗透压一旦高于正常值，细胞定将失水

D. pH 和温度一旦超出适宜范围，酶活性定将下降

检测目标5

图5-9表示内环境稳态与各系统的功能联系。据图回答相关问题：

（1）图中食物、水和无机盐，经［①］＿＿＿＿＿＿系统处理后才能进入循环系统，最后由大肠排出的是［②］＿＿＿＿＿＿＿＿＿＿。

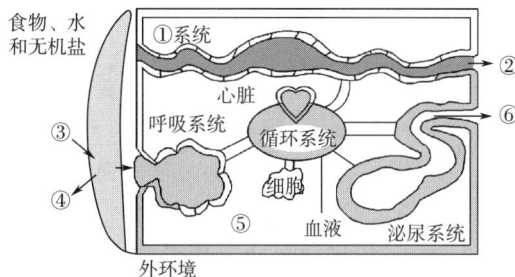

图5-9　内环境稳态各系统的联系

（2）呼吸系统可以吸入［③］＿＿＿＿＿，排出［④］＿＿＿＿＿。从图中可以看出，人体细胞与外界环境的气体交换，至少需要＿＿＿＿＿＿系统和＿＿＿＿＿＿系统的参与。

（3）由泌尿系统排出的是［⑥］＿＿＿＿＿＿＿＿＿＿＿＿＿＿＿＿＿。

（4）人体细胞要与外界环境进行物质交换必须要通过［⑤］＿＿＿＿＿才能完成。

（5）目前普遍认为，机体维持稳态的主要调节机制是＿＿＿＿＿＿＿＿＿＿＿＿调节网络。

【学后反思】

1. 通过本节课你的收获（表5-14）

表5-14　课堂收获2

维度	内容要点	与之联系的知识内容（举例）	与生活的联系或其他的启发、收获
概念			
方法			
思维			
其他			

2. 本节课学习后你存在哪些疑惑（表5-15）

表5-15　课后疑惑2

维度	疑惑内容要点（具体到环节）	计划如何解决	计划实施后是否解决疑惑
概念			
方法			
思维			
其他			

（案例来源：牡丹江市第二高级中学张健、王月婷）

案例评析

本学历案设计思路清晰，结合了教材特点和学生的实际，多法配合引导学生自主探究，全面培养了学生生物学学科核心素养，使学生可以在完成任务的过程中学会合作，是一个能体现"学生为主体"的优秀设计。

首先，与生活联系创设情境，培养学生的社会责任感，激发了学习欲望。教学中教师创设了科研人员不畏严寒艰难跋涉为新站选址；健康检查获得的血液生化检测化验单等真实的情境，让学生清晰的感知所学知识能够解决生活中的问题。这既培养了学生不怕苦累、科学报国的社会责任感，又引出了本节课将要学习的问题。这既让学生在学习中产生强烈的情感共鸣，又能增强情感体验提高学习效率。

其次，借助问题—思考—讨论/探究的方法，驱动课堂思维由浅入深，循序渐进。本案例以任务为驱动，通过设置问题系统，将问题逐渐引向深入，使学生的思维得到了发展。例如：通过归纳血浆的组成成分，区分血浆与组织液、淋巴液在组成成分的区别；通过分析稳态失调的实例，进而认同内环境稳态的重要意义。问题层层递进，逐渐具象化、深度化。

最后，评价体系完整、科学，着眼于学生的能力和长远发展。给学生一个完整的、全面的，具有发展性的评价，在教学过程中至关重要。教师在每节课的每一个教学任务后都设计了针对学习任务学习情况的评价表格。有利于学生对自己的学习活动进行反思、完善。这可以让学生在学习中获得自信，获得更大的学习动力。

单元学历案——《遗传因子的发现》

《遗传因子的发现》是人教版必修2《遗传与进化》模块的第1章，从物质变化、结构变化和功能变化的角度，阐述遗传的基本规律，以及生命的延续性，包括遗传因子的发现中孟德尔的两大遗传定律。内容由简入难地分析问题，符合科学研究和学生认知的一般规律，更能让学生接受和理解掌握。

一、课标要求

大概念3：遗传信息控制生物性状，并代代相传。
重要概念3.2：有性生殖中基因的分离和重组导致双亲后代的基因组合有多种可能。

二、单元知识结构

单元知识结构见图5-10。

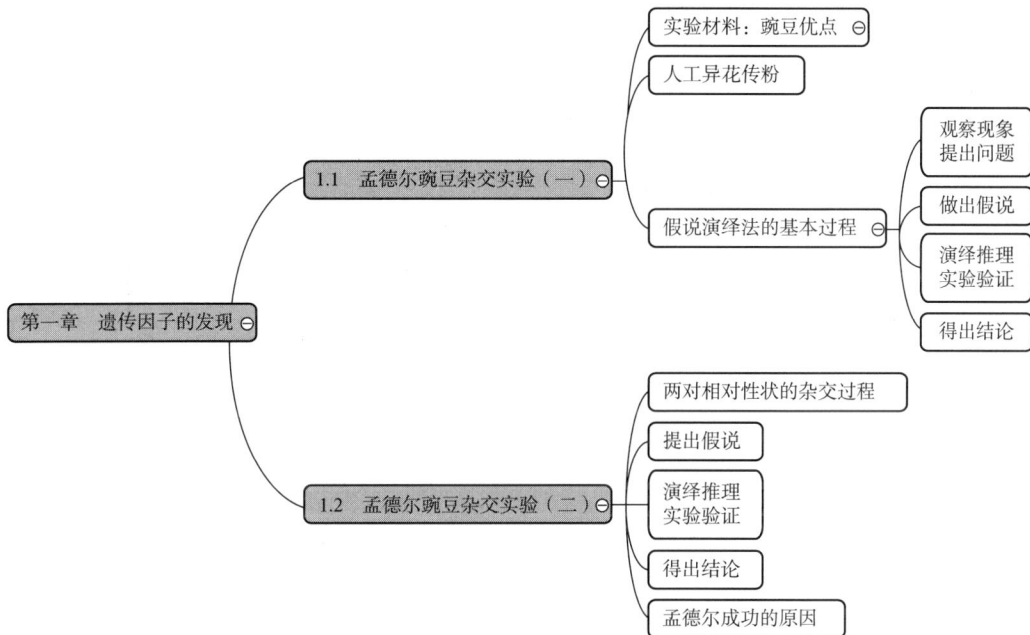

图 5-10　单元知识结构

三、教材分析

本册教材从必修1的细胞水平深入到了生命的本质基因水平。教材内容是按科学发现史的顺序编写的，让学生对性状与基因的联系形成初步的认识，为下一单元基因本质的研究和基因的功能的介绍奠定基础，内容符合学生的认知规律和思维养成，便于理解和接受，同时也可以为选择性必修3中基因工程的学习打下基础。

四、学情分析

学生在生活中能经常接触到遗传和变异的内容，再加上各种途径的科普的宣传，学生对相关的名词有所了解，但对于实质还不甚清楚，知其然不知其所以然。所以，学习本章还是有一定难度的。

（一）孟德尔的豌豆杂交实验（一）

【学习目标】

生命观念：遗传因子决定生物性状，体现了物质功能观。

科学思维：利用假说-演绎法，培养学生概括与归纳、演绎与推理的科学能力。

科学探究：孟德尔通过实践去质疑、想象、创新，诠释了科学探究的精髓。

社会责任：用分离定律预测后代的性状，解释生产生活中的遗传现象。

【重点、难点】

重点：分离定律的发现过程；假说-演绎法的一般步骤；相关交配方式及应用。

难点：相关交配方式及应用。

【教法、学法分析】

对于遗传的基本规律，以学生感兴趣的生活情境入手，激发学生的学习兴趣。孟德尔的实验过程分析采用问题引导式教学，突出重点，逐层突破难点，将难点细节化、阶梯式、分散式处理。

【设计分析】

设计分析见表5-16。

表5-16　知识设计1

目标序号	知识维度	认知水平维度					
		记忆/回忆	理解	应用	分析	评价	创造
1	概念性知识	√	√		√		
2	程序性知识		√	√	√	√	√
3	事实性知识	√				√	

【评价任务】

（1）完成任务1：学生查阅资料，汇总豌豆作为遗传学实验材料的优点。（知识目标3，检测目标5）

（2）完成任务2：学会人工异花传粉的基本操作。（知识目标2，检测目标1）

（3）完成任务3：熟练掌握假说—演绎法的基本流程。（知识目标1、2，检测目标2）

（4）完成任务4：熟练运用交配方法，能够解决一些遗传学中的问题。（知识目标3、4，检测目标3、4、5、6）

【设计意图】

（1）用现实生活中常见的情境，使学生们明确本章要学习和解决的问题，激发学生兴趣，提升探究热情。

（2）通过学生查阅资料展示豌豆作为遗传学实验材料的优点，培养学生搜集、整理、汇总、提炼有效信息的能力，并明确选择适宜实验材料的重要性。

（3）通过小组讨论交流、归纳总结假说—演绎法的基本步骤，明确假说—演绎法的基本流程，回答一对相对性状探究实验中的相关问题，使知识细化、逐步探究，诠释科学探究的精髓，明确科学实验方法的重要性。

（4）通过设计有梯度的习题进行训练，突出重点、突破难点，使所学知识能够应用于生产实践，培养社会责任感。

【学习过程】

课前准备：学生查阅豌豆的有关资料（图5-11），汇总出豌豆作为遗传学材料的优点。

图5-11　豌豆

学习过程：创设情境，导入新课（图5-12）。

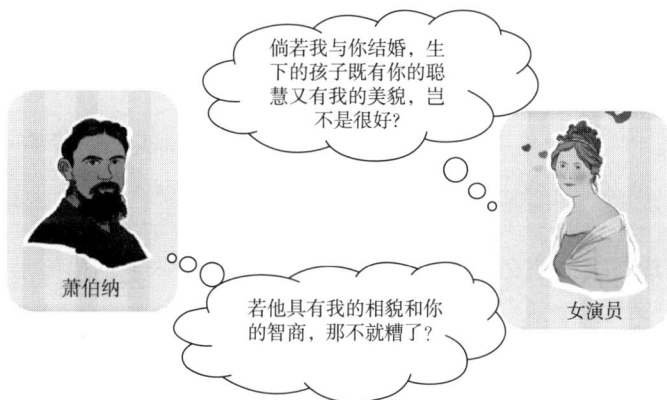

图5-12　萧伯纳与女演员

英国有位美貌风流的女演员，写信向大文豪萧伯纳求婚："因为你是个天才，我不嫌你年迈丑陋。假如我和你结合的话，咱们后代有你的智慧和我的美貌，那一定是十全十美了。"萧伯纳给她的回信说："你的想象很是美妙，可是，假如生下的孩子外貌像我，而智慧像你，那又该怎么办呢？"如果他俩真的结婚生子，孩子到底像谁呢？遗传是件玄妙的事。通过案例让同学们进入遗传学习的奇幻之旅；激发学习兴趣及强烈的求知欲。

任务创设，引领主线。

任务1：

学生查阅资料展示豌豆作为遗传学实验材料的优点（图5-13）。

任务2：

学会人工异花传粉（图5-14）。

图 5-13　豌豆花

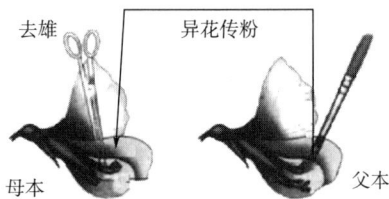

图 5-14　人工异花传粉

阅读教材、思考下列问题。

（1）选择什么时间操作？

（2）怎么操作？

（3）套袋的目的？

（4）对玉米进行人工异花传粉与豌豆会有什么不同？

任务 3：

小组讨论交流、归纳总结：假说-演绎法的基本步骤，思考并解决以下问题。

（1）假说—演绎法的一般步骤？

（2）什么是自交？子一代都是高茎说明什么？子二代同时出现高茎和矮茎称做什么？

（3）孟德尔假说的主要内容？

（4）演绎推理、实验验证的方法？这种交配方式的优势？

（5）孟德尔得出的结论？

任务 4：了解遗传学中基本的交配方式，并会用其解决基本的遗传学问题。

（自交、杂交、测交、正反交、随机交配）

【检测与作业】

（1）孟德尔在进行豌豆杂交试验时，为避免其自花传粉采取的措施是（　　）。

A. 花蕾期不去雄蕊

B. 去雄后，套纸袋

C. 待花成熟时，套纸袋

D. 去雄后马上进行人工授粉

（2）利用假说—演绎法，孟德尔通过进行一对相对性状的杂交实验，提出了分离定律。下列叙述正确的是（　　）。

A. 分离定律的实质是 F_1 自交后代的性状分离比为 3：1

B. 孟德尔假说内容之一是"生物体能产生数量相等的雌雄配子"

C. 孟德尔做出的"演绎"是 F_1 与隐性纯合子测交，预测后代性状比为 1：1

D. 孟德尔获得成功的原因还包括选择了果蝇这一实验材料进行一系列杂交实验

（3）下列问题可以通过自交解决的是（　　）。

①鉴定一株高茎豌豆是否为纯合子

②区别玉米甜和非甜的显隐性关系

③不断提高小麦抗病纯合子的比例

A. ①③　　　　　　B. ②③　　　　　　C. ①②　　　　　　D. ①②③

（4）已知一批基因型为 AA 和 Aa 的豌豆种子，其数目之比为 3∶1，将这批种子种下，自然状态下（假设结实率相同）其子一代中基因型为 AA、Aa、aa 的种子数之比为（　　　）。

A.4∶4∶1　　　B.1∶2∶1　　　C.3∶5∶1　　　D.13∶2∶1

（5）观察南瓜果实的颜色遗传图解，据图 5-15 回答下列问题。

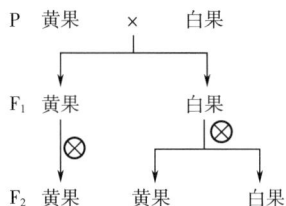

P　黄果　×　白果

F₁　黄果　　　　白果

F₂　黄果　　黄果　　白果

图 5-15　南瓜果实颜色遗传

①南瓜果实的黄色和白色是一对相对性状吗？_____。判断的依据是_____。

②果实的颜色中属于显性性状的是_____，判断依据是_____。

③F₁ 中出现黄果和白果，属于性状分离吗？_____。判断依据是是_____。

④假如 F₁ 中一株白果南瓜植株自交后结了 4 个南瓜，一定是 3 个白果、1 个黄果吗？_____。判断依据是_____。

⑤遗传学中常用豌豆做实验材料，它的优点有_____（写出 2 点）。

（6）某植物亲本 AA 占 1/3，Aa 占 2/3，求自交子代不同遗传因子组成出现的概率？自由交配子代不同遗传因子组成出现的概率？

【效果评价】

效果评价见表 5-17。

表 5-17　效果评价 1

评价标准	分值	评价结果	亮点和不足
学生查阅资料是否充分？是否掌握了豌豆的主要优点	15 分		
是否认真阅读教材	15 分		
听课状态如何？能否认真听讲	20 分		
能否积极参与讨论，勇于发表自己的见解，大方展示本组讨论成果	20 分		
能否根据所学解决实际问题	30 分		

注　<60 为不及格；60~70 为及格；70~80 为良好；>80 为优秀。

【学后反馈】

1. 通过本节课你的收获（表 5-18）

表 5-18　课堂收获 1

维度	名称	包含哪些要点	列举与之有联系的内容
概念			

维度	名称	包含哪些要点	列举与之有联系的内容
方法			
思维			
其他			

2. 对于本节课你还有哪些疑惑（表5-19）

表5-19　课后疑惑1

维度	名称	在哪个环节有疑惑	如何解决
概念			
方法			
思维			
其他			

（二）孟德尔的豌豆杂交实验（二）

【学习目标】

生命观念：自由组合定律的基本内容。

科学思维：通过规范、熟练地书写遗传图解，理解孟德尔所做的两对相对性状的研究过程。

科学探究：通过对两对相对性状杂交实验过程的分析，学会由简入难的分析解决问题。

社会责任：能够用自由组合定律去预测杂交后代的性状，解释生产生活中的有关遗传现象。

【重点、难点】

重点：两对相对性状杂交实验的研究过程。

难点：用自由组合定律解决遗传上的问题。

【设计分析】

设计分析见表5-20。

表5-20　知识设计2

目标序号	知识维度	认知水平维度					
		记忆/回忆	理解	应用	分析	评价	创造
1	概念性知识	√	√				
2	程序性知识	√	√	√	√	√	√
3	事实性知识	√	√				

【评价任务】

（1）完成任务1：叙述孟德尔两对相对性状杂交实验的过程（知识目标2，检测目标1）。

（2）完成任务2：假如你是孟德尔，请依据一对相对性状杂交实验的假说内容，提出两对相对性状杂交实验的假说（知识目标1，检测目标2）。

（3）完成任务3：针对假说内容，小组讨论，完成学案填写（知识目标2、3，检测目标2）。

（4）完成任务4：尝试书写一下演绎推理、实验验证中测交的遗传图解（知识目标2，检测目标3、4）。

（5）完成任务5：总结孟德尔成功的原因（知识目标3，检测目标5）。

（6）完成任务6：应用自由组合定律的有关知识，解决生活中的遗传学问题（知识目标2、3，检测目标6、7、8、9）。

【设计意图】

（1）通过用语言叙述孟德尔两对相对性状杂交实验的过程，培养学生表达能力和规范的过程讲解能力。

（2）通过扮演孟德尔演讲，培养严谨的逻辑思维能力，增强自豪感、使命感。

（3）通过小组讨论，完成假说内容的填写，有助于学生理解相关过程，规范答题，培养学生深入思考问题的意识，使知识细化，从而突出重点，突破难点。

（4）通过书写测交过程的遗传图解，使学生掌握遗传图解书写的要点，明确知识内在的联系，培养学生由表及里的分析现象，解决问题。

（5）通过总结孟德尔成功的原因，树立榜样，养成严谨的科学态度，懂得探究真理的艰辛。

（6）设计有梯度的习题训练，使所学知识能够应用于生产实践，学以致用，培养社会责任。

【学习过程】

课前准备：复习分离定律的相关知识，重新梳理假说-演绎法的基本流程。预习新知，完成预习学案。

学习过程：创设情境，导入新课。

萧伯纳和女演员，假设他们俩真的结婚了，那么他们的孩子可能出现几种情况？美和丑、聪明和愚钝是两对相对性状，那两对相对性状是怎么遗传的呢？

情境材料：孟德尔观察花园里的豌豆植株发现就子叶颜色和种子形状来看，包含了两种类型：一种是黄色圆粒的，另一种是绿色皱粒的（图5-16）。

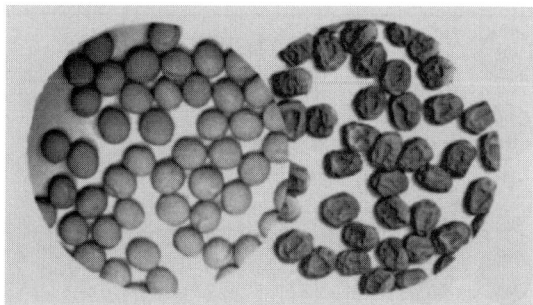

图5-16　豌豆外形

任务创设，引领主线。

任务1：

用语言叙述孟德尔两对相对性状杂交实验的过程（图5-17）。

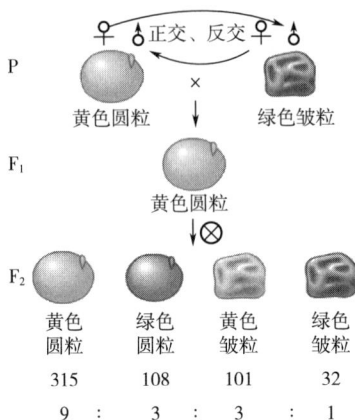

图5-17 杂交实验

思考：

（1）正交、反交的 F_1 全是黄色圆粒，说明了什么？

（2）F_2 与亲本不同的性状组合是什么？

（3）F_2 中的黄圆：黄皱：绿圆：绿皱＝9：3：3：1，从数学的角度分析，9：3：3：1与3：1能否建立数学联系？你有什么启示（图5-18）？

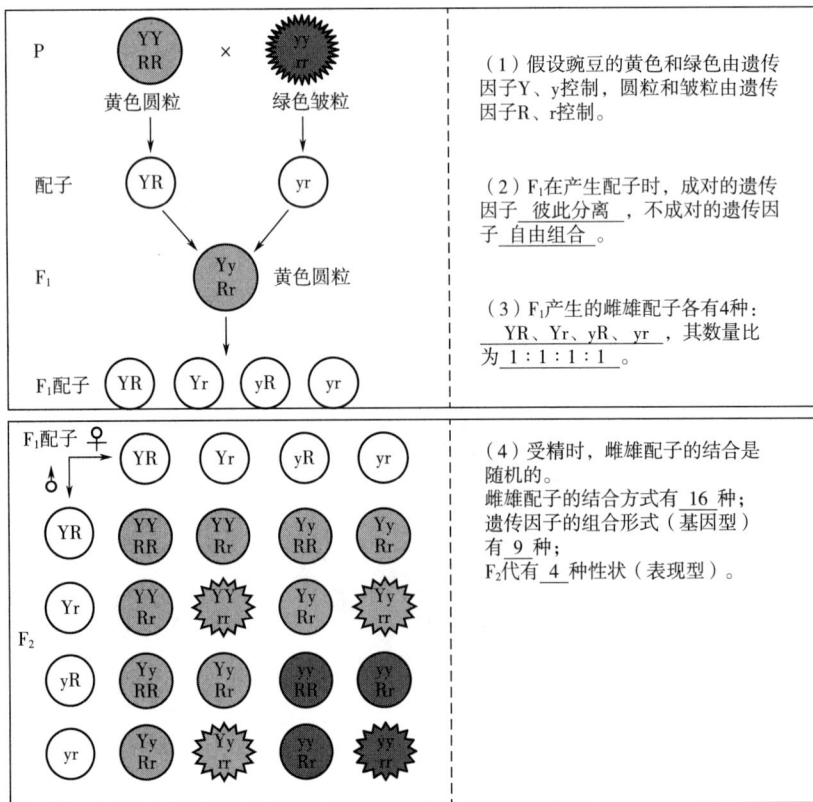

（1）假设豌豆的黄色和绿色由遗传因子Y、y控制，圆粒和皱粒由遗传因子R、r控制。

（2）F_1 在产生配子时，成对的遗传因子 彼此分离，不成对的遗传因子 自由组合。

（3）F_1 产生的雌雄配子各有4种： YR、Yr、yR、yr，其数量比为 1：1：1：1。

（4）受精时，雌雄配子的结合是随机的。

雌雄配子的结合方式有 16 种；

遗传因子的组合形式（基因型）有 9 种；

F_2 代有 4 种性状（表现型）。

图5-18 豌豆杂交

（4）不同性状之间发生了新的组合，是否控制两对相对性状的遗传因子也发生了组合呢？

任务2：

假如你是孟德尔，请依据一对相对性状杂交实验的假说内容，阐述一下两对相对性状杂交实验的假说。

任务3：

针对假说内容，小组讨论，完成填写：

亲本类型所占比例为_____，重组类型所占比例为_____。

双显性个体占_____，纯合双显性个体占_____，双隐性个体占_____。

能稳定遗传的个体占_____。

遗传因子组成为YyRr的个体占_____，遗传因子组成为YYRr的个体占_____。

黄色圆粒个体中纯合子占_____，黄色圆粒中双杂合个体占_____。

任务4：

尝试书写一下演绎推理、实验验证中测交的遗传图解（图5-19）。

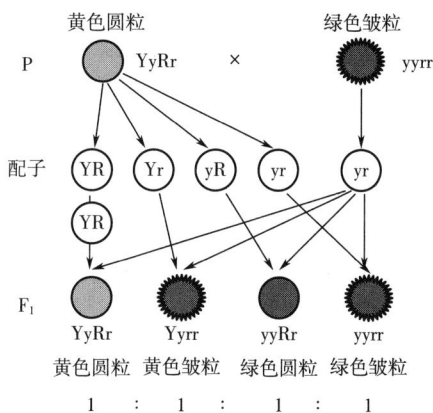

图5-19　遗传图解

任务5：

总结孟德尔成功的原因（图5-20）。

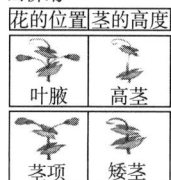

1.正确选用实验材料。

2.由单因素到多因素进行研究。

3.应用数学统计方法对实验结果进行分析。

4.科学设计实验程序。

图5-20　成功原因

任务 6：

应用自由组合定律的有关知识，解决生活中的遗传学问题。

【检测与作业】

（1）下列关于遗传定律的说法，正确的是（　　）。

A. 受精时雌、雄配子结合的机会是不均等的

B. 测交实验对推理过程中提出的假说进行了验证

C. 基因型为 AaBb 的个体自交，后代一定出现 9 种遗传因子组成和 4 种性状

D. 基因型为 Dd 的个体产生雌、雄配子的比例为 1：1

（2）孟德尔利用假说—演绎法发现了遗传的两大定律。其中在研究两对相对性状的杂交实验时，针对发现的问题，孟德尔提出的假说是（　　）。

A. F_1 形成配子时，每对遗传因子彼此分离，不同对的遗传因子自由组合，F_1 产生四种比例相等的配子

B. F_1 表现显性性状，F_1 自交产生四种性状不同的后代，比例是 9：3：3：1

C. F_1 产生数目和种类均相等的雌、雄配子，且雌、雄配子结合机会相同

D. F_1 测交将产生四种表型的后代，比例为 1：1：1：1

（3）涉及两对自由组合的等位基因遗传时，分析子代基因型常用棋盘法。图 5-21 表示具有两对相对性状的纯合亲本杂交，分析 F_2 基因型时的棋盘格。下列说法错误的是（　　）。

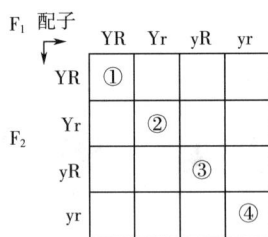

图 5-21　纯合亲本杂交

A. 该方法的原理是受精时雌雄配子随机结合

B. ①~④代表的基因型在棋盘中各出现一次

C. 该杂交过程所选择的亲本基因型一定是 YYRR×yyrr

D. ②代表的表型出现的概率与③代表的表型出现概率相同

（4）图 5-22 为某同学书写的玉米杂交遗传图解。下列对该遗传图解的评价错误的是（　　）。

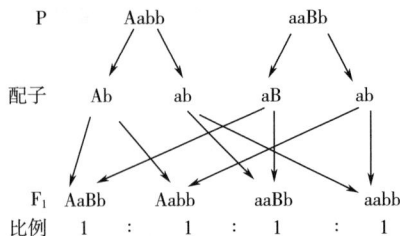

图 5-22　玉米杂交

A. 该遗传图解书写完全正确

B. 还应加入杂交符号

C. 还应标注出亲代、子代的性状

D. 配子的结合方式都正确

（5）以下说法正确的是（　　）。

①正确选用实验材料

②采用从一对到多对相对性状的研究方法

③应用统计学方法分析实验结果

④设计测交实验进行验证

A.②③④　　B.①②③　　C.①③④　　D.①②③④

（6）豌豆子叶的黄色（Y）对绿色（y）为显性，种子的圆粒（R）对皱粒（r）为显性，两亲本杂交得到 F₁，其表现型如图 5-23 所示。下列叙述错误的是（　　）。

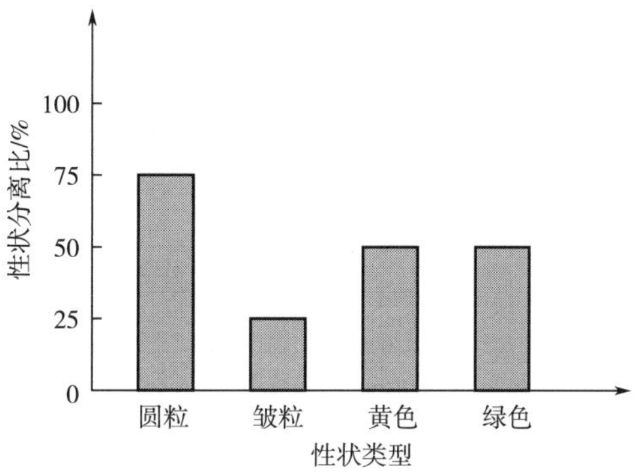

图 5-23　F₁ 表现型

A. 亲本的基因组成是 YyRr、yyRr

B. F₁ 中表现型不同于亲本的是黄色皱粒、绿色皱粒

C. F₁ 中黄色圆粒豌豆的基因组成是 YyRR 或 YyRr

D. F₁ 中纯合子占的比例是 1/2

（7）孟德尔利用"假说—演绎法"发现了两大遗传定律。下列相关叙述错误的是（　　）。

A. 孟德尔假说的内容之一是"生物体能产生两种（或四种）类型的雌雄配子"

B. 孟德尔发现的遗传规律并不能解释所有进行有性生殖的生物的遗传现象

C. 孟德尔作出的"演绎"是 F₁ 与隐性纯合子测交，预测后代产生 1∶1 的性状分离比

D. 在豌豆杂交、自交和测交的实验基础上提出问题

（8）豌豆高茎（D）对矮茎（d）为显性，圆粒（R）对皱粒（r）为显性。两株高茎圆粒豌豆品种进行杂交，得到的子代均为高茎，但约有 1/4 的子代表现为皱粒。下列表示该两株杂交亲本基因型组合正确的是（　　）。

A. DDRR×DDRr　　　　　　　　B. DdRR×DdRr

C. DDRr×DdRr　　　　　　　　D. DDRR×DdRr

（9）纯合黄色皱粒豌豆与纯合绿色圆粒豌豆杂交，F₁ 全为黄色圆粒。F₁ 与某品种杂交，后代为四种表现型：黄色圆粒、黄色皱粒、绿色圆粒、绿色皱粒，它们的比例为 1∶1∶1∶1。以 Y、y 表示粒色，以 R、r 表示粒型。请回答下列问题：

①F$_1$的亲本黄色皱粒的基因型是_____，亲本绿色圆粒的基因型是_____，某品种的基因型是_____。

②某品种与F$_1$的杂交方法，在检验未知基因型的品种时常常采用，这种方法通常叫_____。豌豆常作为遗传实验材料的原因是_____（至少写出2点）。

③若F$_1$自交，产生的F$_2$应有_____种表现型。若F$_2$中的黄色皱粒为360粒，那么，在理论上，绿色圆粒的应有_____粒，其中纯合体的绿色圆粒应有_____粒。

【效果评价】

效果评价见表5-21。

表5-21 效果评价2

评价标准	分值	评价结果	亮点和不足
学生能否根据两对相对性状的杂交图解，叙述杂交过程？语言表达是否准确	15分		
能否认真参与讨论？讨论效果如何？假说内容是否全面	15分		
遗传图解绘制是否准确	20分		
听课状态如何？能否认真听讲？参与度如何	20分		
本节课整体效果如何	30分		

注 <60为不及格；60~70为及格；70~80为良好；>80为优秀。

【学后反馈】

1. 通过本节课你的收获（表5-22）

表5-22 课堂收获2

维度	名称	包含哪些要点	列举与之有联系的内容
概念			
方法			
思维			
其他			

2. 对于本节课你还有哪些疑惑（表5-23）

表5-23 课后疑惑2

维度	名称	在哪个环节有疑惑	如何解决
概念			
方法			
思维			
其他			

（案例来源：哈尔滨市第一二二中学校王英、张庆春）

案例评析

本学历案设计思路清晰，重点突出，能够通过一系列活动的设计突破难点，培养学生的生命观念、科学思维、科学探究、社会责任等生物学素养。设计体现了活动化、探究化、问题化、情境化、评价化。整个过程任务引领，并以学生为主体。

通过与上节课有关的问题开场，体现了知识的关联性、延续性，也说明上一节课的内容是这节课知识的基础，能够让学生带着疑问继续探究新知。

十个渐进式任务的设计，有条不紊、目标明确。其中，用语言叙述孟德尔两对相对性状杂交实验的过程，培养了学生看图说话的语言概述和表达能力，符合高校选拔人才的标准，提高了学生准确运用科学语言叙述过程的能力。人物模拟、发表假说环节，培养了学生的科学思维，也让学生体验到了科学家的使命感、责任感、自豪感。书写测交的遗传图解的设计，培养了学生的动手绘图能力、梳理知识的能力，从而夯实了遗传图解的规范书写，明确了书写中的必备项目、注意事项。学生自主总结孟德尔成功的原因，懂得了科研的必备条件，以及科研工作者的必备品格，学会了基本的科学研究的方法，树立了榜样，培养了社会责任。15道习题的设计有的放矢，与设计的任务需要达成的目标紧密呼应，整个设计浑然一体。

历案设计细致全面，全方位对学生的核心素养进行了培养，渐进式的问题设计使学生更容易达到目标，让学生在活动中有所收获，在讨论中培养团队意识和合作精神。

第二节　课时教学设计案例

《细胞膜的结构和功能》

一、教学目标

（1）能运用结构与功能相适应的观点，阐明细胞膜的分子组成、结构特点与其保持细胞环境相对独立、控制物质进出细胞，以及细胞间信息交流等功能的适应关系。

（2）基于给定的生物学事实，运用归纳与概括、模型与建模等科学思维方法，尝试构建细胞膜结构模型。

（3）分析科学史料获取信息，尝试依据实验现象进行推理分析、得出结论，学习科学探究的基本思路和方法。

（4）尝试运用细胞膜的功能特性解决现实生活问题；关注与细胞膜相关的研究进展，能够对其研究的科学性，以及价值做出自己的判断。

二、教学重点和难点

1. 教学重点

（1）细胞膜流动镶嵌模型的内容及结构特点。
（2）细胞膜的功能及在现实生活中的应用。

2. 教学难点

（1）探究细胞膜成分和结构的科学史料的分析。
（2）建立细胞膜结构与功能相适应的观点。
（3）构建细胞膜物理模型的设计和实施。

三、教学设计思路

"细胞膜的结构和功能"是人教版普通高中生物学必修1《分子与细胞》第3章"细胞的结构和功能"第1节的内容，包括细胞膜的功能、对细胞膜结构的探索和流动镶嵌模型的基本内容。本节课围绕科学探究和模型构建两个教学活动，采用"问题主导式"教学模式，结合教材中"对细胞膜成分的探索""对细胞膜结构的探索"的相关科学史料，优化问题情境的设计，运用问题串层层递进，引导学生沿着科学家的足迹，体验对细胞膜成分与结构的探索历程，亲身感受科学研究的思路方法、技术发展和不断超越前人的批判性思维方式，以及勇于探索的科学精神，理解磷脂分子的结构及其排列方式对于实现细胞膜功能的重要意义。在重温科学发展史的同时，不断激发学生优化细胞膜结构的欲望，鼓励学生设计、构建细胞膜结构的物理模型。学生通过绘制磷脂分子在水面上和水中的排列情况的示意图初步建立对磷脂分子层的认识，然后利用乒乓球、废弃药丸盒、橡皮泥、硬纸片、铁丝等材料动手构建细胞膜的物理模型，最后在成果的汇报与交流中进行模型的修正和完善进而归纳总结物理模型建构的一般方法，增加对模型和建模的理解，同时领悟科学在质疑与创新中不断发展，认同科学理论的形成是一个科学思维和技术手段不断修正与完善的过程。

四、教学实施（表5-24）

表5-24 教学实施

学习阶段	教师活动	学生活动	设计意图
导入新课 借助科学史，探究细胞膜的成分 体验细胞膜结构的探索、绘制细胞膜的结构模型 搭建平台、动手制作细胞膜的结构模型	出示"问题探讨"中台盼蓝染液染色后的死细胞和活细胞图片，引导学生关注染色结果出现差异的原因，导入新课 指导学生阅读教材第40~41页，PPT出示思考题：细胞膜具有什么功能？细胞间信息交流的方式有哪些 【活动一】引导学生分析"对细胞膜成分的探索""对细胞膜结构的探索"科学发展史资料，理解磷脂分子的结构及其在细胞膜中的排列方式 资料1：欧文顿的实验（教材第42页） 问题情境1：根据欧文顿的实验现象，你能否对细胞膜的成分做出合理的假设 问题情境2：这样的假说是通过将膜成分提取出来加以鉴定还是对现象的推理分析 问题情境3：在提出这个假说后，还有没有必要对膜的成分进行提取、分离和鉴定 问题情境4：欧文顿的上万次实验给了你什么启示 教师对学生的讨论、交流做出评价并进一步说明：科学家通过对细胞膜进行化学分析得知，组成细胞膜的脂质有磷脂和胆固醇，其中磷脂含量最多 【活动二】展示磷脂分子的结构图（教材第42页），介绍磷脂分子的特点，引导学生分析在"空气—水"界面磷脂分子的分布情况，指导学生初步构建磷脂单分子层和磷脂双分子层的模型 任务驱动：请根据磷脂分子的特点，画出磷脂分子在水面上和水中的排列情况 教师巡视指导，及时评价总结 资料2：荷兰科学家戈特和格伦德尔的实验 问题情境5：通过这个实验，科学家做出了什么推断	分析活细胞不被染色的原因，形成对细胞膜功能的初步认识 阅读教材，分析图片信息、归纳细胞膜的功能 阅读教材 以小组为单位对问题进行分析、讨论。通过小组间交流、评价、修正，得出结论：细胞膜是由脂质组成的 感受科学探究的思路方法，体会严谨求实的科学精神 分析在"空气—水"界面磷脂分子的头部和尾部的分布方向，尝试绘制磷脂分子在水面上形成的单分子层和在水中围成的双分子层 小组间展示构建的模型、交流、评价	激发学生求知的欲望、导入新课 建构细胞膜功能的概念，培养学生获取信息的能力 通过展示科学史资料、创设问题情境及任务驱动、引导学生逐步分析实验现象得出结论，加深对细胞膜成分和结构的理解。认识到假说是在实验和观察的基础上提出的，还需要进一步通过实验来证明 训练学生获取信息、归纳与概括的能力，落实学科核心素养 引导学生构建模型，加深对磷脂分子结构的理解，为构建细胞膜的结构模型奠定基础。同时也帮助学生更好地理解细胞膜为什么由磷脂双分子层构成 利用科学史资料为学生的猜想提供依据。鼓励学生大胆推测、勇于探索的科学精神，培养批判性思维、创新性思维，落实核心素养

续表

学习阶段	教师活动	学生活动	设计意图
导入新课 借助科学史，探究细胞膜的成分 体验细胞膜结构的探索、绘制细胞膜的结构模型 搭建平台、动手制作细胞膜的结构模型	【活动三】借助科学发展史，深入探索细胞膜的结构，对已构建的模型进行修正和完善。让学生自选材料制作细胞膜的结构模型，并展示交流 资料3：英国学者丹尼利和戴维森的发现（教材第42页） 问题情境6：丹尼利和戴维森的实验说明了什么 过渡：脂质和蛋白质等成分是如何组成细胞膜的呢 资料4：罗伯特森在电镜下看到了细胞膜清晰的暗—亮—暗的三层结构。他大胆地提出了细胞膜模型的假说（教材第43页） 资料5：人鼠细胞融合实验 基于以上材料的分析，总结辛格、尼科尔森提出的流动镶嵌模型的内容 任务驱动：利用实物构建细胞膜的物理模型并展示交流 提供材料：乒乓球、橡皮泥、硬质片、铁丝、废弃药丸盒、废弃纸箱、剪刀、彩笔、胶水等 活动准备：设计活动记录表和活动评分表 要求：自选材料，制订建模方案，展示模型并交流本组的建模特色 教师适时指导，及时评价，引导学生归纳模型建构的方法	获取信息，证实猜想：细胞膜中的磷脂分子排列为连续的两层 通过阅读资料，认识到细胞膜的成分还有蛋白质 从资料中获取信息，不断修正、完善细胞膜的模型图，各小组展示修正后的模型图 分析实验得出细胞膜具有流动性 尝试用流动镶嵌模型解释细胞膜的功能 各小组自选材料，设计模型制作方案，动手制作细胞膜的结构模型 小组间展示并交流，修正模型 总结模型建构的方法和注意事项	搭建建模平台，增强活动的体验感，激发求知欲望 感受科学家的探索历程，让学生领悟到科学探索永无止境，要在继承与修正的过程中不断完善 鼓励学生运用所学知识解释生命现象，学以致用 通过模型建构及交流，培养学生的科学思维和合作精神，提高动手实践的能力和语言表达能力，提升学科核心素养

五、教学板书（图5-24）

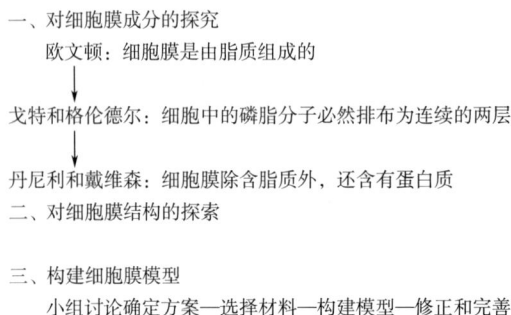

一、对细胞膜成分的探究
　　欧文顿：细胞膜是由脂质组成的

戈特和格伦德尔：细胞中的磷脂分子必然排布为连续的两层

丹尼利和戴维森：细胞膜除含脂质外，还含有蛋白质
二、对细胞膜结构的探索

三、构建细胞膜模型
　　小组讨论确定方案—选择材料—构建模型—修正和完善

图5-24　板书设计

（案例来源：牡丹江市第一高级中学梁红艳）

案例评析

本案例的教学注重培养学生的科学思维能力，整节课通过"资料分析""模型与建模"等教学活动的设计，引导学生基于事实和证据，运用科学思维的方法，分析、解决实际问题，发展学生的学科核心素养。教师精选科学史料，采用"问题探究式"教学模式，精心设置问题情境，激发学生学习的热情和探索新知的欲望，引导学生重温"对细胞膜的成分和结构的探索"科学发展史，感受科学探索的艰辛历程，认识科学发现的一般规律及科学技术的进步对科学的发展所起的重要作用，既实现了科学探究能力的培养，又落实了生物学学科核心素养。

（1）创设真实情境、激发科学思维。教学中，教师基于学生现有的知识结构和认知水平，创设问题情境，以科学史料为背景引导学生分析经典实验，学生依据磷脂分子的特点，分析在"空气—水"界面磷脂分子的头部和尾部的分布方向，尝试绘制磷脂分子在水面上和水中的分布情况，帮助学生建立磷脂分子层和磷脂双分子层的概念，为学生很好地理解细胞膜的流动镶嵌模型做好了铺垫。同时，学生以事实为依据，大胆猜想，逐步构建"磷脂分子层—磷脂双分子层—细胞膜的结构模型"，由浅入深，符合学生的认知水平和认知规律，降低了知识的难度，巧妙地突破了教学难点。

（2）搭建建模平台，促进科学思维的发展。模型建构的任务驱动不仅助推了学生的演绎与推理、模型与建模等思维的发展，激发了学生对生物学的兴趣，也有利于培养学生的想象力、创造力，提高动手实践的能力。模型构建教学的关键在于课堂教学的组织，本节课实验材料的自主选择为学生留出了创造的空间，活动记录表和活动评分表的设计可以让学生清晰地看到作品存在的问题，认识自身的不足，及时反思和改进。在资料分析、讨论交流、动手实践和不断地探索中引导学生在构建模型的基础上不断修正和完善，进而归纳总结模型建构的一般方法，实现了批判性思维的培养。

（3）任务驱动学习，落实核心素养。发展学生核心素养是高中生物学新课程的主要目标，要通过课堂教学来落实。模型教学是一种有效的教学手段，本节课的教学关注学习活动的设计，应用"情境—建模"教学策略开发学生的科学思维能力，有利于学生形成清晰的生物学概念，以及创新思维和批判性思维的发展，是较高层次的思维活动。学习过程中每一个建构过程的完成，都是学生发现自我、实现自我价值的机会，每个模型的建立都需要严谨、诚实的科学态度和坚持不懈的科学品质。学生最初接受建模教育、参与建模活动时往往是被兴趣所吸引，在建模的过程中会遇到很多困惑，慢慢体会到科学探索的艰辛，在模型修正和完善的过程中会逐渐领悟到科学探索是永无止境的，很好地落实了生物学学科核心素养，体现了学科育人的功能。

《细胞核的结构和功能》

本节课的教学过程中将通过科学资料的深度剖析和模型的建构全面探究"细胞核的结构和功能",旨在落实"高思辩"的教育理念。具体教学设计过程将从以下几方面进行阐释。

一、设计理念

本节课在设计时以落实新课标中生物学学科核心素养为宗旨,通过一系列学生活动倡导探究式学习,旨在促使学生能够主动的建构关于细胞核结构与功能的关系,培养学生形成良好的科学思维,发展"结构与功能观相适应"的生命观念,尝试以概念建构的教学模式打造高互动的生物学课堂。

二、教材分析

本节内容为必修 1《分子与细胞》的第 3 章"细胞的基本结构"中的第 3 节"细胞核的结构和功能"。本节内容位于第 1 节"细胞膜的结构和功能"及第 2 节"细胞器之间的分工合作"之后,有助于学生从整体认识细胞结构且使学生初步感受到了生物体结构与功能相适应的观点,同时在学习了第 2 章"组成细胞的分子",使学生们也具有了生命的物质观。本节课的内容也是学生学习细胞增殖、生物遗传与变异等的重要基础。

三、学情分析

学生在初中阶段已经学习过克隆羊多利,进入高中后又学习了真核和原核细胞的比较、核酸的分子结构等,都为本节课奠定了一定的知识基础。对于刚刚走进高中的学生,尽管学习了两章的内容,但生物学的学习方法还没有掌握。不过,他们有强烈的求知欲和对生物学学科的学习兴趣,可在教师的引导和帮助下,逐步提高学生的学习能力及科学的思维方式,发展学生的生物学学科核心素养。

四、教学目标

确立依据:依据课程标准大概念——细胞是生物体结构与生命活动的基本单位;重要概念——细胞各部分结构既分工又合作,共同执行细胞的各项生命活动。次位概念——阐明遗传信息主要储存在细胞核中。进行分析确立如下教学目标。

(1)生命观念:通过细胞核的结构和功能的学习,学生形成结构与功能相适应的观念。

(2)科学思维:基于对细胞核结构的学习,学生用建模的科学思维方法认识事物、解决生活中的实际问题的思维习惯。

(3)科学探究:对细胞核功能的探究中,学生针对实验过程,进行观察、提问、分析实验方案及对实验结果的分析,掌握科学探究的基本思路和方法。

(4)社会责任:通过细胞核是细胞遗传和代谢的控制中心,学生在感受细胞核的功能的同时,体会到各民族的和谐统一,增强民族自豪感。

五、教学重难点

重点:细胞核的功能,细胞核的结构。

难点：细胞核功能的探究，制作细胞核结构模型。

六、教法与学法

教法：合作探究法、模型建构法、任务驱动法。
学法：阅读法、深度学习法、概念建构法。

七、课时安排

1 课时。

八、教学过程

【情境创设】

自克隆羊多利诞生以来，科学家先后克隆了多种动物，但和人类亲缘关系最近的动物一直没有成功，这个世界级难题于 2017 年的 12 月被我国率先攻破，这是证明中国科技水平走在世界前列的重大成果，我们来看一下它们的视频。在初中同学们已经学习了克隆羊多利的诞生过程，那大家推测一下中中和华华与哪只猴的性状基本相同？（学生踊跃回答，引出细胞中也有这样的角色——细胞核）

【议题一】　细胞核的功能

1. 任务驱动

（1）阅读科学家的四组探究细胞核功能的实验。

（2）根据美西螈的核移植实验，结合预习案的资料 1 小组讨论美西螈的肤色是由细胞核控制的还是细胞质控制的？

（3）根据蝾螈受精卵横溢实验，结合预习案的资料 2 小组讨论图 1 到图 2 做了什么处理？产生的结果是什么？此结果得出什么结论？

（4）根据变形虫去核及核移植实验，结合预习案的资料 3 小组讨论该实验能得出什么结论？细胞核或细胞质单独存在时，都很快死亡，这说明什么？

（5）根据伞藻嫁接和核移植实验，结合预习案的资料 4 小组讨论以下问题。

①伞帽的形状由假根决定还是由伞柄决定？

②该实验是如何设置对照的？

③根据嫁接实验能否得出"伞帽的形状由细胞核决定"这一结论？为什么？

④如何设计实验证明伞帽的形状与细胞核的关系？

设计意图：学生在自主学习时常常是盲目的，对知识的获取度较低。教师在解决这个问题时，通过设置问题系统，让学生明确具体的学习任务。在这些问题的任务驱动下，学生详细阅读教材，培养独立学习，思考分析的能力，能够初步总结概括出自己得出的结论。

2. 深度学习

（1）你认为美西螈实验结果可靠吗？应如何改进？

（2）蝾螈受精卵横溢实验是怎样进行对照的？

（3）变形虫去核及核移植实验又是如何对照的呢？

（4）伞藻嫁接和核移植实验中不进行核移植的实验可行吗？

设计意图：实验设计是学生面临的难点和重点。如何让学生掌握实验设计方法，遵循实验设计的原则，在这些问题突破时，采用小组合作交流的教学方法，对实验进行深度探究，培养学生实验设计的科学探究思维，加深了学生对细胞核功能的理解。

3. 概念建构

设计意图：在四组探究细胞核功能的实验学习中，通过学生独学到学生互学，学生能够初步总结出细胞核的功能，教师尝试让学生总结概括，并进行点拨修正，培养学生概念建构的能力。

细胞核的功能：细胞核控制着细胞的形态结构，也控制着细胞分裂分化和新陈代谢等活动。细胞核是细胞代谢和遗传的控制中心。

我们知道，有什么样的结构就会决定什么样的功能，那么是什么样的结构决定了细胞核有这样的功能呢？这可以激发学生对细胞核结构的探究欲望。

【议题二】 细胞核的结构

1. 任务驱动

（1）利用橡皮泥、黏土等材料制作细胞核结构模型，并能利用模型说出细胞核的各个组成结构。

（2）利用扭扭棒模拟演示染色质与染色体的关系。

设计意图：细胞核的结构是微观的，如何让学生更好地感知其结构，教学时可采用模型制作的方法，学生一边制作一边加强了对各个结构的识记，同学们在对各组模型进行比较时，会激发学生思考并提出自己的疑惑，为深度探究作铺垫。

2. 深度学习

（1）染色体与染色质的关系？

（2）染色体是显微结构还是亚显微结构？

（3）核糖体的形成一定与核仁有关吗？

（4）大分子是否都能通过核孔？说明了什么？

设计意图：教师通过设计深度学习的问题，引发学生的思考，使学生的思维由低阶思维向高阶思维发展，进一步加深对各个概念内涵和外延的理解。

3. 概念建构

学生绘制细胞核的结构模式图。

设计意图：通过学生绘制细胞核的结构模式图，建构细胞核的结构组成，同时进一步加深结构和功能相统一的观念。

【议题三】 尝试制作真核细胞的三维结构模型

1. 任务驱动

（1）什么是模型？

（2）模型的种类及实例。

设计意图：通过学生阅读，初步识记模型的种类，并且能够举例说明。

2. 深度学习

制作真核细胞的三维结构模型。

设计意图：用教师提供实验材料进行小组内的探究实践活动，在制作细胞核结构模型的基础上制作真核细胞的三维结构模型，学生展示交流成果。组内同学相互合作，可以提高课堂效率；使学生们能对细胞内的结构产生整体认识，认同结构功能观，增强学生的团队合作意识；是对学生进行家国情怀教育的好时机，学生会形成强烈的社会责任感。

细胞作为基本的生命系统，其结构复杂而精巧；各组分之间分工合作成为一个整体，使生命活动能够在变化的环境中自我调控、高度有序地进行。就像我们的祖国，在党中央的统一部署下，各级职能部门各司其职，使我们国家不断强大，增强学生们的民族自豪感和爱国情怀，树立报效祖国、服务于民的伟大理想。

3. 学业评价

根据学生的个体差异性设置与本课时基础知识相关的习题加以巩固练习。

九、板书设计

尝试让学生绘制个性化的概念图（图 5-25）。

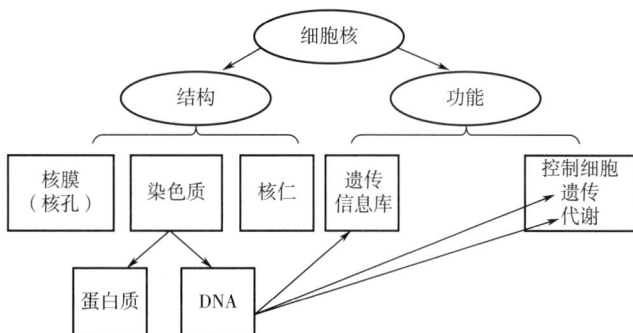

图 5-25 概念图

十、教学评价

诊断性评价：解决完成导学案中的知识点填空，回归教材，解答教材中的练习与应用，并链接高考考点，准备一些与本节课有关的经典例题、历年高考试题等。考查学生对本节课知识的掌握情况。

1. 形成性评价

A 级（加一分）：能够说出细胞核的功能；能够描述细胞核的各个基本结构。

B 级（加二分）：能够根据所学内容绘制出概念图，以此评价学生的理解程度。

C 级（加三分）：会制作真核细胞细胞核模型，并能说明模型中各个部分所发挥的作用。

2. 总结性评价

绘制细胞基本结构的思维导图，并对作业习题及单元检测成绩进行分析汇总，对学生出现的问题及时进行纠正。

十一、教学反思

（1）本节课，教师尝试用概念建构的教学模式进行教学，创设大概念下的问题情境，激发学习兴趣，引出主题，提升学生的爱国情怀。

（2）通过三个小议题对教材知识进行整合，同时以任务驱动的方法激发学生在自主学习、合作探究的过程中去获得对概念的建构，使学生能多角度的思考问题，培养学生的思维能力、语言表达能力和团结协作意识，通过实验的总结引导了学生体会科学家的不易，提升学生对生命科学的敬畏之心。

（3）通过模型的建构及在课上同学之间的交流展示，加深印象，辅助理解，发挥学生的主观能动性，增强学生的直观感受，培养了学生的实践操作能力和鉴赏能力。使学生认同细胞是一个统一的整体的观点，落实核心素养，形成结构与功能相适应的观点。

（4）本节课也存在很多不足。例如，对建构模型时，教师材料的准备不够丰富，应给予学生更多想象和创造的空间；还应增加学业评价的等级试题，对学生的学习程度加以甄别。在后续的教学中，教师应加以改进，使生物课堂教学更为优化，努力做到为党育人，为国育才。

（案例来源：牡丹江市第二高级中学张健）

案例评析

新课程倡导"自主、合作、探究"的学习模式，而高中学生的思维水平、学习能力已经发展到较高阶段，乐于并有能力接受自主探究的学习模式。此案例的设计充分应用了该学习模式。首先，通过创设情境，"中中""华华"克隆猴的案例导入，让学生自己体验、感悟知识发生、发展的过程，培养学生分析问题、解决问题的能力。伞藻的嫁接、核移植本质上并不难，在学习的过程中，教师通过设置的问题系统，使学生能够明白细胞核的控制作用，有效突破本节课难点。其次，给学生创造活动的机会。通过课前的查找资料和课上制作真核细胞模型的活动，全体学生积极参与，学生充分地融入课堂，调动了学生的积极性。课堂改变了传统的单一性授课模式，充分发挥了学生的动手能力，培养了学生的建模思维和建模能力。最后，教师给学生自主，个性化的学习机会。教师善于挖掘学生的潜力，鼓励他们大胆尝试。通过自学，学生自己收集各种关于细胞核功能的实例。教学设计突出了对学生能力的培养，努力将教学内容的拓展和基本能力技能的训练相结合，着力提高学生的生物学学科的核心素质，培养他们解决生活中实际问题的能力。教师的教学设计是在整个教学过程中润物细无声的培养了学生的家国情怀，增强了学生的社会责任感。

《DNA 的复制》

一、教学目标

（1）概述 DNA 通过半保留方式进行复制，阐明 DNA 分子复制的时间、过程、特点和意义。

（2）能够解释 DNA 复制方式的实验证据，运用假说—演绎法探究 DNA 分子复制的方式。

（3）基于事实和证据构建物理模型，运用归纳与概括的科学方法构建数学模型。

（4）积极参与讨论，分析 DNA 复制的生物学意义，认同 DNA 精确复制对生命的重要意义。

二、教学重点和难点

1. 教学重点

（1）DNA 半保留复制方式的实验证据。

（2）利用模型构建的方法模拟 DNA 复制过程。

2. 教学难点

DNA 复制的过程、条件、特点。

三、教学设计思路

"DNA 的复制"是人教版普通高中生物学必修 2《遗传与进化》第 3 章第 3 节的内容，包括对 DNA 复制的推测、DNA 半保留复制方式的实验证据、DNA 复制的过程三部分内容。本节课主要围绕探究"DNA 半保留复制方式"和构建"DNA 复制过程"两个活动展开，"绘 DNA 半保留复制图""析 DNA 半保留复制规律"构建模型，突破教学重难点。教学中通过创设情境，讨论交流，引导学生通过分析实验证据得出 DNA 复制的方式，把基础知识转化为探究性问题，鼓励学生不断探索。同时，利用科学发现史向学生展示科学探索的历程，让学生沿着科学家的逻辑思维路线，体验和理解知识发生、发展、形成的过程，学习科学研究的思路和实验方法，培养科学探究的精神。有关 DNA 复制过程的教学，让学生在熟悉 DNA 结构的基础上，动手构建 DNA 的复制的物理模型，在实践中加强对 DNA 复制过程、条件和特点的理解。计算复制时消耗原料的数目、分析得到子代 DNA 分子中脱氧核苷酸链的情况，总结规律，构建数学模型，加强知识间联系，培养分析问题的能力和科学思维。

四、教学实施

教学实施见表 5-25。

表 5-25　教学实施

学习阶段	教师活动	学生活动	设计意图
创设情境、导入新课	导课：从沃森和克里克的论文入手。展示"DNA 自我复制的假说"和"全保留复制"。提出问题：DNA 是以什么方式复制的呢？进入新课学习	积极思考问题，对比半保留复制和全保留复制的区别	了解知识背景，为后续的探究做好铺垫，激发学生的求知欲

学习阶段	教师活动	学生活动	设计意图
构建物理模型，模拟半保留复制和全保留复制，探究 DNA 复制方式 观看视频动画，分析 DNA 复制的条件和特点 构建模型模拟 DNA 复制的过程	【活动一】模拟半保留复制和全保留复制。（提示：注意区分亲代和子代 DNA 分子的脱氧核苷酸链，展示复制 2 次的结果） 教师巡视，及时指导 问题 1：如果将 DNA 按重量进行区分，可以得到几种 DNA 分子 问题 2：不同方式复制出的 DNA 新旧链的组合方式不同，在实验中怎样区分旧链和新链？又如何分离不同的 DNA 分子呢 教师引导学生运用假说—演绎法分析讨论不同复制方式得到的子一代、子二代 DNA 【资料分析】展示 1957 年米西尔森和斯塔尔设计的实验 引导学生分析实验过程和结果，得出半保留复制方式的结论 教师播放 DNA 复制的动画，让学生观察 DNA 的复制过程，思考：①DNA 复制需要什么条件？②DNA 复制有什么特点？③如何保证 DNA 复制的准确无误地进行？④DNA 复制的意义是什么？⑤真核细胞 DNA 复制的主要场所在哪里？是在什么时候复制 【活动二】模拟 DNA 复制的动态过程 提示：模板 DNA（平面结构）、卡纸（用于制作核苷酸、DNA 聚合酶）、剪刀（代表解旋酶）、胶带或牙签（代表氢键、磷酸二酯键用于连接相应结构）	实验材料：较重的红色导线（代表亲代 DNA 分子的单链），较轻的不同颜色的毛绒条（代表新形成的子链） 各小组选择实验材料，模拟半保留复制和全保留复制，展示得到子一代和子二代 DNA 将亲子代 DNA 按重量分类，得出三种 DNA 分子 结合已有知识提出采用同位素标记法、密度梯度离心法。并绘制两种复制方式得到的子一代、子二代 DNA 的图示 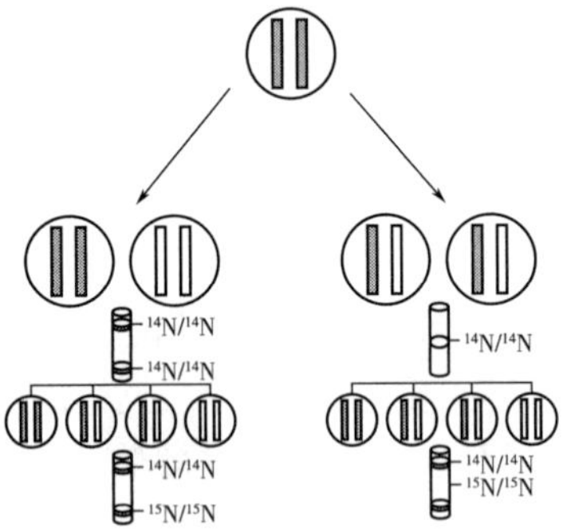 分析实验结果得出结论：子代 DNA 的双链中，一条链来自亲代（^{15}N），另一条链是新合成的（^{14}N），对比绘制的模型认同 DNA 半保留复制方式的观点 认真观察视频中的模拟动画，师生共同总结 DNA 复制的条件、特点、准确复制的原因、意义、场所和时间。在教师的引导下尝试表述 DNA 复制的过程 选择材料、群策群力、共同研讨方案，构建 DNA 复制的动态模型。各小组间展示模型并交流	用重量不同的导线、毛绒条来模拟不同的 DNA 单链，呈现不同复制方式得出的子代，直观、形象地呈现推理过程，有利于发展学生的科学思维 引导学生运用演绎推理来分析实验过程和预期结果，使学生掌握知识的同时体会实验设计的精巧之处 培养学生的观察能力、获取信息和归纳总结的能力，提升学科核心素养 构建动态模型的活动中让学生进一步了解相关酶的作用，感受解旋和子链合成的过程，训练学生思维的严谨性、培养合作精神和创新精神

续表

学习阶段	教师活动	学生活动	设计意图
分析复制结果，总结规律，构建数学模型	问题3：一个DNA分子经过 n 次复制，可产生多少个DNA分子？含有多少条脱氧核苷酸链 问题4：某DNA片段中含有腺嘌呤5个，该DNA分子连续复制3次，需要周围环境提供多少个游离的腺嘌呤脱氧核苷酸 知识延伸：某DNA片段中含有腺嘌呤 m 个，该DNA分子第 n 次复制，需要周围环境提供多少个游离的腺嘌呤脱氧核苷酸	学生由 $n=1$，$n=2\cdots$依次类推，分析得出规律：一个DNA分子经过 n 次复制，可产生 2^n 个DNA分子，含有 2^{n+1} 条脱氧核苷酸单链 根据所给信息，计算复制1次、2次、3次环境中提供的游离的腺嘌呤脱氧核苷酸的数目，进而推导出连续复制次数（n）与所需原料（S）的数量关系，构建数学模型： $$S=m\,(2^n-1)$$ 注：m 表示亲代DNA中某种碱基或脱氧核苷酸的数目 学生讨论、分析后构建第 n 次复制，需要周围环境提供游离的腺嘌呤脱氧核苷酸的数目（S）的数学模型： $$S=m\cdot 2^n$$	培养学生归纳与概括的思维品质和发现问题、解决问题的能力 基于事实总结规律有利于学生数学建模思维的形成 训练思维的严谨性，提升学生解题能力
DNA复制模型的应用	【活动三】构建DNA复制与细胞分裂相结合的模型：在细胞分裂过程中，用DNA半保留复制揭示染色体行为及DNA的变化	用不同颜色的毛线线或不同颜色的线条代表DNA分子的单链，模拟或绘制细胞分裂过程中染色体行为及DNA的变化	激发学生利用原有的知识经验，自主构建知识和概念间的联系，突破难点
课后延伸	以细胞中有1对同源染色体为例，绘制连续进行两次有丝分裂，中期和后期细胞的DNA模型		

五、教学板书

板书设计见图5-26。

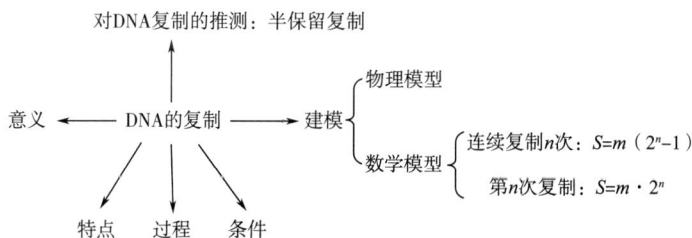

图 5-26　板书设计

六、教学反思

高中生物学新课程标准对学生科学思维发展的要求中指出：学生要能够利用图示或模型等方式，表达并阐明生物学规律和原理，以及发展趋势和结果。建构主义学习理论也认为，学习过程是学习者在一定条件下构建知识的过程，强调以学习为中心，引导学生主动探索知识、发现知识、构建新知识。教师作为课堂的组织者和引导者，应为学生搭建活动平台，借助创设问题情境、资料分析、组织建模、引导探究等多种教学手段相结合帮助学生在思考中获得知识，培养学生合作交流的能力，发展科学思维。

（案例来源：牡丹江市第二高级中学孙阿勇）

案例评析

本案例的设计体现了以学生为主体，发展学科核心素养为目标的新课程理念，既紧扣主干知识的落实，又放手引导学生探究、质疑、解疑，注重学生科学思维能力的培养。

（1）重温探究实验，助推科学思维发展。本节课的教学中应用了模型建构的方法，课堂上学生利用导线代表亲代 DNA 分子的单链，用较轻的不同颜色的毛绒条代表新形成的子链，构建物理模型模拟 DNA 分子全保留复制和半保留复制方式的探究过程，助推科学思维的发展。教学中教师善于引导学生建立知识间的联系，注重核心概念的理解，通过实例分析帮助学生树立模型与建模的思想，在活动的体验中模型建构的一般方法。通过总结 DNA 复制过程中有关计算的规律，引导学生构建数学模型，培养学生归纳与概括能力，提升学生的核心素养。"构建 DNA 复制与细胞分裂相结合的模型"的教学活动，增强了学生的体验感，有效化解了知识难点，提高学生的解题能力和实际应用能力。

（2）充分利用教学资源，有效突破重难点。本节课教学目标明确，教学活动的设计灵活，可操作性强，以问题引领，层层深入，注重学生思维的培养和能力的提升。教学中采用视频动画、资料分析、模型构建等多种教学手段相结合，让学生积极参与学习过程，明晰概念的理解及不同概念之间的联系，形成生命观念。课堂上小组成员分工明确、配合协调，教师适时点拨，答疑解惑，通过师生互动、生生互动实现了思维的碰撞，智慧的交流，展现了一节生动而活泼的生物课堂。

（3）近年来，随着信息技术的不断发展，越来越多的教师依赖于多媒体、交互白板等现代技术，忽略了对学生绘图能力的培养，进而导致学生懒于绘图、畏于绘图。本案例将绘图和实物建模等教学手段有机结合融入生物学课堂，丰富其呈现和阐释生物学现象、特征、原理和规律的表达形式，引导学生用线条绘制 DNA 复制结果的示意图，使抽象的知识直观化，更符合高中学生的认知规律。学生在绘制过程中不断地修正和完善，有利于批判性思维和创造性思维的培养。

《蛋白质是生命活动的主要承担者》

一、教材分析

本节选自人教版高中生物学必修 1 第 2 章第 4 节，包括蛋白质的功能、蛋白质的基本组成单位——氨基酸、蛋白质的结构及其多样性这几部分的内容，从宏观到微观，从形象到抽象，进而使学生形成"蛋白质是生命活动的主要承担者"这一重要概念。通过本节课的学习，学生能更好地从分子水平上认识组成细胞的化合物，为后续学习物质运输、细胞代谢等内容打下基础。因此，本节课起着承上启下的重要作用。

二、学情分析

本节课的授课对象是高一的学生。他们对生活中的蛋白质这种物质并不陌生，但是对该种生物大分子究竟是怎样形成的非常陌生，再加上此阶段的学生还没有开始学习有机化学，对共价键、化学基团的知识相当匮乏，所以在掌握氨基酸的结构、脱水缩合的过程有一定的难度。因此，在处理本节课的一些重难点时，内容要联系生活实际，适当地设置一些小游戏，加强教学直观性的同时提高课堂的趣味性，增加学生对微观知识的感性认识。

三、教学目标

生命观念：认同蛋白质功能的多样性是由其结构决定的，形成结构与功能观。

科学思维：观察不同种类氨基酸的结构式，概括出氨基酸分子在结构上的共同特点，掌握观察、比较、归纳的科学思维方法。

社会责任：通过融入"世界上第一个人工合成蛋白质的诞生"科学史，认同科学探究是一个不断发展的过程，同时激发学生的民族自豪感。

四、教学重、难点

教学重点：氨基酸的结构特点；蛋白质的形成过程；蛋白质结构与功能多样性的原因。

教学难点：氨基酸形成蛋白质的过程；蛋白质结构和功能多样性的原因。

五、教学方法

教法：情境教学法，本节课以"胰岛素的合成"为情境主线，采用情境教学策略，推动学生深入探究与思考，使生物学学科核心素养得以发展。

学法：合作探究法，小组合作，通过生生互动、师生互动的方式突破本课的重、难点。

六、教学过程

教学过程见表 5-26。

表 5-26 教学过程

教学环节	教师活动	学生活动	设计意图
情境创设，新课导入	教师展示胰岛素的图片，请学生回答问题：胰岛素有什么作用？使用胰岛素的时候如何操作？胰岛素的化学本质是什么 传统获得胰岛素的方法是从动物体内提取，缺点是产量少，成本高，那么能不能人工合成胰岛素这种蛋白质呢 其实早在 1965 年，我国就首次合成了牛胰岛素，成为世界上第一个人工合成蛋白质的国家，引导学生阅读教材"生物科学史话栏目"，用文字和箭头的形式概述蛋白质的形成过程	回答问题： 1. 治疗糖尿病 2. 注射 3. 蛋白质 认真阅读教材，思考问题	胰岛素治疗糖尿病，是学生较为熟知且容易引发讨论的生活化情境话题 通过阅读生物科学史话"世界上第一个人工合成蛋白质的诞生"的内容，初步了解胰岛素这种蛋白质的合成过程，同时激发学生的民族自豪感和学习兴趣
新知探索，启发引导 （一）氨基酸的结构	【情境延伸问题 1】 合成蛋白质的原料是什么？——认识氨基酸 【活动 1】 归纳氨基酸的结构特点。回归教材"思考与讨论"，让学生思考下列问题：①氨基酸中均含哪些元素？②氨基酸的结构中有哪些共同点？③每个氨基酸不同点在哪个位置 教师要介绍一下化学基团的名称，然后进一步引导学生对四种氨基酸的结构进行比较、求同归纳，自主构建出氨基酸的结构通式 为了方便记忆，可以把氨基酸分子比喻成人，两只手相当于氨基和羧基，两条腿代表氢原子，躯干代表中心碳原子，头代表 R 基。并且总结：氨基酸之间的区别在于 R 基不同 【活动 2】 构建氨基酸的空间结构模型。在学生认识了氨基酸的平面结构后，四个人为一个小组，利用球棍模型，尝试构建甘氨酸和丙氨酸的空间结构模型，深刻理解在书写氨基酸的结构通式时，每个化学基团可以进行上下左右颠倒	阅读教材，积极思考，回答问题 自主构建出氨基酸的结构通式 小组合作，构建氨基酸的空间结构模型	首先，让学生通过观察不同种类氨基酸的结构式，归纳氨基酸的结构通式，形成科学思维 其次，以人作类比，帮助学生更为直观形象地理解氨基酸的结构，也为后边做氨基酸脱水缩合过程的角色互动游戏打基础 最后，学生在亲手构建模型的过程中，感受氨基酸中各化学基团的连接方式

教学环节	教师活动	学生活动	设计意图
（二）蛋白质的结构及其多样性	【情境延伸问题2】 得到氨基酸这个原料之后，通过什么样的过程形成多肽呢 回顾"二糖是由两分子的单糖通过脱水缩合形成的"，明确脱水缩合的过程是一个产生水的过程。通过动画演示展示两个氨基酸通过脱水缩合形成二肽的过程 【活动3】 找四位同学分别代表四种不同的氨基酸进行角色扮演，指导学生手拉手模拟四个氨基酸脱水缩合的过程，通过增加学生人数，调换学生顺序的方式，帮助学生初步分析蛋白质结构多样性的原因，通过比较，学生不难发现，氨基酸的种类、数量、排列顺序不同会导致蛋白质的不同 【情境延伸问题3】 我们的目的是合成胰岛素，但是目前我们仅仅得到了多肽链，多肽链又需要经历怎么的过程成为蛋白质呢 播放两条肽链通过盘曲折叠形成特定空间结构的胰岛素的视频 【情境延伸问题4】 我们如何检测目前通过以上过程合成的胰岛素是成功的呢 展示科学史话中科学家们在历经几年的时间取得成功的那一瞬间开心的笑容的图片 教师总结：虽然由于种种原因，这项成果与诺贝尔奖失之交臂，但是一项科学研究成果的成功之处并不是在于取得的荣誉，而是在于为人类做出的贡献。结晶牛胰岛素的成功合成，挽救了许多患者的生命，这才是它的价值所在	学生观察动画，自行用语言描述氨基酸脱水缩合的过程 学生进行角色扮演进一步从蛋白质空间结构的角度分析蛋白质结构多样性的原因 学生积极思考，给出答案，注射到小鼠体内，监测血糖	通过角色扮演，帮助学生对蛋白质的形成过程及蛋白质结构多样性的原因建立起一个具体、直观的认知，逐步攻克本课的难点 对整堂课的探究历程进行收束，让学生体会到科学家勇于探索、坚持不懈的科学精神，增强对科学研究工作的敬畏之心
（二）蛋白质的功能	【情境延伸问题5】 胰岛素可以降低血糖，这体现了蛋白质的什么功能呢 布置任务：阅读教材内容，汇总展示蛋白质的五点功能及对应的实例 教师给出记忆口诀：狗（结构蛋白）催（催化）运（运输）面（免疫）条（调节）方便记忆	—	结构多样性必然会导致蛋白质的功能具有多样性，落实结构与功能相适应的生命观念，提升生物学核心素养
思维导图，深化知识	教师在课堂收束环节中，用思维导图的形式呈现板书内容，最终回扣本节课的主题：一切生命活动都离不开蛋白质，蛋白质是生命活动的主要承担者	和教师一起总结本课内容	通过对思维导图的梳理，学生对蛋白质的结构与功能有了更深刻地认识，并且充分发展了归纳与概括的能力，从而培养了科学思维

续表

教学环节	教师活动	学生活动	设计意图
板书设计	2.4 蛋白质是生命活动的主要承担者 		

（案例来源：哈尔滨市第一中学校张佳会）

案例评析

本节课采用"胰岛素的合成"为情境主线，以"情境—问题—活动"的模式贯穿整节课，各个问题之间环环相扣，形成问题链，推动学生思考、探究，引导学生在同一个大情境中不断发现问题、分析问题、解决问题，促进学生的深度学习。根据高一学生的心理特征，本节课设计了构建球棍模型和角色扮演的活动，放手让学生自主探索氨基酸→多肽→蛋白质的形成过程，有利于学生发现蛋白质结构与功能多样性的本质原因，以此实现构建高效课堂的效果。

《基因突变和基因重组》

一、教材解析

本节课是人教版生物必修2《遗传与进化》第5章《基因突变及其他变异》第一节内容。前四章中对"DNA的结构""DNA的复制"和"基因的本质"等问题已有了充分的认识。本章内容既是对前四章内容的延续，又是学习第6章《生物的进化》的重要基础。本节课中镰状细胞贫血的病因及结肠癌的病因的分析，有助于启发学生进行科学探究并形成生命观念。太空育种及癌症防治的分析又能激发学生的科学思维和社会责任，这些内容都为巩固学生的学科素养提供了保证。

二、学情分析

初中时学生对相关内容已有了初步了解，由于涉及的实例众多，学生也很感兴趣。基因突变的概念是较容易掌握的部分，但是其对生物影响的理解却非常抽象。基因重组与减数分裂过程的联系，在学习中一直是理解上的难点。真实生动的资料的分析，能启发学生的科学探究并发展学生的科学思维。热点问题探讨能激发学生的生命观念和社会责任。

三、教学目标

课程标准在基因突变概念、结果、影响因素和基因重组的结果相关方面提出了内容要求。而学业要求是：基于证据，论证可遗传的变异来自基因重组、基因突变和染色体变异。结合教材，确定本节课教学目标如下：

（1）通过分析镰状细胞贫血的致病机理，尝试概述基因突变的概念。

（2）通过小组讨论、分析结肠癌发生的原因及其他癌症的相关资料，尝试总结基因突变的原因，并对癌症的预防提出合理建议。

（3）通过对太空育种相关内容的分析，尝试总结基因突变的特点。

（4）通过对基因重组实例的分析，尝试举例说明基因重组的类型。

（5）通过对基因突变和基因重组的比较，尝试去理解、认同它们对生物生存、种群进化的意义。

四、重点、难点

重点：基因突变的概念、原因和结果；基因突变的意义。

难点：基因突变的意义。

五、教学方法

教法：归纳概括法、演绎推理法。

学法：合作探究法。

六、课时安排

1课时。

七、教学预设过程

教学预设过程见表 5-27。

表 5-27　教学预设过程

学习任务	教师组织与引导	学生活动及 完成情况预设	设计意图及 落实的核心素养
初识基因突变	情境一：引用视频，导入新课 视频：补血口服液广告 问：为什么说补铁补血？补铁一定能解决贫血问题吗？ 下面让我们来认识一下镰状细胞贫血	从结构和功能的关系出发，解释缺铁性贫血的原因	以轻松的广告激发学习兴趣同时引发学生对其他类型贫血的思考
建构基因突变的概念 分析基于突变的结果	情境二：镰状细胞贫血的病因分析 （展示教材图 5-1，出示下列资料） 　1910 年，赫里克医生接诊一位贫血患者。常规治疗无效后，镜检发现其红细胞不是圆饼状，而是镰刀形，后称为镰状细胞贫血 　1949 年，鲍林博士意识到，红细胞中血红蛋白分子的异常引起红细胞变形 　1956 年，科学家英格拉姆开始研究患者血红蛋白的氨基酸的排序	阅读资料，发现镰状细胞贫血依然与血红蛋白有关	实例导入，从宏观到微观，发展结构与功能观
	探究一：镰刀型细胞贫血症是怎样形成的 （展示教材图 5-2 及病因图解，布置任务） 　1. 图中的氨基酸是否发生变化 　2. 请完成病因图解，并指出该病的直接原因和根本原因 　3. 回忆皱粒豌豆的形成及囊性纤维化出现的原因，它们是否是基因突变？请概述基因突变的概念 　4. 思考：基因突变容易发生在细胞增殖的哪个时期	（小组合作） 　1. 发现谷氨酸→缬氨酸 　2. 完成图解并关注变化的因果关系 　3. 类比相关实例，概述基因突变概念 　4. 分析各时期特点，尝试描述间期突变的过程	通过分析病因的过程启发学生概述基因突变概念，同时体验科学探究及巩固结构和功能观
	探究二：碱基的替换、增添、缺失谁对蛋白质的影响更小？基因突变一定会引起性状的改变吗？ 　（PPT 动态演示增添、替换、缺失三种情况对氨基酸序列的影响，布置任务） 探究三：基因突变作为可遗传变异，一定会遗传给后代吗？ 　（布置任务、提供实例） 　1. 某镰状细胞贫血患者通过骨髓移植获得了不携带致病基因的正常红细胞，其后代还会从他获得致病基因吗？ 　2. 请总结基因突变传递给后代的方式 　（过渡） 　基因突变造成了这样一种严重的疾病，还有一种由基因突变引起的疾病也被我们广泛关注	1. 通过观看发生三种情况后的氨基酸序列，发现替换影响更小 2. 举例说出性状不变的可能原因 （思考回答） 　1. 分析正常红细胞的来源及后代的基因来源，得出答案 　2. 结合基因突变发生的细胞和繁殖方式来回答	通过说明基因突变对蛋白质及性状的影响引发学生科学思维 通过思考并举例说明基因突变传递给后代的可能性来巩固科学思维

学习任务	教师组织与引导	学生活动及 完成情况预设	设计意图及 落实的核心素养
归纳基因突变的原因	情境三：结肠癌的的病因分析 探究一：结肠癌发生的原因 （展示结肠癌发生简图、布置任务） 1. 完成第82页思考，讨论内容 2. 阅读教材，说出原癌基因和抑癌基因的作用 探究二：分析资料，尝试对预防癌症提出合理建议 问：癌症的发生与生活环境有关系吗 （出示资料、布置任务） 资料1：几种"职业癌症" ①肺癌：石棉、砷加工、煤焦油等工业。 ②膀胱癌：制革、制铝、品红制造等行业。 ③鼻咽癌：接触甲醛、石棉粉、等行业以及制革业。④淋巴瘤及白血病：接触苯、氯乙烯、X射线等行业。⑤肝癌：接触砷、氯乙烯的工人 资料2：新西兰南岛在南极附近，臭氧层空洞会导致当地紫外线辐射增强，当地人类皮肤癌的发病率大幅度上升 1. 总结癌症多发的地区或人群有什么共同点 （总结基因突变诱变因素） 2. 怎么有效降低癌症的发病概率 （过渡） 基因突变引发的癌症使我们开始审慎地看待基因突变，那基因突变有没有带给我们开心的时候	（讨论交流） 1. 讨论癌变的原因、特点 2. 描述原癌基因和抑癌基因的作用及癌变过程 （思考回答） 1. 找出诱发癌症的因素并对其进行分类 2. 分析诱变因素存在对身体健康的影响的概率 3. 尝试列举预防癌症的方法	通过对癌症病因、特点的说明，尝试提高科学探究能力，形成结构和功能观 通过对癌症诱变因素的分析，尝试找出预防癌症的方式，接受健康的生活方式，认同环境和人的紧密联系
总结基因突变的特点	情境四：太空育种 视频：太空育种成果 （布置任务、出示视频） 1. 太空育种的原理是什么，为什么选太空进行育种 2. 送上太空的所有种子都会育种成功吗？这种育种方式有什么优缺点 3. 总结基因突变的特点	（讨论交流） 1. 列举太空环境对基因突变的影响 2. 列举优缺点 3. 总结基因突变特点	通过对基因突变特点的总结，进一步掌握科学探究能力并认同科技对生活的影响
总结基因重组的内容	情境五：一母九子，连母十样 （多只花色不同小猫一起吸母乳） 问：子代各不相同及与猫妈妈不同的原因是基因突变吗 （出示图片、布置任务） 1. 基因重组的概念 2. 举例并通过绘图描述不同类型的基因重组	（构建模型） 1. 概述基因重组概念 2. 绘制减数分裂过程，构建基因重组模型	通过对基因重组过程的绘制，提高知识迁移能力及科学思维能力

续表

学习任务	教师组织与引导	学生活动及 完成情况预设	设计意图及 落实的核心素养
分析基因突变和基因重组的意义	情境六：当基因突变和基因重组同时发生时，会带给我们什么样的惊喜呢 （介绍金鱼资料、布置任务） 1. 金鱼的培育为什么要同时用两种方式 2. 请总结基因突变和基因重组的意义	（思考回答） 1. 举例说明基因突变和基因重组的结果 2. 通过结果说明意义	通过意义的总结，认同它们的重要性，并为学习进化打下基础
课堂小结	完成下列表格 表格：项目/基因突变/基因重组；本质；发生时期；发生条件；意义	归纳总结 填写表格	关注两者的异同
布置作业	1. 完成教材第85页练习与应用 2. 通过新媒体关注基因突变及基因重组研究的新进展，掌握实时动态	完成作业	关注前沿科技，激发学生对科学的兴趣和国家发展的自豪感

课堂小结表格内容：

项目	基因突变	基因重组
本质		
发生时期		
发生条件		
意义		

八、板书设计

基因突变和基因重组板书设计见图 5-27。

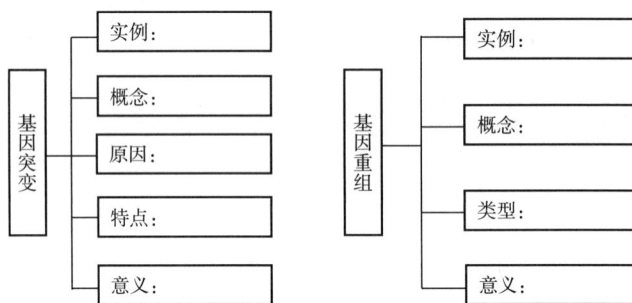

图 5-27　板书设计

（案例来源：牡丹江市第三高级中学张琳琳）

案例评析

　　这堂课的教学设计的亮点是创设合适的学习情境，引发学生学习活动同时注重学生的认知发展规律。整堂课在不同的教学环节采用了不同的情境，从生活实际中引出新知识，从镰状细胞贫血的病因分析到结肠癌的病因分析再到太空育种的描述，情境既激发了学生的学习兴趣又与教学内容紧密联系，做到了情境为教学服务。而不同情境之间彼此联系、环环相扣，使得整堂课的设计看起来思路清晰、连贯。情境下的学生活动设计的具体而有层次，因为活动具体，所以可操作性强。多层次的学生活动，使得不同水平的学生都能参与到活动中，同时有助于层层递进地发展学生的科学思维。同时，在教学设计中不但关注了学生对知识的掌握，还关注了学生生物核心素养的发展。对太空育种相关知识的处理及对癌症防治相关内容的学习，重视学生的自悟与发现，引导学生描述太空育种过程，分析太空育种存在的优缺点，引导学生多角度看待问题。癌症相关内容的学习，引导学生从基因突变、免疫、环境等多了方面去进行分析。在知识层面的理解达成之后，更深入地关注学生生命观念和社会责任的形成。同时在多个环节中，注意以旧引新，寻找到新旧知识的关联点和生长点，注重知识的形成过程。

《生态系统的能量流动》

一、课标分析

本节课是人教版（2019）普通高中教科书生物学选修性必修 2《生物与环境》第三章生态系统及其稳定性第 2 节的内容。课程标准中关于本节的要求是分析生态系统中的能量在生物群落中单向流动并逐步递减的规律；举例说明利用能量流动规律，人们能够更加科学、有效地利用生态系统中的资源；解释生态金字塔表示食物网各营养级之间在个体数量、生物量和能量方面的关系。对应的教学提示是调查或探究一个森林、湿地、池塘、农田、校园等生态系统中的能量流动；对应的学业要求是使用图示等方式说明生态系统中能量流动的特征，并对相应的生态学实践应用作出合理的分析和判断。本节课旨在探讨生态系统能量流动的内容，以及如何利用这些知识来更好地管理生态系统。我们将探究学习生态系统中能量的单向流动逐级递减的特点，解释生态金字塔的概念，描述食物网中不同营养级之间的相互作用等相关知识，通过这些来进一步了解生态系统的相关内容。

二、教材分析

本节内容是生物学选择性必修 2《生物与环境》第 3 章第 2 节。第 3 章第 1 节内容为生态系统的结构，在第 1 节中学习了食物链和食物网，这为学习第 2 节生态系统的能量流动打下基础，能量的输入、传递、转化和散失很大程度上要依靠食物链和食物网。本节内容又为学习第 3 节生态系统的物质循环打下基础，物质循环伴随着能量流动。所以，本节课内容非常重要，还起着承上启下的作用。

三、学情分析

学生在第 3 章第 1 节学习了食物链和食物网，这为学生学习能量流动打下基础。学生更容易理解能量的流动是顺着食物链和食物网进行的，并且可以有助于理解能量流动的特点，并进一步掌握能量流动的研究意义等。学生学习了能量流动的概念、研究方法、过程和特点，更加容易理解后续的物质循环。

四、教学目标

（1）通过分析能量在营养级间的流动情况和赛达伯格湖的能量流动，概述生态系统中能量流动的过程和特征。

（2）概述研究生态系统能量流动的意义。

（3）尝试调查当地某生态系统的能量流动情况。

五、教学重难点

教学重点：生态系统的能量流动过程。

教学难点：分析生态系统的能量流动过程。

突破方法：通过情境创设，让学生自主体会能量流动过程中的特点，也运用学科联合，引入数学计算，让学生体会逐级递减的特点。

六、教学准备

提前预习教材，并完成课本上相应部分的问题思考等问题。

七、教学过程

教学过程见表5-28。

表5-28　教学过程

学习任务	教师活动	学生活动	设计意图
情境导入	教师首先简单回顾"生态系统的结构"的基本知识点，说明生物学中结构与功能相适应的观点。说明本节内容：生态系统的能量流动 利用"问题探讨"创设"孤岛生存"的有趣情景，思考以下问题 　策略1：先吃鸡，再吃玉米 　策略2：先吃玉米，同时用一部分玉米喂鸡，吃鸡下的蛋，最后吃鸡 　你认为哪种策略可以让你维持更长的时间来等待救援	回顾"生态系统的结构"，体会情境，思考相关问题	复习旧知、创造情境、导入新课
研究能量流动的基本思路	从个体出发，研究个体的能量输入和散失过程，讨论不足之处，逐步提升，研究种群和营养级的能量流动过程 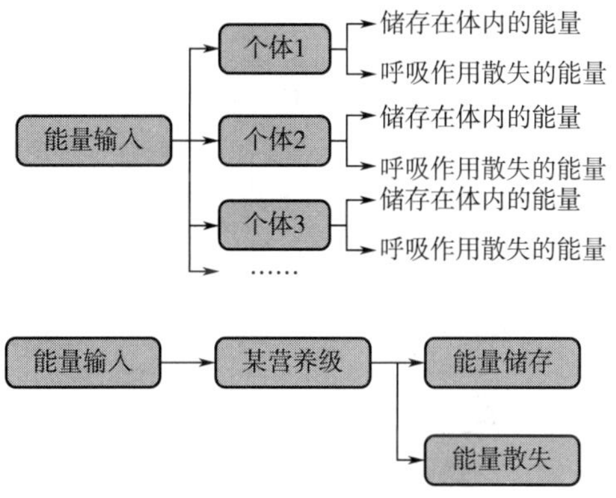 能量输入 → 个体1 → 储存在体内的能量／呼吸作用散失的能量 能量输入 → 个体2 → 储存在体内的能量／呼吸作用散失的能量 能量输入 → 个体3 → 储存在体内的能量／呼吸作用散失的能量 …… 能量输入 → 某营养级 → 能量储存／能量散失	学生根据阅读教材、体会理解研究能量流动的基本思路	明确能量流动的研究思路，引出能量流动过程
生态系统能量流动的过程	【小组合作】请仔细研读教材第55页文字及图示，理解能量流经各营养级时的具体过程，并思考讨论，完成任务1 　以"兔"为例讲述一下，能量流经"兔"的过程 　得出简单的能量流动途径 　建构简单食物链"草→兔→狼"，表明能量流动是沿着食物链进行的 　总结："兔"的能量来源——摄食草，"兔"的能量去向——呼吸作用散失、流向下一营养级，流向分解者	学生尝试构建能量流经植食性动物（第二营养级）的来源和去路模型	明确能量流经第二营养级的模型

续表

学习任务	教师活动	学生活动	设计意图
生态系统能量流动的过程	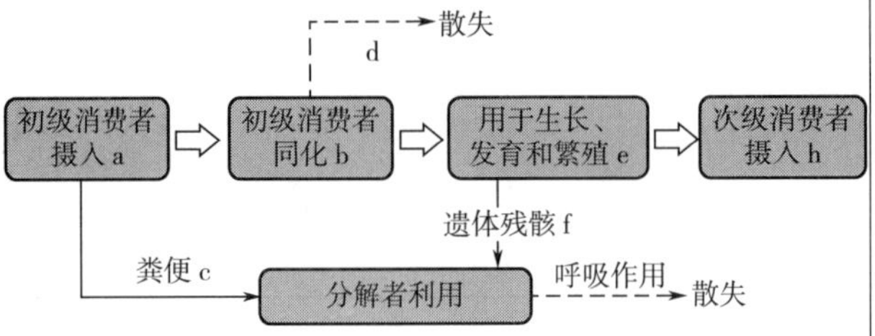 散失 d 初级消费者摄入 a → 初级消费者同化 b → 用于生长、发育和繁殖 e → 次级消费者摄入 h 粪便 c → 分解者利用 遗体残骸 f ← 呼吸作用 → 散失 总结：摄入量＝同化量＋粪便量 同化量＝呼吸消耗＋生长、发育和繁殖的能量 生长、发育和繁殖的能量＝下一营养级同化＋分解者利用＋未被利用 并以此类推其他生物或其他营养级的能量流动途径。完成任务 2 能量流经第一营养级的途径 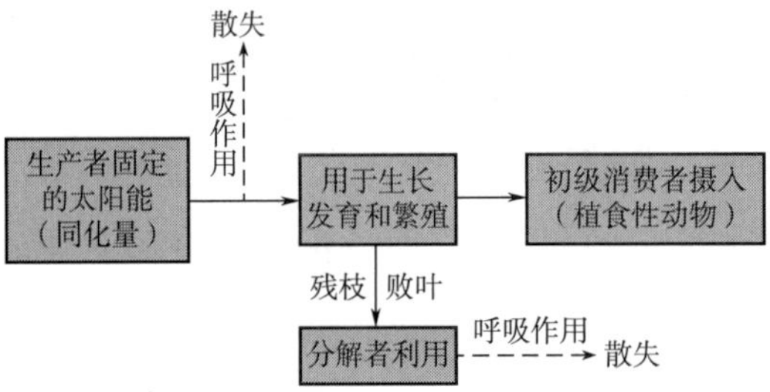 散失 ← 呼吸作用 生产者固定的太阳能（同化量）→ 用于生长发育和繁殖 → 初级消费者摄入（植食性动物） 残枝 败叶 → 分解者利用 呼吸作用 --→ 散失 总结各营养级的流动途径；提示在第一营养级和最高营养级能量流动过程中的不同之处 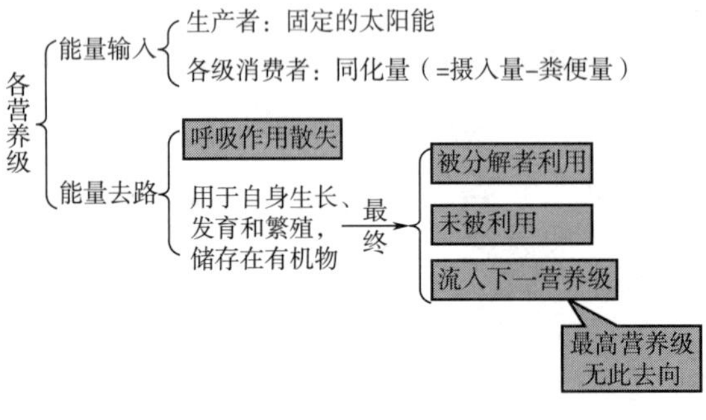 各营养级： 能量输入： 　生产者：固定的太阳能 　各级消费者：同化量（＝摄入量－粪便量） 能量去路： 　呼吸作用散失 　用于自身生长、发育和繁殖，储存在有机物 最终：被分解者利用、未被利用、流入下一营养级（最高营养级无此去向） 充分理解教材图 3-6：生态系统能量流动示意图 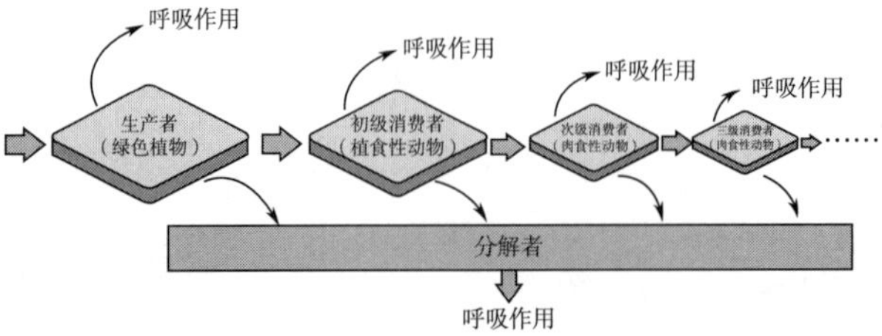 呼吸作用 呼吸作用 呼吸作用 呼吸作用 生产者（绿色植物）⇒ 初级消费者（植食性动物）⇒ 次级消费者（肉食性动物）⇒ 三级消费者（肉食性动物）…… 分解者 呼吸作用	推导其他营养级的能量流动途径模型，并比较总结各营养级之间的不同	以第二营养级能量流动模型为基础，建构其他营养级能量流动模型

学习任务	教师活动	学生活动	设计意图
生态系统能量流动的过程	学生总结完成教材思考讨论 1. 生态系统中的能量流动和转化是否遵循能量守恒定律？为什么 2. 流经某生态系统的能量能否再回到这个生态系统中来？为什么	理解教材中的图解，完成思考讨论	加深能量流动的理解
能量流动的概念理解	以小组为单位讨论能量流动概念 生态系统中能量的输入、传递、转化和散失的过程，叫生态系统的能量流动，分析能量流动概念的含义 能量流动 输入：生产者 固定 的太阳能的总量，是流经这个生态系统的总能量 传递：能量沿着 食物链（网） 逐级流动 转化：太阳能 —光合作用→ 化学能 —呼吸作用→ 热能 散失：各级生物的呼吸作用及分解者的分解作用（呼吸作用），能量以 热能 散失 ［特别提醒］若为人工生态系统，流经生态系统的总能量除生产者固定的太阳能总量，还有化能合成作用中的化学能及人工补充的能量（例如饲料中有机物中的化学能）	学生通过对前面能量流动途径的学习，理解能量流动概念，并能够分析相关内容	明确能量流动概念及其中的含义
生态系统能量流动的特点	分析赛达伯格湖的能量流动 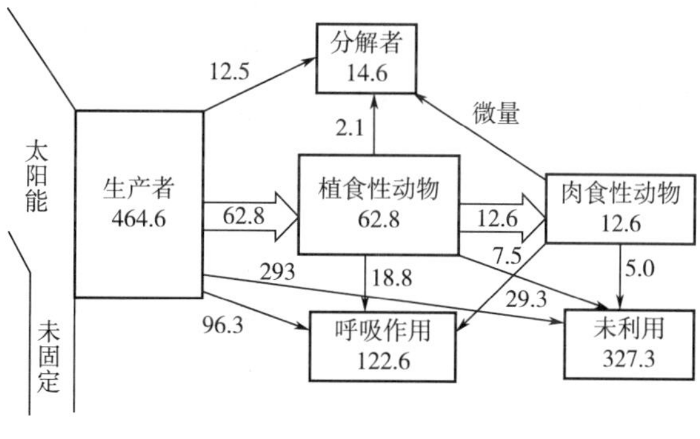 图中数字为能量数值，单位是 J／（cm² · a）（焦每平方厘米年）。图中"未固定"是指未被固定的太阳能，"未利用"是指未被自身呼吸作用消耗，也未被后一个营养级和分解者利用的能量。为研究方便起见，这里将肉食性动物作为一个整体看待 1. 用表格的形式，将图中的数据进行整理。例如，可以将每一营养级上的能量"流入"和"流出"整理成为一份清单（"流出"的能量不包括呼吸作用散失的能量）	学生通过赛达伯格湖的能量流动图解来完成表格填写。同时思考能量流动的传递效率及能量传递的特点	明确生态系统能量流动的特点

学习任务	教师活动	学生活动	设计意图
生态系统能量流动的特点	<table><tr><td>营养级</td><td>流入能量</td><td>流出能量</td><td>出入比</td></tr><tr><td>生产者</td><td>464.6</td><td>62.8</td><td>13.52%</td></tr><tr><td>植食性动物</td><td>62.8</td><td>12.6</td><td>20.06%</td></tr><tr><td>肉食性动物</td><td>12.6</td><td></td><td></td></tr></table> 2. 计算"流出"该营养级的能量占"流入"该营养级能量的百分比 3. 流入某一营养级的能量,为什么不会百分之百地流到下一个营养级 4. 通过以上分析,你能总结出什么规律 总结生态系统能量流动的特点 1. 单向流动:在生态系统中,能量流动只能从第一营养级流向第二营养级,再依次流向后面的各个营养级,不可逆转,也不能循环流动 原因:生物之间的捕食关系是长期自然选择的结果,一般不可逆转 2. 逐级递减:能量在流动过程中逐级递减 原因:自身呼吸作用消耗、被分解者分解、暂时未被利用 规律:一般而言,相邻两营养级之间能量传递效率为10%~20%;营养级越多,能量损耗越多,故一般不超过5个营养级 旁栏思考题 能量在流动过程中逐级递减,与能量守恒定律矛盾吗?为什么		
小结	回顾"问题探讨"的问题,加深生态系统能量流动的理解,明确哪种策略能合理 总结本节课所学的知识要点:能量流动的概念、能量流动的过程、能量流动的特点 生态系统的能量流动 —— 概念:生态系统中能量的输入、传递、转化和散失的过程,叫生态系统的能量流动 过程:同化量、生长发育繁殖、呼吸散失、下一营养级、分解者利用 特点:单向流动,逐级递减(传递效率为10%~20%) 布置作业:教材第60页习题概念辨析	构建简单思维导图,明确本节重点。布置作业	进一步强化知识的体系化。加强知识点的理解

八、板书设计

板书设计见图 5-28。

3. 2生态系统的能量流动
一、能量流动的过程
二、能量流动的概念
三、能量流动的特点

图 5-28　生态系统的能量流动

九、习题设计

典例　下列有关生态系统能量流动的描述，正确的是（　　　）。

A. 生态系统中的能量输入特指绿色植物的光合作用

B. 生态系统中的能量传递特指不同生物通过捕食关系传递能量

C. 生态系统中的能量转化是指细胞呼吸分解有机物合成 ATP 及释放热能的过程

D. 生态系统中的能量最终以呼吸作用产生热能的形式散失出去

答案：D

［变式训练］在由"草→鼠→狐"组成的一条食物链中，鼠经同化作用所获得的能量，其去向不包括（　　　）。

A. 通过鼠的呼吸作用释放的能量

B. 通过鼠的粪便流入分解者体内

C. 通过狐的粪便流入分解者体内

D. 流入狐体内并被同化的能量

答案：B

（案例来源：牡丹江市第三高级中学张鑫宇）

案例评析

　　本节教学设计有效分析课标，从课标出发，分析学生应该在本节课内掌握哪些知识，充分的体现学生的主体学习地位，以创设情境为出发点，激发学生的学习兴趣，并将其应用于生活实际中。依据课标和学情综合考虑，设计教学目标，同时本节设计体现了明显的承上启下的作用，利用生态系统的结构解决能量流动问题，并为物质循环的学习打下基础。同时，课堂能够对学情进行有效分析，充分考虑学生的接受能力和学习情况，通过直观的情境创设，多学科的整合学习帮助学生解决学习难点和学习重点。本教学设计充分考虑到学生核心素养的培养，通过学习提升学生的生物生存就需要能量、能量在生态系统中的能量流动过程的生命观念。真正理解能量流动的研究过程和研究方法，体会科学探究精神。也体会生态系统保护的社会责任，真正地理解绿色中国的观念。本节教学设计条理清晰，任务明确，学生能更好地接受新的知识，也能够更快地理解透相关知识。

《体液调节与神经调节的关系》

教学设计见表 5-29。

表 5-29　教学设计

教学主题	体液调节与神经调节的关系		
教学目标	1. 通过小组活动，利用建构模型法分析维持体温相对稳定过程中神经-体液调节的关系，培养学生合作交流能力及科学思维，同时有助于学生稳态与平衡观的形成 2. 利用比较分析法学习体液调节与神经调节的特点，分析各自在维持稳态上的优势，建立生命观念 3. 利用抗疫和志愿军战士的图片提升学生社会责任这一生物学核心素养。结合发烧时做法，形成健康生活观念。通过展示钟南山院士的寄语，增强学生爱国意识和社会责任感，帮助学生树立信心		
教学重、难点	1. 比较体液调节与神经调节的特点及二者的协调关系 2. 对体温调节的分析		
教学方法	模型建构法、讨论法、阅读法		
学习任务	教师活动	学生活动	设计意图
【环节一】 创设情境，引入新课	播放东京奥运会苏炳添百米半决赛视频 请同学们结合自己跑百米时感受，联想百米比赛过程中及结束后短时间内机体的反应	观看视频，结合自身实际，回答问题	苏炳添是第一个跑进决赛的黄种人，增强了学生民族自豪感。提问引发学生的思考 调动学生积极性，思考并回答问题的同时，引入体液调节的概念，结合二氧化碳的调节作用，对概念加深理解
【环节二】 阅读资料，理解概念	请同学们阅读一段资料，调动学生积极性，完成学案任务	阅读资料，完成学案任务，回答呼吸频率加快、加深的原因	
【环节三】 回顾知识，分析比较	比赛过程中，机体除了进行体液调节外，还存在着神经调节，请同学们阅读教材，结合所学过的神经调节有关知识，填写学案表格，比较体液调节和神经调节的特点，并说明原因	阅读教材，回忆神经调节有关知识，填写学案表格，比较体液调节和神经调节的特点，思考并说明原因	通过回忆所学知识，并结合新知识，对神经调节特点和体液调节特点有了更深刻的理解，旨在培养学生归纳与概括能力。引领学生理解学科的知识体系特点
【环节四】 合作建模，重点突破	比赛过程中会发生体温调节，通过具体生活实例、班级同学照片，联系自身的反应，分析产热和散热机制。请同学讨论、构建模型，并请一组同学们到黑板前展示自己的模型构建成果	结合自身实际，分小组讨论、探究，利用建构模型分析维持体温相对稳定过程中神经调节和体液调节的关系，完成学案任务。一组同学到前面展示	引导学生体会生命观念中的稳态与平衡观。引导学生自主探索的学习，主动地参与到知识形成的整个思维过程中来，并请一组同学们到黑板前展示自己的构建成果，充分发挥学生的主观能动性。体液调节和神经调节的关系也是本节重点和难点内容，在以体温调节实例分析解决这一问题中也渗透了科学思维、科学探究、生命观念这些生物学核心素养。引领学生形成学科解决问题的方式、方法和习惯

续表

学习任务	教师活动	学生活动	设计意图
【环节五】 红色传承，加强责任	分析环境变化过于剧烈引起的体温失调，请同学讲述长津湖战役、英雄回家以及抗疫英雄事迹	学生讲述长津湖战役的史实，并表述当代中学生应如何去报效祖国	通过革命烈士及抗疫英雄的事迹，增强学生爱国意识，传承红色基因，提升了学生的社会责任感和意识。爱国意识的培养是重中之重
【环节六】 联系实际，学以致用	提问：发高烧时是要捂汗，还是要采取降温的措施	学生利用所学知识解决生活中的问题	引导学会面对未知的真实情境问题的解决能力。帮助学生提升崇尚健康生活的生物学核心素养
【环节七】 归纳总结，素养提升	回放苏炳添照片，结合照片回顾本节课重点知识并对本节课知识进行小结，引出下一课时水和无机盐平衡的调节。最后展示钟南山院士的寄语	与老师一起对本节课所学知识进行总结，并观看钟南山院士的寄语	增强了学生爱国意识和社会责任感，深入落实了生物学核心素养。增强学生的自信心和努力学习、报效祖国的意识。引领学生形成正确价值观和品格

【教学反思】

通过苏炳添奥运比赛过程出现的呼吸频率加快现象，引出体液调节概念，起跑反应时间短说明还存在神经调节，引出神经调节与体液调节特点的比较。再通过体温变化利用建构模型法分析维持体温相对稳定过程中神经体液调节的关系，这也是本节重点和难点内容。解决这一问题渗透了科学思维、科学探究、生命观念这些生物学核心素养。抗疫和志愿军战士的图片提升学生社会责任这一生物学核心素养。高烧捂棉被这一实际生活现象让学生学以致用。本节课是非常好的爱国主义素材。由于时间所限，讨论时间可以延长一些。在今后的教学中，教师应更加注重这些方面，在实践中不断改进，不断进步。

（案例来源：哈尔滨市第九中学徐晶）

案例评析

本节课与学生的生活实际联系十分紧密，奥运健儿苏炳添的事迹很容易激起学生的民族自豪感，同时学生可以结合自己的感受，学会体液调节的概念，这比生硬的讲解要更符合新课改的理念。分小组讨论、探究，利用建构模型法分析维持体温相对稳定过程中神经调节和体液调节的关系，完成学案任务，让学生自主探索学习，主动地参与到知识形成的整个思维过程中来，并请同学到黑板前展示自己的构建成果，充分发挥学生的主观能动性。

生物学核心素养的培养和提高要落实在平时的每一节生物课中，"体液调节与神经调节的关系"这节课在教学过程中从生命观念、科学思维、科学探究和社会责任等方面发展学生的学科核心素养，充分体现本课程的学科特点和育人价值。

本节课可以改进的地方是给学生的资料可以更简单一些，降低学生建构模型时获取知识的难度，讨论时间可以延长一点。从教学环节来看，本节课的情境化教学开头与结尾呼应，后面回放苏炳添照片，结合照片回顾本节课重点知识并对本节课知识进行小结。本课最后展示钟南山院士的寄语，增强学生的自信心和努力学习、报效祖国的意识。

第三节 活动课教学设计案例

视野拓展课——《多利羊猜想》

一、设计理念

根据新课程理念，高中生物学教学重在培养学生的核心素养，使学生适应未来社会发展和个人生活的需要，生物学学科核心素养包括生命观念、科学思维、科学探究和社会责任。本节课通过学生自学、质疑培养学生的生命观念，通过阅读、总结、训练培养学生的科学思维和探究能力。通过对"克隆人"的讨论，学生关注与生物学有关的社会问题，培养社会责任感。

二、教学分析

1. 内容分析

"多利羊猜想"是基于人教版（2019）选择性必修3《生物技术与工程》第2章第2节《动物细胞工程》的内容上，开展的一节视野拓展课。在学生已经学完了动物体细胞核移植技术和克隆动物后，以克隆动物是否存在早衰问题为出发点，开展系列的探究活动，让学生在讨论中总结和提高，尽可能多地感受生物学的奥秘。通过搜集材料、自主学习的方式，揭示多利神奇的一生，来激发学生学习兴趣，培养学生关注科学、努力探索的精神。

2. 学情分析

本节课是高三学生在一轮复习时的一节视野拓展课，对于高三学生来说：知识方面具备了动物体细胞核移植、早期胚胎培养、胚胎移植和胚胎干细胞培养等知识；能力方面具备了独立思考、归纳总结、合作学习和判断能力；情感方面具备了一定的认知能力，有了一定的社会责任感，学习生物学的兴趣大增。

三、教学目标

（1）复习巩固体细胞核移植技术的基本过程；了解对多利羊早衰问题争论的两种观点；了解克隆技术的最新研究成果和应用前景。

（2）学会查找资料，通过多种方法和途径收集有关克隆技术的发展资料；学会表达与交流，能将自己收集到的信息简洁明了地表达出来，同时能够准确的获取他人的信息。

（3）关心日常生活中的新科技、新事物，培养求知欲；学会辩证地看待事物的发展和事物的两面性。

四、教学的重难点

教学重点：讨论多利羊的"早衰"问题；通过多种方法和途径收集到有关克隆技术的发展资料。

教学难点：了解克隆技术的操作过程；培养自己搜集整理资料的能力；理解克隆技术是

把"双刃剑"。

五、教学策略

（一）说教法

1. "五问"教学法

在教学过程中首先"明确问题"，让学生知道本节课的学习目标，然后"剖析问题"、在学生的讨论中"生成问题"、带领学生"探究问题"，最后通过习题来"反馈问题"。

2. 直观教学法

由于体细胞核移植技术实验是在特定的实验室条件下进行的，学生无法亲自动手操作，因此需要教师形象直观的介绍实验操作步骤，利用多媒体课件，分步演示实验过程，化静为动，化抽象为具体，增强了教学内容的直观性、启发性，使学生更好的从感性认识上升到理性认识。

3. 层进设问法

结合教师的渐进式问题链，一环扣一环，层层剖析，引导学生积极思考，培养和发展学生的抽象思维能力。

4. 讨论法

在探究过程中，让学生参与讨论，既深化知识，又训练了学生的表达和交流能力，培养了学生的合作交流能力。

（二）说学法

根据主体性教学目标，以"自主性、探究性、合作性"为学生学习的三个基本维度，充分发挥学生的主体性，通过分析、讨论、归纳和总结的学习方法进行学习。

六、教学过程

1. 环节一：设置情境，导入新课，明确问题

课件演示：多利羊图片，带领学生了解多利羊的基本信息如名字来源、性别、出生日期、出生地点、创造者、身份等。

教师引导：多利一出生，人们就开始关注它的健康问题。我们都知道，用来克隆多利的母羊当时 6 岁，多利的生理年龄是从 6 岁开始累计呢？还是像新生羊那样从 0 岁累计？

学生讨论：0 岁或 6 岁，并说出自己的理由。

明确问题：人们把这一涉及克隆动物是否早衰的问题称为"多利羊猜想"，并引出本节课要学习的内容。

设计意图：制造悬念，激发学生的探求欲望，引起学生对"克隆动物是否早衰的问题"产生浓烈兴趣。

2. 环节二：剖析问题，生成问题，探究问题

（1）探究点一：体细胞核移植技术的基本过程。

观看视频：多利的产生与三只母羊有关，引导学生观看视频，总结体细胞核移植技术的基本过程。

剖析问题：请同学们总结体细胞核移植技术的基本过程，以流程图的形式写在学案上。请一名同学通过投影展示自己的流程图，并向同学们讲解。

生成问题：对学生的流程图进行评价、总结，一起探讨体细胞核移植过程中的几个关键问题：①体细胞核移植过程中，对供核细胞有什么要求？②为什么选择卵母细胞作为受体细胞？③什么时期去核？去核方法是什么？④诱导细胞融合的方法是什么？⑤胚胎移植的时期？

（2）探究点二：克隆羊是否存在"早衰"现象的争论。

教师引导：1996 年多利出生后，健康成长，结婚生子，它一生共产下 6 只小羊。然而多利却在 2001 年患上关节炎，2003 年患上严重的肺部感染，最终被科研人员施以"安乐死"。

生成问题：普通羊的平均寿命是 12 岁左右。而多利羊离开这个世界时只有 6 岁多，在羊中也只能算是中年，而肺部感染和关节炎是典型的"高龄病症"。这是否意味着克隆动物存在天生缺陷，从而导致早衰？多利的死亡再次引起了早衰的争论。

探究问题：请同学们回忆细胞衰老的知识，讨论细胞衰老与细胞中的哪个结构有关？

学生回答：细胞衰老与端粒有关。端粒是位于染色体末端的结构，每次细胞分裂都会短一些。随着细胞分裂次数的增多，截短的部分会逐渐向内延伸。在端粒 DNA 序列被截短后，内侧正常的 DNA 序列就会受到损伤，细胞活动逐渐异常。

教师引导：多利的染色体端粒是否缩短了呢？

学生活动：阅读资料。在多利还小的时候，科研人员对其进行了抽血化验，确认其端粒长度确实比同年龄的绵羊要短。

教师引导：其他克隆动物的端粒是否也缩短了呢？

学生活动：阅读资料。克隆鼠的染色体端粒没有缩短。

教师引导：这两个资料似乎存在着矛盾，你认为克隆动物是否存在早衰问题呢？（让学生展开讨论，说出自己的观点。）

共同总结：关于对克隆羊是否存在"早衰"现象的争论大体可分为两派。一派认为，克隆动物确实存在早衰现象，它们一出生，身体的衰老程度就类似于被克隆个体，因为克隆动物其细胞中的端粒（染色体最末端的部分，每次细胞分裂都会缩短一些）继承了供体成年绵羊体细胞端粒的长度，所以它们的寿命被缩短。另一派认为，克隆动物在胚胎发育过程中，会对端粒进行修复，修复之后的长度可以达到同龄其他动物的水平。他们认为早衰迹象是在克隆过程中出现的一些技术问题造成的，克隆过程中一些物理或化学因素的伤害，导致了多利的健康隐患，使其容易患病。

（3）探究点三：搜集克隆动物能健康成长的新证据。

教师引导：由于当时克隆动物较少，诞生时间不长，很难得出正确结论。不过科学家并没有放慢他们的脚步（展示一张"多利四羊组"的照片，引出多利"重生"）。

课件演示："多利四羊组"的照片，这是 2007 年英国科学家利用培育多利时所剩的组织再次克隆出的 4 只"多利"。它们出生后，一直生活在诺丁汉大学的校园里，直到 2010 年才向世人公布。科学家要对它们展开深入研究，了解克隆动物的健康状况，试图找到克隆动物能否健康成长，以及早衰的答案。

观看视频：观看 2010 年 12 月 1 日央视的新闻报道：克隆羊多利在英国"重生"并且一

只变四只。

课外活动：搜集克隆动物能健康成长的新证据，然后课堂上与大家一起分享。

资料分享：以下是英国诺丁汉大学凯文·辛克莱尔教授的两项研究成果。

资料一：2016 年 7 月 26 日发表在英国期刊《自然通讯》的一份报告指出，与多利拥有相同基因的 4 只克隆羊随着年龄增长身体状况依然良好。这是克隆动物能健康成长的一个有力新证据。

资料二：2017 年 11 月 22 日发表在英国《自然》旗下《科学报告》杂志的一项研究表明，此前人们认为克隆会导致多利羊患上早发性骨关节炎，该观点没有依据。在这方面，克隆动物与自然产下的动物并无差异。

观看视频：2016 年 7 月 27 日贵州卫视的新闻报道：新证据显示克隆羊能健康成长，凯文·辛克莱尔的最新研究成果。

（4）探究点四：体细胞核移植技术的应用前景。

教师引导：在多利诞生之前，人类不敢设想，已经发育成熟的体细胞能够逆龄回到从前的状态，其中的基因能按照人们的意志得到编辑。多利的早夭，引起人们的争论，辛克莱尔的这项研究有望使人们对克隆动物这一技术重拾信心，使我们认真考虑其应用前景。

生成问题：假设你是一名科研工作者，请你根据体细胞核移植技术和胚胎干细胞的原理为一位需要进行器官移植的病人设计一个治疗方案，既可避免免疫排斥又可解决临床上器官短缺问题，请写出你的设计流程图。

学生活动：小组讨论，设计治疗性克隆的流程图，分组汇报，教师点评。

（5）探究点五：我国体细胞克隆技术最新研究成果。

观看视频：2018 年 1 月 25 日中国财经报道：我国克隆技术的最新研究成果，世界上首例体细胞克隆猴"中中"和"华华"诞生。了解我国体细胞核移植技术的最新研究进展。

学生讨论：有朝一日克隆人真的来了，我们该怎么办？

3. 环节三：课堂小结，突出主线，加深理解

一堂完整的课，总结是必不可少的，可以加深学生对本节课的完整印象，形成整体知识框架，本节课用板书总结。

4. 环节四：随堂练习，巩固所学，反馈问题

为了加强学生对本节知识的理解、记忆，教师选了几道课堂练习题。

5. 环节五：布置作业，拓展思维，提升社会责任

为了巩固学生所学知识，同时也为了将思考延伸于课外，并在此基础上提高学生的社会责任，请同学们收集有关"克隆人引发的伦理问题"的资料，写一篇论文谈谈你对克隆人的观点并说明理由。

七、板书设计

板书设计见图 5-29。

八、教学反思

在本节课的课堂教学中，主要以问题为中心，围绕问题展开讨论、探究、阅读、讲解、点拨，然后激发出新的问题，给学生留有空间，使教师、学生在课堂上有自主探究、自由发

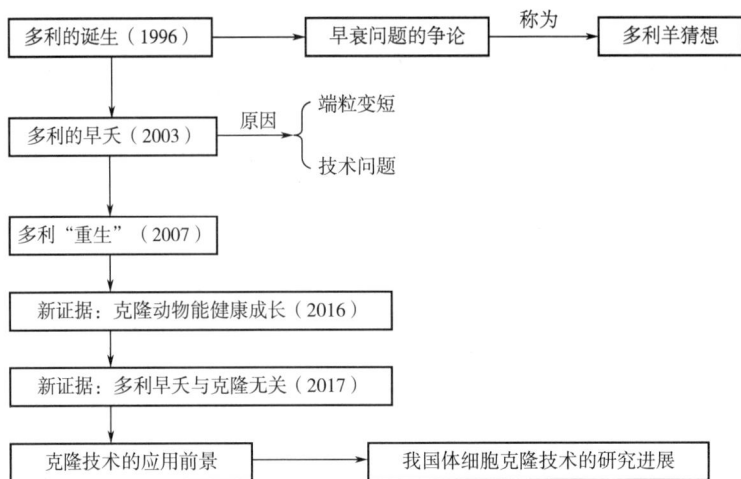

图 5-29　视野拓展——多利羊猜想

挥的机会。这有助于提高学生的生物科学素养，本节课有以下优点。

（1）由于体细胞核移植技术是在特定的实验室条件下进行的，学生无法亲自动手操作。学生观看视频，亲身体验、感受体细胞核移植技术的基本过程。通过搜集、归纳和分析材料，学生寻找克隆动物是否存在"早衰"现象的答案，培养学生的生命观念。

（2）本节课以克隆羊出生、死亡，以及死后人们对其是否存在"早衰"现象进行争论为主线，让学生通过搜集资料，对克隆技术及其相关知识和发展状况有了较深入的了解，培养学生的科学思维。

（3）在学习克隆技术应用前景时，教师引导，让学生自己设计实验，通过小组讨论，经历思维的内化，组织语言，归纳总结而获得知识，理解治疗性克隆的基本过程，培养学生的科学探究能力。

（案例来源：牡丹江市第一高级中学蔡东玲）

案例评析

本节课主要围绕克隆羊多利的系列研究为主线，通过"五问"教学法展开教学。结合细胞衰老的相关内容与生物克隆方面的前沿科技，关注社会热点问题。各环节间衔接自然流畅，问题层层递进，紧扣本节内容，课程结构完整，内容丰富。

本节课的定位是高三学生在一轮复习时的一节视野拓展课。因此，设计理念摒弃传统的单一知识传授，基于学生已有的知识基础，通过搜集材料、自主学习的方式，在探究、讨论和总结的过程中明确、剖析、生成、探究并反馈问题，以促进学生核心素养的提高。教学目标的设计以旧引新，注重知识的发生、发展过程，以学生自主探究、交流合作为主，突出了以学生为本的理念。

本节课教学重点突出，准确具体，整体展现核心素养的四个维度。在教学过程的处理上，本课能够找到教材特点及本节疑点；在教材内容的基础上，本课借助研究资料和视频作了必要拓展，通过学生搜集、分享资料，课堂上设疑问难，引导点拨。各种学习活动设计具体，既体现了知识结构性、层次性，又对学生活动有预期设计，充分注意学生思维习惯的培养，调动学生自主学习的积极性。

模型构建课——《尝试制作真核细胞的三维结构模型》

一、教材分析

"制作真核细胞的三维结构模型"是人教版普通高中生物学第 3 章的重要内容。这部分内容放在本章节最后。在这之前，学生们学习了细胞膜、细胞器、细胞核等知识内容，对这些微观的亚显微结构感受不真切，对微观的内容理解不清晰。模拟制作三维结构模型可以使学生将微观抽象的内容变为宏观具体的内容，更好地理解细胞结构和功能的特点，培养学生结构与功能观，激发学生的求知欲，为后边学习物质跨膜运输、线粒体参与的细胞呼吸方式、叶绿体的光合作用等学习奠定基础。随着新课改不断深入，培养学生的生物学兴趣，对职业生涯的引导，选课走班都有至关重要的作用。重视教材中的模型构建，领悟和运用模型构建的方法可以帮助学生解决生物学中不易观察的微观世界中物质和能量变化。

二、学情分析

高一学生的思维具有灵活性和广阔性，有一定的自主探索、合作交流的能力。学生保持着对科学的求知欲、乐于探索自然现象和日常生活中的科学道理，喜欢参与观察、实验、制作、调查等科学实践活动。在学习本节课之前，学生已经具有了细胞结构和功能的一些基本知识，为本节课的真核细胞模型制作打下良好的基础。

三、设计依据

课程标准要求学生能够运用归纳与概括、模型与建模的等思维方法，探讨科学探究的基本思路和方法，培养学生自主学习合作探究的能力。在模型建构中学生能够建立结构功能观，理解细胞是一个统一的整体，构建局部与整体观，能够用生命观念认识生物的统一性。组织以探究为特点的主动学习是落实核心素养的关键。新教材中突出的特点就是增加了模型构建，通过构建真核细胞的三维结构模型，体验构建模型的方法和过程，为氨基酸的脱水缩合、DNA 双螺旋结构的模型构建开辟新思路。

四、教学目标

（1）说出细胞的基本结构，阐明细胞器的结构和功能。
（2）通过制作真核细胞三维结构模型，掌握科学探究的基本思路和方法，培养学生自主学习、合作探究的能力。
（3）在模型制作的过程中，加深学生构建结构功能观，培养团队协作能力。

五、教学重难点

教学重点：制作真核细胞三维结构模型。
教学难点：根据细胞大小、比例及特点进行模型构建，体验结构和功能具有统一性，保证构建的科学性和美观性。

六、教学方法

实验法、讨论法、任务驱动法、讲授法。

七、教学过程

（一）课前准备

（1）分组：将全班每 4 人一组，分成若干组，设小组长且组员有分工。

（2）材料：学生准备模型材料有泡沫塑料、木块、纸板、纸片、塑料袋、大头针、橡皮泥等实验材料，也可以是生活中些废弃材料、变废为宝。

（3）预习：学生通过微课，观看模型制作过程（图 5-30）。

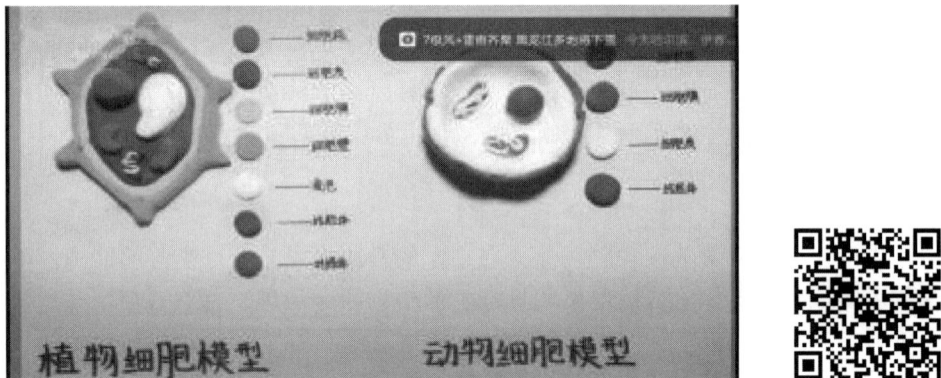

图 5-30　动植物细胞模型

（二）授课过程

1. 情景创设

播放一个放大 40 万倍的细胞屋参观视频（片尾呈现出电子显微镜下各种细胞结构），见图 5-31。

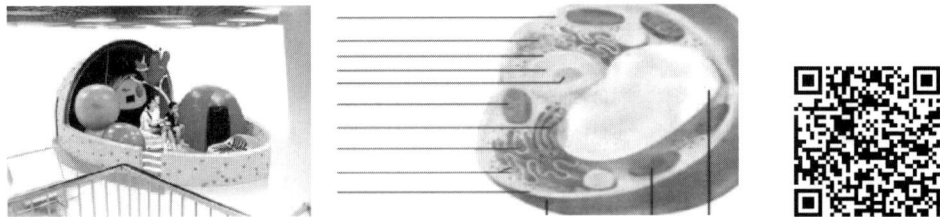

图 5-31　细胞屋参观视频

（1）知识回顾。

教师活动：组织学生根据已经学习到的知识回答细胞器的名称。

学生活动：学生观看视频后思考并回答细胞器的名称。

设计意图：通过观看视频激发学生的学习兴趣，对细胞的整体结构进行感知。

（2）概念讲解。

教师展示物理模型图片、概念模型图片、数学模型图片并进行概念讲解（图 5-32）。

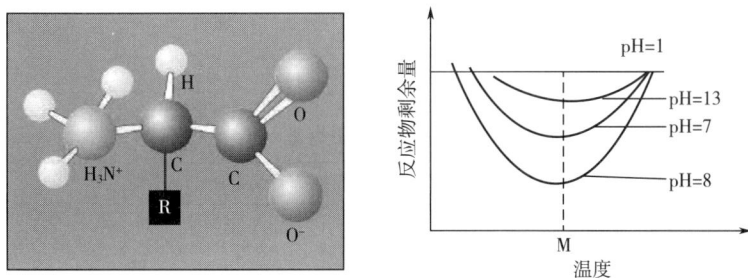

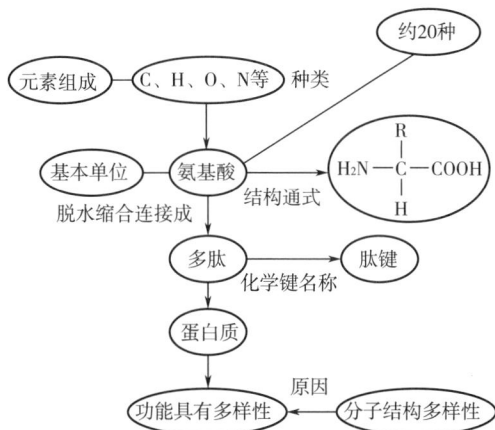

图 5-32　模型与图片

学生活动：认真倾听，小组讨论不同模型的特点，形成对模型的初步认识。

设计意图：通过对图片的观察、教师的讲解和小组讨论，明确模型的概念，辨析不同种类的模型特征。

2. 模型制作（PK 赛）

（1）自主学习。

阅读教材 57 页，明确构建模型目的要求、材料用具、建立模型的方法。

学生活动：自主学习，在书中找出相关内容。

设计意图：通过阅读教材，培养学生自主学习和独立思考的能力。

（2）合作探究。

教师展示：细胞及细胞器大小比例，如植物叶片细胞、植物根尖细胞、人体口腔上皮细胞、肝细胞、变形虫等。

教师活动：组织学生进行模型制作 PK 赛，每两个小组抽取的是相同的细胞卡片，由其他小组进行投票，选取一等奖，给予获奖小组奖牌奖励。教师参与活动，要求学生在制作的过程中思考：哪些结构是无膜的，哪些结构一层膜，哪些结构二层膜；细胞结构各个结构的分布。

学生活动：小组长抽取细胞卡片，小组内按照模型制作的要求进行小组讨论选取合适的材料和进行任务分工，进行模型构建操作，边做边思考问题。

设计意图：进行小组 PK 赛，激发学生们的学习热情，符合寓教于乐思想。学生们边制作边思考，符合从做中学的思想，有利于学生构建完整的知识体系和对科学研究方法的领悟。通过任务的分工合作培养学生合作探究的能力。

3. 模型展示（评比）

教师展示：利用多媒体展示评价标准，见表5-30。

表5-30 评价标准

真核细胞的三维结构模型制作评价标准			
细胞名称：			
评价等级：　优秀　　　　良好　　　　合格　　　　不合格			
评价	是	否	改进措施
实验材料选择合理			
细胞、细胞器大小、比例合理			
具有科学性			
艺术具有性			
材料环保			

教师活动：组织抽取相同细胞的小组进行模型展示，介绍所选择的材料，构思及制作的过程。其他组同学可以随机提问，由该小组成员进行回答，进行小组互评，最后由教师进行点评。

学生活动：对展示小组进行问题提问，根据评价标准及问题回答情况进行小组讨论，投出最佳组。

设计意图：充分发挥学生的主体作用，通过小组上台展示模型，培养学生语言表达、分析和解决问题的能力。

4. 交流评价

学生模型见图5-33。

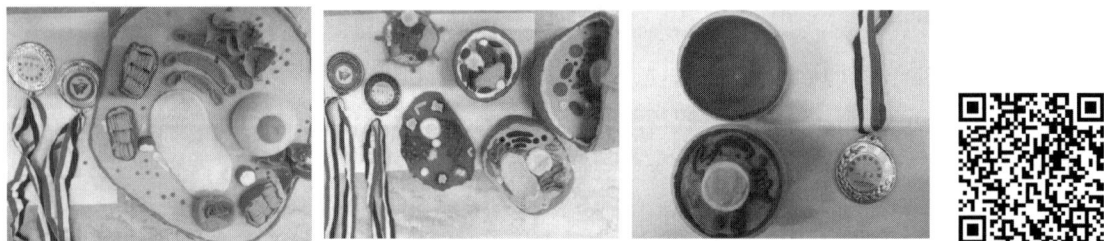

图5-33 模型

选择最佳组制作的模型进行投屏展示。

教师活动：组织学生讨论细胞的各部分结构像什么，引导学生进行评价并总结出在制作的过程中应注意的事项以及更好的改进办法，填写实验报告单。

学生活动：学生小组内评价，自评、互评交流发言。

设计意图：使学生通过评价学会欣赏和赞美，通过评价促进学习方式的转变。

5. 课堂小结

通过真核细胞的三维结构模型构建，总结细胞器之间的合作关系和制作模型的体会。

教师活动：播放"细胞的奥秘"的视频，随着我们对细胞的深入了解，会发现细胞内的结构更精细复杂犹如一个小型的社会，组织学生进行讨论各种细胞结构之间的功能。

学生活动：学生倾听、认真思考进行小组内讨论并发言。

设计意图：通过学生讨论和发言加强学生对细胞结构和功能统一性的认识。

八、板书设计

板书设计见图 5-34。

尝试制作真核细胞的三维结构模型
一、模型的形式：物理模型、概念模型、数学模型
二、建立模型
1. 目的要求
2. 材料用具
3. 注意事项
三、评价标准：科学性第一位

图 5-34　板书设计

九、课后拓展

我们除了做真核细胞三维结构模型，还可以做其他的模型，如细胞核及生物膜的模型；利用计算机制作三维动画制作模型或者绘制细胞结构。下节课前进行展示。

设计意图：由学生课外合作进行完成，既巩固本节课的知识，又提高学生的动手能力，培养学生生物学兴趣。

学生风采见图 5-35。制作真核生物三维结构模型实验单见表 5-31。

图 5-35　学生风采

表 5-31　制作真核生物三维结构模型实验单

组别：	组长：	组员：
真核细胞模型（名称）：		
细胞结构	材料选择	
细胞壁		
细胞膜		
细胞器		
细胞质基质		

续表

实验方案				
评价要求	科学性（60%）	比例适合（20%）	美观（20%）	评价等级
小组自评				
组间互评				
总结及改建措施				

（案例来源：牡丹江市第二高级中学徐婷）

案例评析

在新课改下，学业质量水平要求学生能够通过归纳与概括、演绎与推理、图示和模型的形式说明生物学相关概念的教学。建立模型是高中生物探究教学中一个重要内容。新课标倡导探究性学习，力图改变学生的学习方式。教学过程更加注重实践，强调学生的学习过程是主动参与的过程，让学生积极参与动手动脑的活动，通过探究性学习完成学习任务。模型的构建活动课，能够让学生主动学习汲取知识。

该案例中，制作真核生物细胞的三维结构模型主要运用物理模型。其在实验材料方面获取更方便，甚至可以利用废弃物实现模型制作。在制作真核细胞的三维结构模型的学习中，利用物理模型构建真核细胞的三维结构可以将电子显微镜下的细胞器和膜结构更直观展示出来，让抽象的内容具体化。其帮助学生对生物学概念进行理解，加深学生的记忆，更好地构建完整的知识体系。

新教材的使用中，一个鲜明的特点就是增加了丰富的模型。模型构建教学内容的开展，可以充分调动学生学习的积极性，锻炼学生的实际动手操作的能力，培养学生团队合作的精神。随着新课改的不断深入，培养学生的生物学兴趣、对职业生涯的引导、选课走班都有至关重要的作用。重视教材中的模型构建、领悟和运用模型构建的方法可以帮助学生解决生物学微观不易观察的微观世界。

实验课——《植物细胞的质壁分离及复原》

一、实验分析

1. 内容分析

该实验是人教版高中生物必修1《分子与细胞》第4章《细胞的物质输入与输出》第1节《物质跨膜运输的实例》中的探究栏目。该实验之前，学生已学习细胞膜、细胞器、细胞核等知识，在该实验之后又有物质跨膜运输的方式，此实验在中间很好的起到了承上启下的作用。该实验也很有利于对学生科学探究能力、动手能力、观察能力的培养。探究原生质层是否可以相当于一层半透膜和水进出细胞的条件等，有利于培养学生思考问题、发现问题、解决问题的能力，为后续学习物质跨膜运输的方式打下基础。

2. 学情分析

此实验是高一学生接触的第一个探究类实验，对探究性实验的方法和步骤还不十分了解。教师可以及时引导启发，将抽象知识形象化，将繁难知识简单化，帮助学生理解记忆。

二、核心素养目标的渗透

（1）生命观念方面：植物的吸水与失水的实例学生在生活实际中经常会经历，如做白菜馅的时候会加入盐让白菜中的水分渗出。学生虽见过很多生活中的实例，但是却无法做出解释，对抽象的描述理解不到位，导致学生对生物学中结构与功能的联系没办法很好的理解。教师创设具体的、生动形象的教学情境，让学生对抽象的过程的理解变为对具体过程的直观体会，是学生对生物学产生兴趣，更好的培养生命观念。

（2）科学思维方面：该实验中在同一张盖玻片上进行两种实验条件的变换的过程是一个操作难点，学生之前没有接触过，难免会有学生有不同实验的操作想法，教师创设验证情境，将学生分为两组分别进行实验，结果其中一组学生确实延长了实验时间，让学生自己动手后亲身经历的结果会使学生印象深刻，也会对生物学实验中的实验操作有一个更进一步的思考，教师再通过问题情境加以引导，让学生在思维、方法、知识上都有所提高。

（3）科学探究方面：创设新旧知识比较情境和问题情境，进行观察、提问、实验设计、方案实施以及对结果进行反思，在教学情境下培养团队合作，反思创新的科学探究能力。

（4）社会责任方面：创设故事情境，将知识与学生青春期心理状态联系到一起，让学生产生共鸣，培养学生面对问题时解决问题的担当和方法，形成健康文明的生活方式，学会调整自身和他人的心理状态以面对外界环境。

三、教学重难点

（一）教学重点

（1）了解观察植物细胞质壁分离及复原的实验方法。

（2）掌握植物细胞质壁分离及复原的原理。

教学重点突破方法：在课堂导入后，实验正式开始之前，教师运用多媒体播放整个实验操作的视频，让本就接触实验很少的学生们做到心中有数，有据可依。如果有需要，整个视频可在学生进行实验的整个过程中循环播放。在实验前要带领同学们做课前预习和复习，回忆水分子是如何进出哺乳动物成熟红细胞的，创设比较情境，通过类比推理进行假设水分子如何进出植物细胞。

（二）教学难点

（1）显微镜的操作规范。
（2）洋葱鳞片叶表皮细胞临时装片的制作。
（3）在显微镜下高低倍镜的转换找到洋葱表皮细胞及原生质层位置的观察。
（4）用吸水纸让蔗糖溶液和清水充满载玻片上的细胞的操作。

教学难点突破方法：在课堂导入后，为防止错误使用对实验结果的影响和对实验仪器的破坏，实验正式开始之前，教师带领学生，亲自示范，回忆显微镜的使用方法。这对以后学生进行生物实验的规范习惯的养成也用很大帮助。在学生进行实验的整个过程中，规范的实验视频一直在循环播放，教师在学生进行实验时要多巡视并进行必要的指导，但不能剥夺学生的主体地位，让学生轻松突破实验难点。

四、教学方法

（一）方法：情境教学法

（二）设计思路

（1）故事情境导入，激发学生兴趣：教师以一个比较能引起正处于青春期高一学生共鸣的小故事导入，将植物比作是一个小人儿，将细胞壁比作是小人儿的皮肤，将植物的吸水和失水比作小人儿心脏的膨胀和缩小，将原生质层比作心脏最外面的一层，将使植物细胞失水和吸水的条件比作是小人儿所遇到的外界环境影响。给学生创设一个故事情境，这个小人儿如果很开心幸福，心的形状就会变大（因为充满了幸福），如果很伤心，那心的形状就会缩小，让学生在头脑中有形象的画面，教师结合板书进一步将实验原理形象化。引出植物细胞的吸水和失水，再创设问题情境："问家里大人做白菜馅时为什么常常放一些盐，一会就有水分渗出来了"，引发学生思考。教师提醒启发学生回答问题，并得出植物细胞可以在一定条件下失水和吸水，教师带领学生回顾用哺乳动物成熟的红细胞制备细胞膜的知识和渗透作用，并创设问题情境："植物的原生质层是否可以相当于一层半透膜"，引发学生讨论思考并做出假设。

（2）实验原理讲解，以情境引新知：讲授实验原理之一"植物细胞的原生质层相当于一层半透膜"。教师结合课件带领学生回顾植物细胞的结构，得出植物的水分绝大部分都来自液泡，细胞壁伸缩性小，具有全透性。教师带领学生对原生质层进行复习，以问题情境为引导，再结合 PPT 进行其他实验原理的讲解。

（3）学生分组探究，创设探究情境：由于此实验为探究性实验，学生通过预习自己有验证自己假设的方法，通过提问总结得出验证假设的方法，将学生分组进行实验。小组间进行结果的交流和讨论，互相观看实验现象，观察后进行反思，有助于培养学生合作交流意识，自我反馈意识。

（4）小结呼应情境，巩固升华知识：教师对几个小组的实验结果进行总结评价，最后对正确的实验方法进行总结，优化实验步骤，再次对实验重难点进行巩固。

（5）作业与拓展：①完成实验报告。②如果将 0.3g/mL 的蔗糖溶液换成 0.1g/m，0.2g/mL 或者 0.6g/mL 的蔗糖溶液是否可以？将会有什么实验现象？引发学生思考，培养发现问题解决问题的能力。

五、实验准备

1. 教师准备

实验材料：紫色洋葱鳞片叶表皮。

实验仪器及用具：显微镜、镊子、载玻片、盖玻片、吸水纸、胶头滴管。

实验试剂：0.3g/mL 蔗糖溶液、清水。

2. 学生准备

课前对教师布置的任务认真完成，填写实验报告预习部分。

六、教学过程

教学过程见表 5-32。

表 5-32　教学过程

教学流程实施	教师活动	学生活动	设计意图	传统教学教师与学生活动
故事情境导入，激发学生兴趣	【创设故事情境】 师：在黑板上画出两个小人，"同学们，无论在成年人，还是像你们一样马上面临成年的孩子们中，都会存在一种现象，这种现象老师画在了黑板上，大家仔细观察老师黑板上画的这两个小人，有什么区别呢？" 师：在没有面对社会，学业，生活中的种种压力之前，他是个十分开心的小孩，可是随着年龄的增长，他开心的事逐渐减少了，就变成了开心很少，但随着年龄的增长，他应对外界压力的能力也在增强，心理承受能力在增强，所以，当心理承受能力变强后，她就会应对生活的种种困难，又回到了内心充实、快乐的人了，其实不只是人，植物在一些条件下也有一样的时候	生：这两个小人都面带微笑，但是心的大小却不一样 生：植物细胞中的水分像小人儿心中的快乐一样，渗出来了 认真听讲，积极思考教师提出的问题，回顾之前所学知识 做好笔记，认真思考	用学生感兴趣的形象化故事引起学生学习兴趣 回忆所学知识，及时巩固，做到举一反三	【介绍实验，复习导入】 教师：上节课我们学习了植物细胞的吸水和失水，大家还记得植物细胞失水后，会有什么现象吗 学生：质壁分离 教师：今天我们就通过实验探究植物细胞在什么条件下能发生失水？现象在显微镜下是什么样的 教师：动物细胞的细胞膜相当于一层半透膜，那植物细胞呢 学生：原生质层 教师：正确。原生质层和细胞壁分离的现象就叫作质壁分离，吸水后质壁分离复原 教师介绍实验试剂和仪器 教师讲解制作洋葱鳞片叶表皮细胞的过程和注意事项 教师指导学生在低倍镜下观察洋葱鳞片叶外表皮细胞的紫色液泡大小和原生质层位置

教学流程实施	教师活动	学生活动	设计意图	传统教学教师与学生活动
故事情境导入，激发学生兴趣	【创设问题情境】 师：家里大人在剁白菜馅时经常会加一些盐，一会就会有水分渗出来，大家结合刚才的小故事有什么猜想呢 【创设比较情境】 教室带领学生回顾用哺乳动物成熟的红细胞制备细胞膜和渗透作用的知识 渗透作用原理：当细胞液浓度小于外界溶液浓度时，细胞液内的水分就会通过半透膜进入外界溶液中；当细胞液浓度大于外界溶液浓度时，外界溶液中的水分就会通过半透膜进入细胞液中，如果细胞内外溶液浓度相等，就形成了动态平衡的现象 教师带领学生回顾发生渗透作用的条件：①有半透膜。②半透膜两侧溶液具有浓度差 教师结合课件带学生复习植物细胞的结构，并讲解原生质层是什么	生：这两个小人都面带微笑，但是心的大小却不一样 生：植物细胞中的水分像小人儿心中的快乐一样，渗出来了 认真听讲，积极思考教师提出的问题，回顾之前所学知识 做好笔记，认真思考	用学生感兴趣的形象化故事引起学生学习兴趣 回忆所学知识，及时巩固，做到举一反三	教师：刚才大家已经在地被显微镜下观察到液泡颜色和原生质层的位置，接下来大家可以按照教材上的实验步骤进行实验操作，观察质壁分离的现象 教师：由于洋葱鳞叶内表皮细胞没有颜色，实验结果不明显，所以实验材料选用洋葱鳞片叶外表皮细胞
教师启发引导，学生提出假设	【创设问题情境】 结合刚才所复习的知识，植物细胞既然可以吸水失水，水分进出要经过原生质层，那原生质层是否可以相当于一层半透膜？植物细胞失水和吸水的条件是什么呢？学生提出假设，大概分为两种实验方法	生：做出实验假设：原生质层可以相当于一层半透膜	培养学生探究性实验的素质，大胆进行假设	【学生进行实验】 在学生进行实验过程中用吸水纸吸引蔗糖溶液让整个洋葱鳞片叶外表皮细胞浸润在蔗糖溶液中这步操作容易出现不熟练导致实验结果不准确，所以教师及时去学生周围观察指导
学生分组探究，验证实验假设	将学生分为两组 【创设验证情境】 实验步骤 1. 做一个洋葱鳞片叶外表皮的临时装片 2. 用低倍镜观察细胞中紫色液泡的大小及原生质层的位置	认真进行实验，实验过程中要积极思考，小组之间互相看结果，进行交流	发现问题解决问题的能力培养	教师：老师观察现在大部分学生已经将整个细胞浸润在蔗糖溶液中，现在细胞已经开始质壁分离了。下一步我们可以在低倍镜下观察质壁分离的现象

教学流程实施	教师活动	学生活动	设计意图	传统教学教师与学生活动
学生分组探究，验证实验假设	3. 从盖玻片的一侧滴入蔗糖溶液，在盖玻片的另一侧用吸水纸吸引。这样重复几次，盖玻片下面的叶表皮就浸润在蔗糖溶液中 4. 用低倍镜观察，观察到细胞中的液泡逐渐皱缩变小，并观察原生质层的位置，细胞大小是否变化 5. 在盖玻片的一侧滴入清水，在盖玻片的另一侧用吸水纸吸引。这样重复几次 用低倍显微镜观察，看细胞的中央液泡逐渐变大。观察原生质层位置的变化，细胞大小的变化。另一组学生制作两个装片，分别置于蔗糖溶液和清水中，分别观察实验现象	观察实验结果，完成下面表格 	试剂现象	中央液泡大小	原生质层位置	细胞大小
---	---	---	---
蔗糖溶液			
清水					培养学生归纳和总结能力	【学生观察质壁分离现象】 教师：细胞有什么变化 学生：液泡变小，原生质层与细胞壁距离变大 教师：大家注意记录实验结果 【学生记录质壁分离现象】 教师：接下来大家如果想让质壁分离复原，应该让细胞处于什么样的环境中 学生：应该让细胞重新处于清水环境中 教师：正确。我们可以在载玻片的另一侧滴加清水，另一侧重复用吸水纸吸引
教师评价总结，巩固升华知识	【创设比较情境】 教师将两组实验结果进行比较，发现都已经验证了实验前提出的假设，只是第二组有些耽误时间，教师总结实验结论：植物细胞的原生质层相当于一层半透膜 【呼应教学情境】 师：同学们，实验已经结束了，刚才老师下地观察了一圈，大家的"小人儿"都已经重新找到了幸福，内心都重新充实了起来，老师希望大家在成长的过程中也可以像乐乐一样，即使会有难过失意的时候，但是我们的内心会逐渐强大，可以有能力去面对种种艰难险阻，重新振作起来 【创设呼应故事情境的问题情境】 那我们再来总结一下，使小人儿伤心又开心的外因是什么呢	完善实验报告 生：细胞内外溶液存在浓度差 学生讨论思考后回答：不可以，白菜是白色的，会造成实验结果不明显	培养学生的情感态度与价值观，树立良好人生观，并对生物实验课产生浓厚兴趣	【学生进行实验】 并得到预期试验结果 教师：大家观察到细胞有什么现象吧 学生：液泡变大，原生质层与细胞壁的距离变小，细胞颜色变浅 记录实验现象 教师：正确，大家已经观察到了完整的质壁分离及复原现象 分析结果与预期是否符合 教师：大家想想如果植物细胞壁相当于一层半透膜实验结果有什么不同 学生：植物细胞壁不能相当于一层半透膜，因为植物细胞壁具有全透性 教师：非常好。大家思考植物会因为吸水过多而涨破吗 学生：不能，因为植物细胞有细胞壁，细胞壁有支持细胞形态作用

续表

教学流程实施	教师活动	学生活动	设计意图	传统教学教师与学生活动
教师评价总结，巩固升华知识	师：那内因是什么呢？是原生质层的伸缩性要大于细胞壁的伸缩性 【创设问题情境】 师：如果将实验材料换成白菜可以吗	学生讨论思考后回答：不可以，白菜是白色的，会造成实验结果不明显	培养学生的情感态度与价值观，树立良好人生观，并对生物实验课产生浓厚兴趣	学生：不能，因为植物细胞有细胞壁，细胞壁有支持细胞形态作用
作业与拓展	作业：思考如果将 0.3g/mL 的蔗糖溶液换成 0.1g/mL 或者 0.2g/mL 或者 0.6g/mL 的蔗糖溶液可不可以呢	认真记录作业，认真思考	巩固内化知识	【学生记录作业】

七、教学情境创新之处

（1）植物细胞结构微观不易想象，以学生能引起共鸣小故事进行导入，模拟植物细胞质壁分离的过程，能让抽象的知识形象化，微观的知识宏观化，便于学生理解和掌握。

（2）将学生分为两组，尊重学生在课堂中的主体位置，根据自己的想法进行实验验证。

（3）在实验结束后结合课堂导入的小故事，借机对学生情感态度与价值观进行培养，使学生树立正确的人生观。

八、板书设计

板书设计见图 5-36。

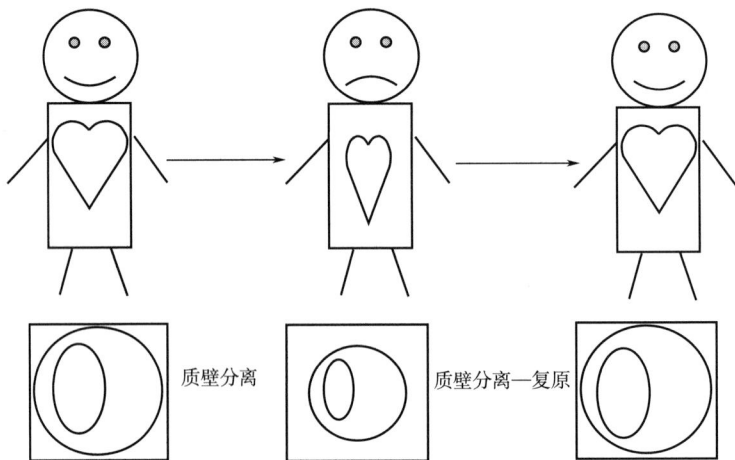

图 5-36　关于情境的板书设计

（案例来源：牡丹江市第二高级中学盛艺）

案例评析

本节是一节探究性实验课，本节课是选自人教版必修1《分子与细胞》模块第4章第1节"物质跨膜运输的实例"中的一节实验课。本实验通过探究证明了成熟的植物细胞可通过渗透作用吸水和失水，是在初中《科学》中"根对水分吸收"的基础上进一步学习植物的水分代谢过程，是前面所学"细胞的分子组成——水"知识点进一步的深化，也与后面学习光合作用、呼吸作用的内容存在着联系，是植物新陈代谢的基础。笔者向学生讲清提前预习的重要性，并交给学生预习的方法：首先，理解实验的原理，明确实验的目的要求。其次，通读方法步骤，仔细推敲每一步的关键字词（主要是操作性的动词），熟悉操作过程。最后，理解每一步操作的原理，笔者在教学设计中充分调动了学生自主学习的积极性。在教学设计时，该教学设计采用分组"提出问题—解决问题—再提出问题—再解决问题"的教学方法，层层深入，逐步深化。课堂充分利用时间，体现在各组实验不同以及循环播放实验操作视频等。并且，为了充分理解知识，利用卡通人物的情绪变化吸引学生注意力，也能通过该案例在最后创设故事情景让学生正确面对生活，培养学生的情感价值观。本课符合新课程标准，通过多媒体、黑板画等多种教学手段，引领学生进行实验操作、观察实验现象、分析实验原理、总结实验结果，将抽象的知识具像化最终完成本节教学目标。

实验课——《探究酶的高效性》

一、实验改进分析

合理的实验设计能够使得实验成功且现象明显，进而得出正确的实验结论，达到《普通高中生物学课程标准》中有关"通过探究性学习活动，使学生领悟科学研究的方法并习得相关的操作技能"的目标。根据教材编排，采用观察试管中过氧化氢酶催化过氧化氢的分解反应，并以三氯化铁溶液催化过氧化氢的分解反应为对照，探究酶催化作用的高效性。若正确进行操作，其实验现象较为直接明显；若稍作改进，能从量变的角度直观看到两组实验的气体体积在相同的时间内变化的量的多少，整个实验过程操作更从容有序、简易，实验现象更清晰、明显，并注重学生动手能力、科学思维及科学探究能力的培养。

二、课前准备

所需溶液见图 5-37。

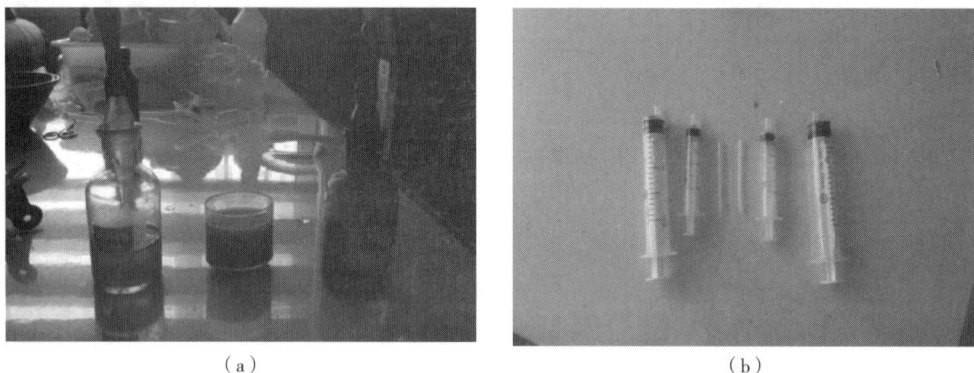

（a）   （b）

图 5-37 溶液

注：（a）中试剂分别是三氯化铁溶液、新鲜肝脏研磨液、过氧化氢溶液

三、教学设计思路

1. 引入

利用加酶洗衣粉和普通洗衣粉在洗衣效果上的区别引入本节课——酶的高效性。和生活实际相关联，可以调动学生学习的积极性及热情。

2. 合作探究

给学生 5 分钟的时间小组内讨论针对学案中存在的问题，各小组长安排好各个成员在课堂讨论时先一对一分层进行讨论，保证每位同学都有事做，每个人都得到最大的满足，每个学习目标都能顺利达成。在此过程中老师必须巡回指导观察，保证讨论的方向，收集需要点拨的问题，二次统计，及时了解学生讨论不能解决的问题。在此过程中根据实验原理结合实际选择实验材料并且设计出实验具体操作程序。

3. 创新实验，自主探究

（1）按照给定的实验材料完成取材的操作，如图 5-38（a）（在 2 支 20mL 的注射器中分别注入 5mL 的过氧化氢并标号 A 和 B）、图 5-38（b）（在 5mL 的注射器中注入 0.2mL 的 20% 的新鲜肝脏研磨液并标号 B′）、图 5-38（c）（在 5mL 的注射器中注入 0.2mL 的 3.5% 的氯化铁溶液并标号 A′）所示。

（2）进行实验：将 A 与 A′ 进行混合，同时将 B 与 B′ 进行混合，观察两试管在 30 秒内注射器活塞移动的距离并进行记录。

（a）　　　　　　　　　（b）　　　　　　　　　（c）

图 5-38　酶的高效性实验

4. 参考实验分析，观察实验结果，得出结论

组内分工合作，计量好给定时间内两组注射器刻度变化的幅度完成表 5-33，从而得出实验结论。

表 5-33　实验结果

加入的物质 实验次数	第一次体积 变化量（mL）	第二次体积 变化量（mL）	第三次体积 变化量（mL）	平均值（mL）
A：3.5% 氯化铁				
B：20% 新鲜肝脏研磨液				

将表 5-33 中的数据在学案上绘制出以时间为横坐标，体积变化里为纵坐标的 A，B 两试管的柱状图。这样可以让学生学会统计数据并能学会利用数据对实验结果进行直观的分析，从而得出了酶具有高效性的实验结论，提升了学生分析实验的能力以及养成严谨的科学实验的态度。

5. 交流反馈，继续探究

展示完毕后，师生一起分析展示内容，可以让学生进行修改，加深印象。老师要出示准确答案，指明方法和思路，以点带面，提高解题水平。老师点拨要高屋建瓴，站在更高的高度启发学生，使学生茅塞顿开。对重点知识，教师要设计 1~2 个问题，进行点拨、拓展。教师抛出问题继续探究"如果两注射器放置一段时间后最终会出现什么结果？并能得出怎样的结论？"（让学生们进行二次讨论）

6. 教学反思

通过本节课的设计，学生的动手及解决生活中的实际问题的能力提高了，学生掌握了酶具有高效性的原因及本质。学生由原来的纸上谈兵到现在的实际操作，用到的实验材料都是平时生活中极易获取的，给学生对生物学科的学习指明了方向，而且要学会用发现的眼光找出我们身边的一些现象并用我们所学知识去解释它，能够学以致用。

（案例来源：山东省滨州市第一中学高瑜）

案例评析

本案例以"酶的高效性"为知识核心，通过"探究影响酶的高效性"的实验设计为情境，以小组合作形式进行学习，在课堂教学过程中采用分析、归纳、交流、合作等形式，让学生在理解"酶的高效性"的同时，获得科学思维和方法的训练。本课帮助学生逐步建立有关酶的生物学概念，并初步了解变量控制、设置对照及重复实验等科学探究方法，教学目标设计合理，学生自主性活动充分而广泛，教学设计深度恰当，主要特点如下。

（1）创设多种学习活动，提升学生理解能力、实验与探究能力、获取信息的能力和综合运用知识的能力。课前利用加酶洗衣粉和普通洗衣粉在洗衣效果上的区别引入本节课——酶的高效性。本课和生活实际相关联，可以调动学生学习的积极性及热情。课堂中通过以小组为单位进行"酶的高效性"相关实验的设计和探讨，培养学生的实验与探究能力；通过将课堂实验设计于课后实践，并在实践中改进完善方案的过程，提高综合运用所学知识的能力。

（2）高度重视实验设计活动的育人价值。学生在"探究酶的高效性"实验设计活动中进一步理解了科学探究的过程、方法和技能，教学中既有小组合作探索、讨论和分享，又有个人自主学习、观察、思考等形式，不仅能培养学生合作学习的能力，还能有效提高学生科学思维。

（3）在合作学习和探究的过程中落实教学目标。本节课始终以学生为学习主体，包含学生自主学习、合作交流、实践探索等环节，并在合作学习和探究的过程中落实教学目标。本课从学生实际出发解决生活中的实际问题，变演示实验为实际动手操作，提高学生的热情和参与度，拉近了理论知识与生活实际距离。

实验课——《探究影响果胶酶活性的条件》

一、教材内容分析

本节课是高中生物必修1《分子与细胞》第5章第1节"降低化学反应活化能的酶"中的第三课时内容,在前两课时中,已经分别完成了酶的作用(实验课,第一课时)、酶的本质及酶的特性中高效性和专一性(第二课时)的教学内容。本节课继续通过探究实验"影响果胶酶活性的条件"来完成酶的第三个特性——"作用条件较温和"的教学内容。这部分内容既可以夯实前面的实验基础,又可以引领后面章节探究实验的进一步拓展延伸。

选择果胶酶为实验材料的原因是STSE教育(STSE是科学、技术、社会和环境英文首字母的缩写)是新课程标准中提出的教学建议之一,在教学过程中要落实科学、技术与社会相互关系的教育。生物学是自然科学中的基础学科,与生活紧密联系,生活中许多实例都能够使学生更好地认识生物科学、生物技术与社会发展及环境保护间的关系。教材中的"科学·技术·社会"栏目是最直接体现STSE教育理念的栏目。因此,教师将教材第85页"科学·技术·社会"专栏中提到的果胶酶与本节课的探究实验进行了优化整合,设定课题为"探究影响果胶酶活性的条件"。

二、学情分析

本节课面向的是省重点中学高一A层次的学生。经过前面内容的学习,学生对生物学实验兴趣极高,学生已掌握了一定的控制变量和设计对照实验的科学方法,所以本节课是建构在学生对于酶已有了一定认识的基础上实施的。

三、教学目标与核心素养

(1)理解细胞中绝大多数化学反应离不开酶的催化,形成酶的结构与功能观。(生命观念)

(2)领悟科学探究方法,拓展实验思维;学会用准确的语言阐明实验探究的结果。(科学思维)

(3)通过合作"探究影响果胶酶活性的条件"实验,学会如何控制自变量,观察和分析因变量以及对照组的设计,培养学生实事求是和严谨的科学态度。(科学探究)

(4)关注生活、生产实际,培养学生对生物科学的兴趣和热爱、关心科技发展,关心社会生活的意识。(社会责任)

四、教学重点

(1)通过探究影响果胶酶活性的条件理解酶的作用条件较温和。
(2)设计探究实验方案,提高实验动手操作的能力。

五、教学难点

确定和控制对照实验中的自变量、无关变量,观察和检测因变量。

六、教学方法

点评法和点拨法、自学导思法，合作探究法。

七、教学实施的程序

教学实施见表 5-34。

表 5-34　教学实施程序

学习任务	教师活动	学生活动	设计意图
课前任务	本节课选用探究的实验材料是果胶酶，在课前，组织学生成立兴趣小组进行"果胶酶对不同水果榨汁的作用效果"探究实验，通过实验确定了实验材料 布置预习作业，学生分组。教师准备实验材料，分发实验报告模板	课题小组同学通过查阅资料，完成探究实验，确定了实验材料——葡萄汁 学生以小组为单位，通过阅读教材，讨论拟定探究的问题，仿照"探究酶专一性的实验"书写、完善实验设计	创造机会，带领生物学兴趣浓厚的学生提前参与到实验中，感受实验过程的魅力 培养学生通过预习、交流合作完成实验设计的能力
创设情境，导入新课	【展示情境】设置情境问题：假如你是一家饮品店的店主，附近客人经常点单鲜榨果汁，你在售卖鲜榨果汁时会有哪些考量呢 追问：如何改进呢 【展示资料】教材第 85 页科学·技术·社会提到：果胶酶能分解果肉细胞壁中的果胶，提高果汁产量，使果汁变得清亮 【展示资料】细胞壁的结构，通过举例山楂果胶含量最高，煮沸的山楂泥可以制作山楂糕讲解果胶及果胶酶的作用	学生积极参与，回答问题：生 1：果汁的"卖相"好不好？生 2：比如节约成本，提高出汁率等 学生开动脑筋，积极回答问题 学生观看课件，聆听教师讲述，理解果胶酶的作用效果	以联系生活实际的问题激发学生的学习兴趣 通过教材内容，引出本节课探究的对象——果胶酶，使学生感悟生命观念之结构与功能观
	【引导思考】作为店主我们可以在榨取果汁时，添加果胶酶，为了让其更好的发挥作用，又需要考虑哪些条件呢 本节课，我们就来探究影响果胶酶活性的条件	学生思考后回答，如考虑温度、pH、酶的用量等	引导学生通过思考，提出探究实验的自变量
学习、评价兴趣小组实验过程及结果	【展示资料】购买的果胶酶图片，简介及提出对实验材料选择的不确定性，引出课前兴趣小组成员进行实验的准备工作，并请同学代表分享实验的过程及结果 教师聆听学生发言过程中及时发现存在的问题，并进行"点拨"提问式补充	兴趣小组代表结合 PPT 展示汇报课前实验过程及最终结果选定的实验材料 全班同学聆听、思考、体会学习探究实验对照组的设计	锻炼汇报学生的语言表达能力 通过聆听汇报内容，激发学生动手实验兴趣

续表

学习任务	教师活动	学生活动	设计意图
讨论修改实验方案，进行探究实验。（大约20分钟）	【展示资料】给出果胶酶的作用温度和pH范围等信息 【布置实验任务】要求学生根据提供的材料用具确认实验方案后，再动手进行实验，进行实验结果的记录及思考，分析出现相应现象的原因 【巡视点拨】教师在学生实验过程中，巡视，掌握各小组探究的课题内容，及时发现问题，给予适当点拨	学生结合"果胶酶"合作讨论，将原有实验设计方案修改完善后，进行探实验 各小组分别进行对温度或pH的探究，记录实验现象，分析交流	通过分组实验的过程，既锻炼了学生的实操能力，同时学生对探究实验基本流程的学习也不再是"纸上谈兵"。提高了学生的科学探究能力
师生互动分析，交流实验结果	【表达与分享】实验结束，分别选择探究温度、pH的小组成员，结合投影实验方案，展示实验（试管）现象，分享实验过程 此过程中，教师要引导学生表述清楚自变量的控制（如探究温度的小组，在实验过程中的操作顺序）、因变量的检测，是否设置对照组，无关变量的控制等	小组代表展示实验方案及现象，学生在分享与被分享过程中聆听、思考、点评，掌握科学的实验方案要从以下方面思考：明确实验原理，确定自变量和因变量，设定对照组，选择实验材料，先写出实验步骤及实验结果的预期。也对酶的作用条件较温和有了直观的认识	逐步提高学生语言表达能力；使学生具有质疑、创新和勇于实践的科学精神与态度，掌握科学的实验设计思路，培养科学思维
通过实验，总结获取新知	【重点突破】①指导学生回归教材：溶液的温度和pH都对酶的活性有影响，与无机催化剂比，酶的作用条件较温和。②学会分析表述教材图5-2，图5-3的酶活性受温度、pH影响的曲线。③教师引导学生关注两个曲线的不同之处，从而引导学生分析过酸、过碱或高温，都会使酶永久失活的原因。④酶制剂的保存温度条件及原因	学生阅读教材，结合预习及实验得出的现象，思考、学习、整理记录酶的特性——作用条件较温和。能够通过分析曲线得出在最适宜的温度、pH条件下酶活性最高，温度和pH过高或过低酶活性都会明显降低 学生通过之前的学习，已经认识到酶是生物大分子，都有其特定的空间结构，当环境中的温度过高、pH值过高或过低时，这些有机物的空间结构就会发生改变，使酶永久失活。0℃左右的低温虽然使酶的活性明显降低，但没有破坏酶的空间结构，在适宜的温度下酶的活性可以恢复	这一环节的设置有助于学生更好地理解酶作用的原理 训练学生从曲线图像中提取信息、分析信息的能力和语言表达能力 使学生再次深入形成生命观念之结构功能观
升华，启发学生进一步探究	【总结升华】再次通过展示教材科学·技术·社会的内容，使学生了解酶普遍而广泛的应用于我们的生产生活中，酶工程技术的发展及意义 【课后延伸】本实验过程中有哪些可以改进完善的地方？影响果胶酶活性的因素还有哪些？同学们可进一步学习	学生认真聆听，深刻的理解酶对于我们生命活动的意义 学生以小组为单位，完成课后查阅资料或进行实施实验设计	培养学生崇尚科学的态度和实事求是的精神。通过普及酶存在的普遍性的知识，促使学生形成关心社会生活的意识。（培养学生的社会责任）

八、板书设计

板书设计见图5-39。

探究影响果胶酶活性的条件

作用原理

一般流程 ← 探究实验 ← 果胶酶 → 作用条件较温和

↓注意　　　　↓活性　　　　↓

变量与对照　　其他因素　　适宜温度、pH

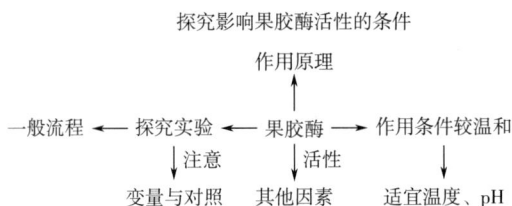

图 5-39　板书设计

九、教学反思

本节课注重与现实生活的联系。为了引起学生的兴趣，本课选择果胶酶来设计探究实验，使学生在课堂上进行有效的探究，是比较成功的。学生通过实验操作、观察、分析、互相讨论，发挥群体智慧以达到解决问题的目的，也更好地培养了科学思维和科学探究能力，达到了较好的教学效果，也体现了课改的精神。

在新课改背景下，教师应能灵活的运用教材，充分开发和利用教材中的"探究实践""与社会的联系""科学·技术·社会""生物科学进展"等栏目中的信息内容合理设计，创造性地完成教学任务。本课实施新课改提倡的情境化教学，能使学生的知识和认知更加具体化、形象化、生动化、思维化，既提高了学生的学习效率，也是知识和素养之间的桥梁。

本节课存在的不足：①课堂时间紧张，未能将每一小组学生存在的问题都及时呈现并分析解决。②教材中安排的通过定量分析认识酶活性范围的探究实验，由于教学层次过高，仪器设备和课时限制，未能结合在教学中让学生通过亲自实验领悟体会。

（案例来源：哈尔滨市第九中学徐上）

案例评析

本案例中教师教学目标明确，教学手段多样，对教材分析、处理到位，能够充分研究、开发教材，对"科学·技术·社会"等栏目中的信息内容进行了创造性的设计，也提示了教师们可以更充分地挖掘教材内容以更好的填充课堂教学，为教学提供了一个多元化的思路。教师选题注重从学生的生活实际出发，有助于引起学生的兴趣，同时也符合现在的情境化教学的要求，引导学生在真实的情境中进行合作、交流、探究。学生在动手操作过程中将抽象的酶相关知识具体化、形象化，并在提高核心素养的同时将知识内化为自己能理解的、可掌握的内容。这种做法减轻了学生的学习负担，提高了学生的学习效率，在知识和素养之间搭建了便捷的桥梁。

整节课注重培养学生的科学思维和科学探究能力，符合新课改的要求，整节课中学生之间充分讨论、团队合作，锻炼了学生的表达能力，培养了学生的合作意识，在动手实践过程中充分提高了实验设计能力及实验操作能力。这也是新高考的育人价值的体现。整节课的教学氛围热烈，取得了很好的教学效果，体现了新课改的精神，一定程度上提高了学生的核心素养，并且贯彻落实了 STSE 教育的要求。

实验课——《探究酵母菌细胞呼吸的方式》

实验课教学设计见表 5-35。

表 5-35　教学设计

课题名称		探究酵母菌细胞呼吸的方式	第 1 课时	年级	高一
教学目标	素养指向	科学探究、科学思维			
	具体目标	1. 根据假设设计实验、改进实验。通过对细胞呼吸方式的学习，建立起物质观 2. 根据设计操作实验、评价实验。通过对细胞呼吸方式的判断，培养对问题进行推理，并做出合理判断的能力，注重科学思维的训练 3. 学会对比实验的设计方法和思维。掌握对生物学问题进行科学探究的能力 4. 对发面过程提出合理建议。培养学生联系生活实际，学以致用的能力			
教学重点		关于"酵母菌细胞呼吸的方式"探究实验			
教学难点		酵母菌细胞呼吸的实验设计与分析			
教学方法		讲授法、自主学习法、谈话法、演示法、任务驱动法			
教学过程					
教学环节		教师活动	学生活动		设计意图
引课		课前准备和面过程的照片，刚形成面团的照片，发好的面团照片。一张幻灯展示制作面团的过程及最终的面团形态进行引课，请同学们看教师手上的两个馒头，哪个看起来更有食欲？他们的前世是两个相同的面团，今生为什么会有这么大差距？猜一下，老师对他们做了什么	学生思考、回答		通过创设情境，启发从生活体验中发现问题，引发学生学习热情。情境化教学使知识和认知更加具体化、形象化、生动化、思维化，提高了学生的学习效率，是知识和素养之间的桥梁，也是沟通知识与思维的桥梁
提出问题做出假设		引导学生按照学过的探究实验的一般步骤，来一起探究一下酵母菌细胞呼吸方式，请学生观察一下昨天教师做的面团，都发现了什么现象 请学生根据发现的现象，提出与酵母菌细胞呼吸有关的问题，并说出自己的假设，写在学案上，回答任务 1：你提出的问题是什么？任务 2：你的假设是什么？由于各种因素影响（如时间、实验器材等限制），集中探究三个问题：第 1 个：酵母菌有氧条件下是否可以产生 CO_2？第 2 个：无氧条件下可以产生 CO_2 和酒精？第 3 个：两种条件下产生的 CO_2 是否一样多？一共六组，其中每一个小组必需探究其中一个问题，一个问题最多可以有两个小组的同学探究	学生回答 学生通过合作、交流、探究完成任务 1、任务 2 和任务 3		有助于学生对概念的深入理解，通过对现象的观察，学生通过思考，提出相应的问题，培养了学生的独立自主思考能力，有助于学生科学思维的培养

教学环节	教师活动	学生活动	设计意图
实验设计	教师向学生介绍实验的材料和用具。讲解溴麝香草酚蓝溶液的作用，酸性重铬酸钾的作用，澄清石灰水的作用。介绍给学生准备的酵母菌、葡萄糖等试剂 演示：（低温葡萄糖和酵母）将葡萄糖倒入酵母菌培养液中，摇晃混匀。请同学们通过讨论设计一下小组要探究的问题的实验方案，并回答任务3：本实验的自变量是什么？因变量是什么？无关变量（即控制变量）是什么？任务4：如何设置实验装置？教师提出要求，在学案上写出探究问题，下面简单画出实验装置图，并记录好实验现象及现象出现的时间，每个小组同学派代表到前面来展示汇报，引导各小组在实物投影上展示实验方案。其他小组对方案进行评价和建议	学生通过合作、交流、探究完成任务4 学生认真观察 分小组讨论实验方案，并书写于学案上 小组汇报实验方案	本环节引导各小组在实物投影上展示实验方案。其他小组对方案进行评价和建议。学生认真观察分小组讨论实验方案，并书写于学案上小组汇报实验方案，培养学生实验设计能力、合作意识、表达能力和质疑精神
进行实验	各小组已经有了具体实验方案，请同学们开始实验。任务5：各小组分组进行实验，做好分工，如发现问题由小组代表及时写在学案上，记录好实验现象。并及时讨论分析实验结果，得出实验结论，小组代表要进行汇报交流。教师指导。各小组合作完成探究实验，并将实验现象及数据记录于学案	学生通过合作、交流、探究完成任务5。各小组合作完成探究实验，并将实验现象及数据记录于学案	侧重培养学生的实验操作能力，合作探究能力，实验现象的观察和分析能力。学生通过动手对知识有了更加深入的理解，达到了深度学习的目的。以探究为特点的教学不仅会直接影响核心素养中"科学思维""科学探究"的落实，也会间接影响另外两个核心素养的达成
结论、交流	任务6：教师引导各小组展示实验成果，并对实验过程进行汇报。完成对各种不同的实验结果进行客观的分析和评价。生生互评，师生讨论，培养学生语言表达能力，帮助学生养成客观、实事求是和质疑的精神 同时请学生观察并回答教师演示实验的结果为什么与大家的不同	各小组进行实验结果的汇报，完成任务6	对各种不同的实验结果进行客观的分析和评价。生生互评，师生讨论，培养学生语言表达能力，帮助学生养成客观、实事求是和质疑的精神，实现深度学习
应用及进一步探究	任务7：我们还可以进一步探究其他问题，例如如何以及如何探究有氧呼吸和无氧呼吸释放能量的差异？其他生物或细胞的细胞呼吸的条件及产物是什么	学生结合本节课的探究学习，提出是酵母菌更好的发酵的方法。完成任务7	学以致用，源于生活，回归生活，达成基于核心素养下的深度学习教学目标

续表

板书设计：

探究酵母菌细胞呼吸的方式

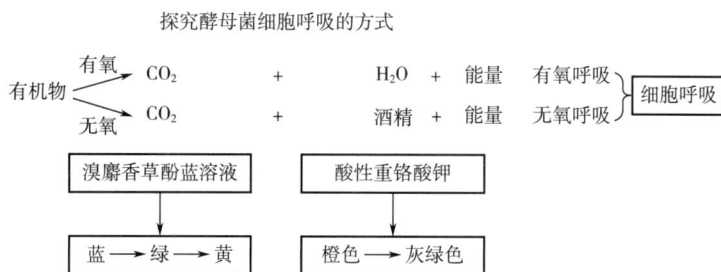

教学反思：提供的实验材料和用具很多，可以更多地引导出多种实验装置，前面展示时间可以适当缩短，后面学生实验更加充分。整体侧重培养了学生科学思维和科学探究的核心素养，今后的教学中应进一步加强实验教学的研究及实践

课题	探究酵母菌细胞呼吸的方式学案		上课教师	哈九中　徐晶
班级		姓名	小组	

学习目标	素养指向	科学探究、科学思维
	具体目标	1. 根据假设设计实验、改进实验 2. 根据设计操作实验、评价实验 3. 学会对比实验的设计方法和思维 4. 对发面过程提出合理建议

学习过程

实验器具、材料及用量

①酵母菌溶液：其中加了 30mL 水，让酵母菌处于有活性的状态

②120mL、5%葡萄糖溶液，存于烧杯中。使用时一个锥形瓶中只加入 120mL

③连接有胶塞的玻璃导管，不能用力按压导管的直角拐弯处，避免划伤

④质量分数 10%的 NaOH 溶液：可以吸收 CO_2

⑤澄清石灰水：检测 CO_2，变浑浊

⑥溴麝香草酚蓝溶液：会随 pH 降低发生颜色变化，由蓝变绿再变黄

⑦酸性重铬酸钾：橙色的重铬酸钾在酸性（浓硫酸）条件下与乙醇（俗称酒精）发生化学反应，使酒精变成灰绿色。重铬酸钾中加入了浓硫酸，所以使用时需要找老师加入。为了防止浑浊的酵母菌对实验现象的干扰，需用漏斗对培养液进行过滤，将酵母菌培养液过滤到离心管中（3mL），盖好蓝色盖子找老师加入重铬酸钾

⑧注射器：带刻度，可以用来给实验装置通气，但是要注意打气时不要倒吸，既可以量取，也可以用于其他用途

⑨锥形瓶、漏斗、滤纸、保鲜膜

⑩离心管（蓝色盖子、带刻度的小管）：可用于收集过滤液；医用输液器

提出问题

作出假设

设计实验（可以用文字或简单的装置图说明实验方案）

进行实验（小组内应有专人负责记录实验现象，如出现的颜色变化以及出现现象所用的时间等）

结论、交流

应用及进一步探究

（案例来源：哈尔滨市第九中学徐晶）

案例评析

这节实验课的素养指向重点为科学探究、科学思维，引课方面教师先引导学生根据面团的差异，鼓励学生提出相应的问题，培养了学生的独立自主思考能力，有助于学生科学思维的培养。

本节课教师提供的实验材料和用具很多，可以更多地引导出多种实验装置，以学生为主体，自主讨论、书写设计展示实验方案，生生互评，有利于培养学生实验设计能力、合作意识、表达能力和质疑精神。

教师引导各小组开展探究实验时侧重培养学生的实验操作能力、合作探究能力、实验现象的收集及处理能力。学生通过动手对知识有了更加深入的理解，达到了深度学习的目的，也很好地落实了科学思维和科学探究素养的要求。在各小组展示实验成果，并对实验过程进行汇报的环节中，生生互评，师生讨论，体现了"教—学—评"一体的结合，锻炼了学生的语言表达能力、合作交流能力，同时思维的碰撞也会产生火花，在引导学生回答演示实验结果不同的原因时培养了学生的逻辑思维。

最后的应用及进一步探究中引导学生利用本节课所学知识解决考试的问题，提出是酵母菌更好的发酵的方法，前后呼应，达成基于核心素养下的深度学习教学目标。

总体来看，本节课的预定目标基本达成，一定程度上提高了学生科学思维和科学探究的核心素养。不足之处是前面展示时间可以适当缩短，后面学生实验更加充分。

项目化学习案例——《家庭蔬菜种植，如何增产?》

一、项目主题的确立

问题背景：寒假——正值疫情转折的时期，大家都减少了外出，为了丰富假期生活，很多家庭在家里种植起了蔬菜，怎么才能实现蔬菜增产呢？这一问题引发了学生的思考，提高蔬菜产量最关键的是提高光合作用强度。

知识基础：必修 1 第 5 章第 4 节《光合作用与能量转化》。

项目主题：家庭蔬菜种植，如何增产，开展"探究不同环境因素对光合作用强度的影响"的实验。

二、项目实施流程

（一）选定子项目

进行分组（每组 8 人）。

（二）子项目一

探究光照强度对植物光合作用强度的影响。

1. 确定材料

菠菜（便宜，容易获取，实验效果好）。

2. 设计实验（单一变量原则）

（1）自变量——光照强度，控制自变量：调整叶圆片与灯的距离。

（2）因变量——光合作用强度，检测因变量：观察相同时间内，叶圆片上浮的数量，叶圆片浮起数量越多，代表光合作用强度越大。

3. 实验过程

实验过程见图 5-40。

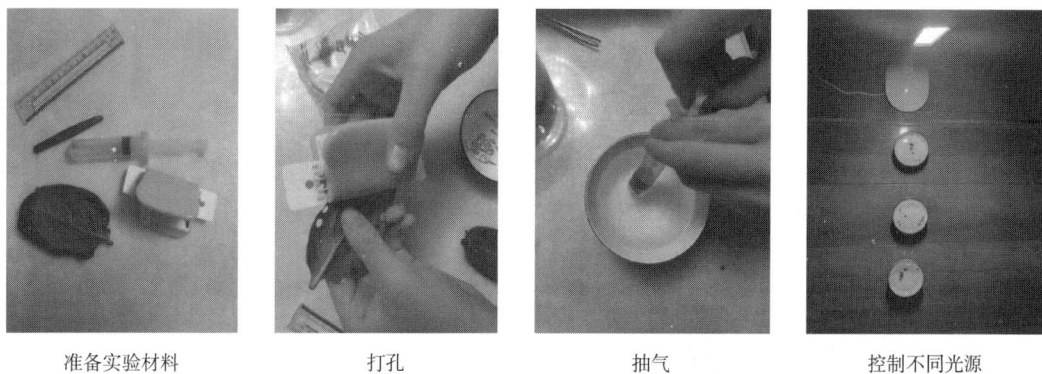

| 准备实验材料 | 打孔 | 抽气 | 控制不同光源 |

图 5-40　实验过程

4. 实验结果

实验进行到20分钟时：距离光源10cm的容器中，叶圆片浮起9片；距离光源30cm的容器中，叶圆片浮起4片；距离光源50cm的容器中，叶圆片浮起1片。

5. 实验结论

在一定的范围内，随着光照越来越强，光合作用强度越来越大。

6. 实验中遇到的问题及解决办法

问题1：菠菜叶圆片在抽气时出现不易下沉的现象。

小组成员查找到的相关资料：低温下植物调节原理——密度变大的原因：①自由水减少、结合水增多。②呼吸减弱消耗减少，有利于糖分等的积累，可增加细胞液浓度。③细胞膜受损气体溢出较快。

解决办法：实验前将菠菜放置到冰箱4℃左右处理一段时间。

问题2：菠菜叶圆片在抽气时容易出现贴壁现象。

解决办法：选择50mL或60mL的针管。

（三）子项目二：探究 CO_2 浓度对植物光合作用强度的影响

1. 虚拟软件

本组学生利用NOBOOK虚拟实验室软件进行仿真实验，真正实现生物学与信息技术的融合（图5-41）。

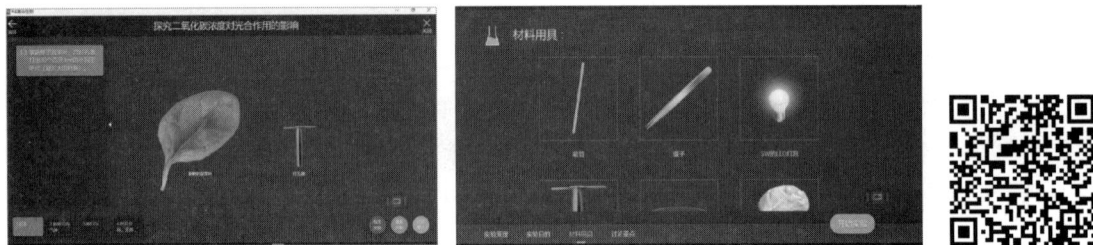

图5-41 虚拟实验室软件

2. 实验材料

菠菜。

3. 单一变量原则

自变量——CO_2浓度，因变量——相同时间内，叶圆片上浮的数量。

4. 问题

如何控制自变量？

解决方法：利用小苏打配置不同浓度的 $NaHCO_3$ 溶液，以提供不同浓度的 CO_2。

5. 实验结果

实验结果见图5-42。

6. 实验结论

在一定的范围内，光合作用强度随着 CO_2 浓度的升高而升高。

图 5-42　实验现象

（四）子项目三：探究光质对植物光合作用强度的影响

1. 实验材料

菠菜。

2. 单一变量原则

自变量——光质，因变量——光合作用强度，检测因变量：观察相同时间内，叶圆片上浮的数量，尽量控制无关变量相同且适宜。

3. 问题

问题 1：选择什么颜色的光呢？

解决办法：选择购买绿色、红色、蓝紫色的灯泡（图 5-43）。

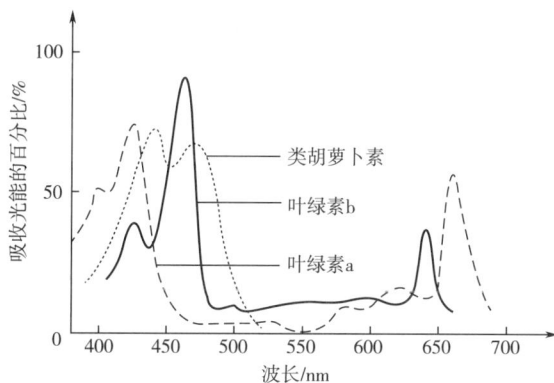

图 5-43　叶绿素和类胡萝卜素的吸收光谱

问题 2：如何排除日光灯和自然光的影响？

解决方法：利用废弃的快递盒，制作一个暗室。

优点：环保省钱、聚光效果好、发热量低、排除外界光的干扰（图 5-44）。

图 5-44　暗室

4. 实验结果（表 5-36）

表 5-36　实验结果

光照时间/min	叶圆片上浮数量		
	红光	蓝紫光	绿光
5	0	0	0
10	1	2	0
15	1	3	0

5. 实验结论

不同光质对光合作用强度的影响不同，植物对于红光和蓝紫光容易吸收。其中，植物对蓝紫光的吸收效果更好，光合作用作用强度较强。植物基本不吸收绿光。

三、项目化学习总结及评价

1. 实验结论

三组实验表明，适当提高光照强度、CO_2 浓度可以提高光合作用强度，蓝紫光组比红光、绿光组提升光合作用强度的效果更好（图 5-45）。

蔬菜增产：在阳台种植蔬菜，提供足够的光照；种子不能撒的太密集，便于通风（通 CO_2）。

应用于生产实践：

"正其行，通其风"
（提高CO_2浓度）

植物工厂：人工补光，
补蓝紫光

图 5-45　实验结论

2. 项目化学习评价

（1）实现了不同学科之间的融合，如利用信息技术熟悉实验流程、利用化学原理控制自变量、利用物理学科中对光质的分析选择不同颜色的光源。

（2）学生大胆创新，制作暗室排除无关变量的影响，完成实验装置的改进。

（3）经历了思考与实践，落实科学思维的培养；在设计实验、完成实验过程中，体验科学探究的严谨性和复杂性。

（4）解决问题的过程中，小组成员及时沟通，提升了合作意识和团队协作能力。

（5）基于真实情境，实现了"学"与"用"的有机结合。

（案例来源：哈尔滨市第一中学校张佳会）

案例评析

项目化学习注重挑战性问题的解决，是以学习者为中心的实践性学习活动，也是培养学生科学思维、落实生物学核心素养的重要学习方式。为了有效落实新课程的理念，培养高素质人才，生物教研组积极开展了以"家庭种植蔬菜，如何增产"为主题的项目化学习活动。学生在亲身经历了实验探究后，学会了用知识去解决真实情境下的问题，用理论知识指导生产实践，对蔬菜种植的增产给出了切实可行的建议，真正实现了"学"与"用"的有机结合。

学生对与学科有关的驱动性问题进行深入持续的探索，调动所有知识、能力、品质创造性解决问题形成核心知识，能够在新情境中进行迁移，即项目化学习。作为教师，我们很难将每节课都设计成项目化学习，但是我们始终要记住：我们要教给学生的不是背书，也不是记住别人的思想，而是让本人去思考。

项目化学习案例——《细胞增殖的模型构建》

项目化学习案例见表5-37。

表5-37 项目化学习案例

项目名称	《细胞增殖的模型构建》			
适用年级	高一	项目时长	15天	涉及学科	生物、数学、美术

项目简介：

《细胞增殖的模型构建》这一项目的确立缘起于学生对有丝分裂和减数分裂过程理解的晦涩，对其意义理解的浅显。因此希望通过项目制学习的方式，从结构变化、数量变化等多个角度设计构建一个细胞增殖的过程。这个项目的主旨是让学生了解并掌握构建各类模型的方法，同时利用构建模型的过程借助数学等多学科知识，理解生物学中抽象的知识，同时引发学生在模型构建过程中的艺术追求

驱动问题	1. 有丝分裂和减数分裂过程中染色体及DNA数目发生了什么样的变化 2. 有丝分裂和减数分裂的意义是什么
核心概念、跨学科概念	核心概念：细胞周期、有丝分裂、减数分裂、染色体、DNA 跨学科概念：模型、坐标、曲线、写实、美观
学习目标	1. 通过观察分析显微图像和模式图，概述有丝分裂和减数分裂各时期的主要特征，并延伸到模型设计上 2. 通过对有丝分裂和减数分裂模型的设计和构建，阐明有丝分裂和减数分裂的结果及异同 3. 通过模型构建中染色体的模拟，掌握染色体的计数方法，并进一步绘制数学模型，总结染色体和DNA的变化规律 4. 通过对模型中子细胞种类比较，总结两种分裂方式存在的意义及有性生殖后代稳定性和多样性的原因 5. 通过对模型的评价，认同创新、科学及严谨在获取知识及科学发展中的重要性。确定美观和写实的主次地位
学习评价	过程性评价 1. 是否预习 2. 是否有发言 3. 是否有质疑 4. 过程中所起的作用（设计、操作等） 总结性评价 1. 物理模型、概念模型、数学模型的呈现及科学性评价和艺术性评价 2. 实验及实验报告的完成程度及结果评价
实施过程	本项目的实施过程主要分成四个部分 1. 有丝分裂和减数分裂理论知识的掌握 2. 有丝分裂和减数分裂过程的实验观察 3. 有丝分裂和减数分裂各时期物理模型的构建 4. 有丝分裂和减数分裂数学模型及概念模型的构建 任务一 学习有丝分裂和减数分裂相关知识，包括有丝分裂和减数分裂过程及各时期特点，各时期染色体、DNA数目的计数以及两种分裂方式的意义

实施过程	时间安排：3课时+课余时间 学习活动1：①建立学习小组，利用课前预习及课堂学习，学习有丝分裂和减数分裂过程及各时期特点，包括染色体的分布特点，细胞结构的变化。②体会两种分裂方式的存在对个体的意义 核心问题1：①什么是细胞周期？所有细胞都有细胞周期么？②间期发生了哪些物质变化？③有丝分裂各时期细胞结构变化及染色体形态数目变化？④减数分裂各时期细胞结构变化及染色体形态数目变化？⑤有丝分裂和减数分裂的区别和存在的意义 阶段性成果1：①绘制有丝分裂和减数分裂过程图。②编制有丝分裂和减数分裂异同点表格 任务二 通过实验和网络资源观察真实的有丝分裂和减数分裂。 时间安排：1课时+课余时间。 学习活动2：①以小组为单位，利用学校实验资源完成下列实验任务：a. 观察根尖分生组织细胞的有丝分裂；b. 观察蝗虫精母细胞减数分裂装片。②小组有余力的情况下，尝试选取合适的实验材料（例如大葱花药）制作装片观察减数分裂。尝试观察其他类型细胞的有丝分裂。③利用网络查找资源，观察两个分裂过程的视频或者动图 核心问题2：①各时期染色体分布有什么样的特点。②镜下不同时期细胞数目多少的统计能说明什么。③为什么镜下看不到细胞分裂的动态过程 阶段性成果2：撰写的实验报告 任务三 构建有丝分裂和减数分裂各时期物理模型 时间安排：1课时+课余时间 学习活动3：选择合适的材料，以小组为单位进行时期分配，组员构建有丝分裂和减数分裂不同时期的物理模型。需要注意的是分配任务前，需要统一原始细胞的染色体数量、选材标准、模型大小等指标 核心问题3：①各时期染色体分布及数目有什么特点。②在进行模型构建的时候，美观和写实的主次关系 阶段性成果3：不同分裂时期的物理模型 任务四 对各时期模型进行组合（同组组合、不同组组合均可）构建有丝分裂和减数分裂过程模型，并进一步构建相关数学模型和概念模型 时间安排：1课时+课余时间 学习活动4：①组合各时期物理模型，构建有丝分裂和减数分裂过程模型。②对分裂过程中的染色体数目、DNA数目、染色单体数目及同源染色体进行计数，找出过程数目变化规律，构建数学模型。构建数学模型时需要注意横纵坐标的科学性和跟实际细胞时期长短的比例。③整理两种分裂方式的特点、区别等，最终形成概念模型。构建概念模型时需要注意，美观、实用和概括性的统一 核心问题4：①物理模型和数学模型怎样有机结合起来。②怎么利用数学知识、美术知识使模型写实性与观赏性兼具 阶段性成果4：有丝分裂和减数分裂的物理模型、数学模型、概念模型
学习成果	实验报告： 1. 观察根尖分生组织细胞的有丝分裂 2. 观察蝗虫精母细胞减数分裂装片 模型： 1. 有丝分裂和减数分裂过程的物理模型 2. 染色体和DNA数量变化的数学模型 3. 有丝分裂和减数分裂过程的概念模型

效果和反思	本项目将生物科学、数学思维、美术及设计等进行了整合，通过开放性的任务，极大地激发了学生的学习兴趣、创造力。该项目很好地发展了理解、分析、应用、评价、创造和执行等能力。通过作品的形成和展示让学生获得了成就感，对以后的学习充满了信心和兴趣。同时老师在这个过程中深刻地认识到，艺术能使得 STEAM 学习更有趣，学生们对美的追求，使他们更容易激发创造力，更容易去深入思考 值得注意的是，除了最终构建出的成功模型，活动中间出现的一些问题的记录很重要。教师可以从中不断地对学生进行过程性评价，学生可以发现思维上的误区和理解上的偏差，从中也能体会到创造的严谨性和不断修正的重要性

1. 过程记录（精选）（图5-46）

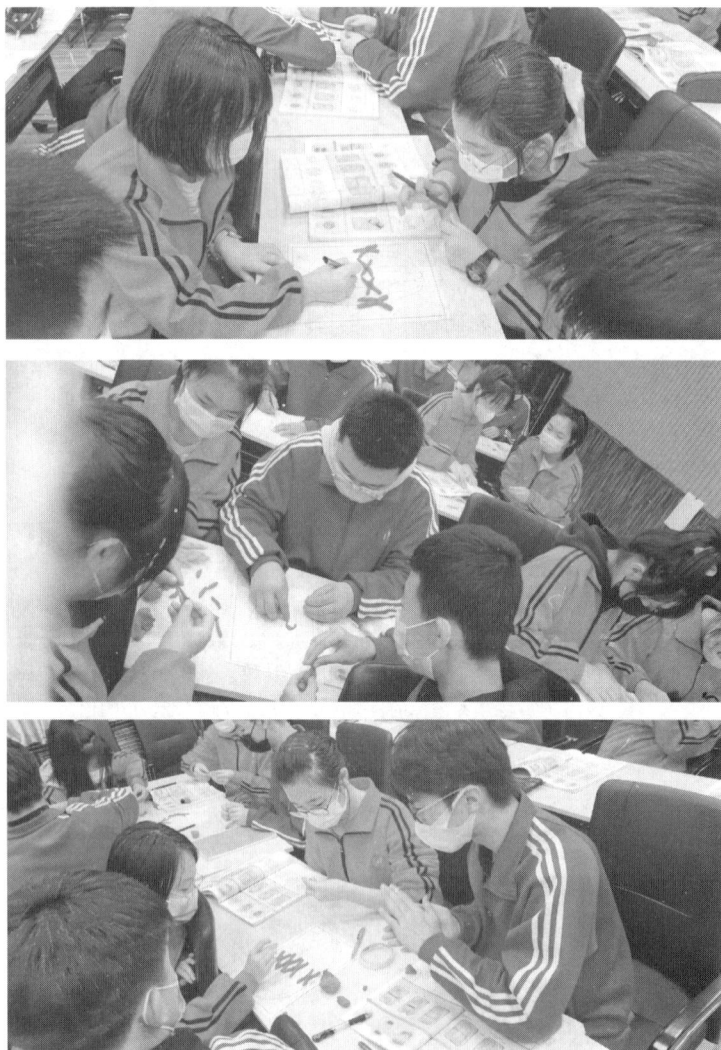

图5-46　过程记录

2. 项目过程评价表（共 4 个）（表 5-38）

表 5-38　任务四评价表

组别	数学模型数量	概念模型数量	创新之处	观赏性	不足之处
第一组					
第二组					
第三组					
第四组					

3. 学习成果：模型、实验报告（精选）（图 5-47）

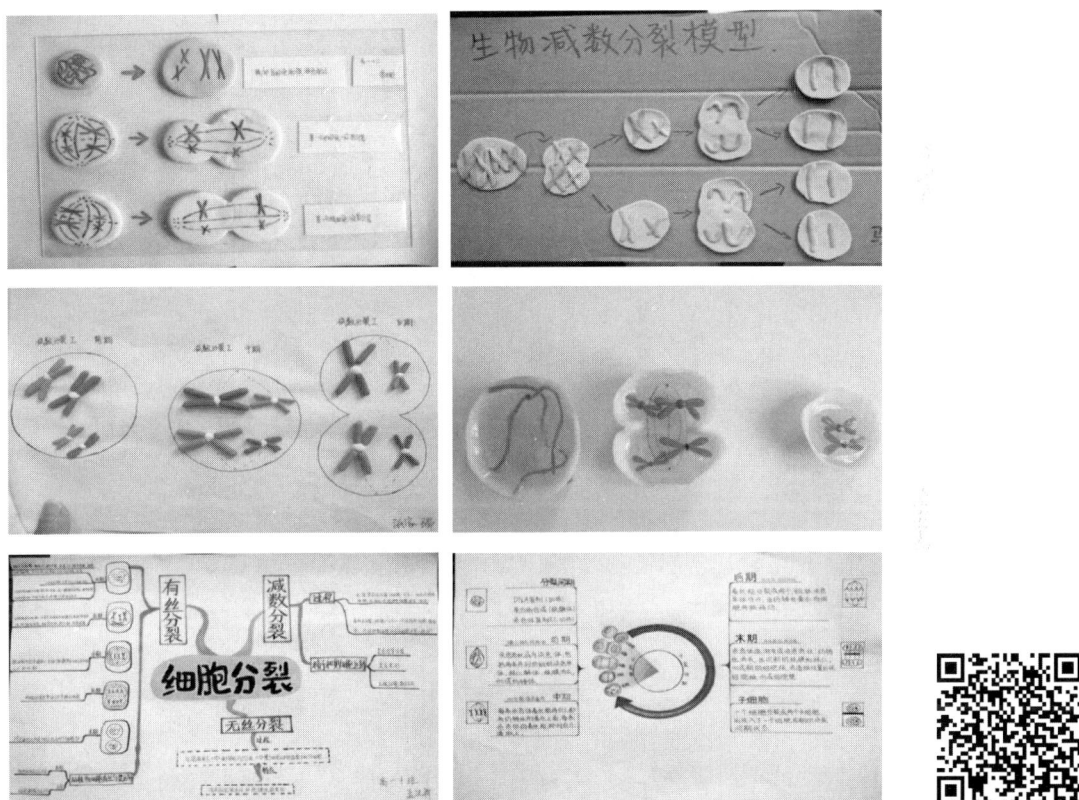

图 5-47　学习成果

（案例来源：牡丹江市第三高级中学张琳琳）

案例评析

随着生物核心素养的提出，已经有很多生物教师在把教学的重心从"知识记忆"转移到"能力发展"。项目化学习这一创新的学习方式能够尽可能地帮助每一个学生在多样化的学习过程中进行主动学习，项目化学习的适当性，有助于丰富学生的知识储备，提升学生的综合思考和实践能力。这个教学案例是生物学科项目化学习中的一个典型案例。案例中比较值得大家关注的有三个方面。一是学生活动的设计。该案例中学生活动形式多样、生物学科特点强烈，从物理模型的制作到思维导图的绘制，到实验操作及实验报告撰写，从多个角度发展学生能力。同时活动设计具体，可操作性强，使活动并没有流于表面，能真正落到实处。二是项目设计中关注了跨学科的学习，涉及数学、美术等多学科交叉和融合，关注了在生物学习中其他学科知识使用，对学习成果的评价中，既关注了科学性又关注了美观性和艺术性，既培养了学生的科学思维又关注了学生的审美。三是对学习学习成果的评价，对各种学习活动的评价都有细致且可行性强的评价标准，有助于对学生的活动和成果进行评判，及时评价能帮助学生项目持续高效进行，同时也有助于教师及时对项目化学习进行修正和指导。

第四节　教学片段设计案例

《细胞衰老的特征》

《细胞衰老的特征》教学片段设计案例见表5-39。

表5-39　《细胞衰老的特征》设计案例

片段题目	细胞衰老的特征	重点展示技能类型	导入技能 讲解技能 提问技能
学科内容学习目标	1. 通过情境创设、图片对比等方式对细胞衰老的特征进行总结，学生能够阐明细胞衰老与个体衰老的关系并认同细胞的衰老是一种自然的生理过程 2. 通过进行"延缓衰老"的话题讨论，学生能够关注健康与养生，养成良好的生活习惯，促进人的健康衰老		

教学过程			
时间	教师行为	预设学生行为	教学设计意图
技能训练目标	1. 导入技能呈现在一节课的开始，力求达到生动有趣并能自然的引入教学内容的目标 2. 讲解技能贯穿教学过程始终，力求达到教学语言简洁流畅，通过语言技巧的运用吸引学生注意的目标 3. 提问技能在教学环节中多使用，力求达到问题设计得当、难度适中，紧凑教学环节的目标		
1分钟	【参与（engagement）——创设情境，激发兴趣】 　情境创设：基于《西游记》的故事背景创设情境进行导入 　从我国四大名著之一《西游记》引出"长生不老"这一话题	通过分析故事发生的原因。表达自己对于"长生不老"这一观点的看法	通过充满趣味性的情境创设，激发学生的学习热情，自然地引入本节课的内容
2分钟	【探究（exploration）——观察现象，发现问题】 　科学探究：总结个体衰老的特征，分析个体衰老的原因 　呈现个体衰老的四幅图片，请同学们结合自身的生活常识和已有的知识经验，分析个体衰老呈现出哪些特征。教师在备课时进行有关个体衰老特征的总结，并在课上与学生得出的结果进行比较 　引用美国细胞生物学家威尔逊所说名言："每一个生物科学问题的答案都必须在细胞中寻找"，明确要到细胞中探寻个体衰老的根源	通过结合生活经验与教师呈现的四幅图片，分析个体衰老呈现出的特征。并且意识到要想揭示有关生物学的奥秘就必须要到细胞中去寻找	通过图片的直观呈现，帮助学生检索出头脑中已有的知识。借助教师与学生之间的比拼，营造活跃的课堂氛围，激发学生的学习热情。通过揭示衰老的本质，培养学生的探索精神

教学过程

时间	教师行为	预设学生行为	教学设计意图
3分钟	【解释（explanation）——阐述现象，明确特征】 归纳梳理：细胞衰老的特征 呈现年轻人和老年人的成纤维细胞比较图。引导同学判断哪张是年轻人的，哪张是老年人的，分析比较图中的细胞有何区别，进而引出细胞衰老具有哪些特征，并对这些特征进行总结。呈现口诀，为学生提供知识框架。在总结过程中设置一处错误，引导学生发现并纠正	结合教材，分析教师所呈现的图片。对细胞衰老的特征进行描述，并依据教师提供的口诀对细胞衰老的特征进行梳理。在此过程中能够发现教师设计的"小陷阱"并纠正	通过借助教材、比较图片进行自主分析，有助于加深学生对知识的印象。而口诀的呈现更加符合学生记忆组块的特点，便于学生建构知识结构框架。同时"小错误"的设计也有利于培养学生细心发现、大胆质疑的精神
2分钟	【迁移（elaboration）——联系生活，迁移应用】 拓展联结：列举延缓衰老的科学方法 通过"如何延缓衰老"的问题设置引发学生思考，呼吁年轻人重视对老年人的关爱 【评价（evaluation）——掌握学情，鼓励互评】 分析评价：促进学生与教师的成长 教师在评估学生表现和知识获得情况的同时，引导学生评价自身与他人在整个过程中的表现，并对自身教学行为展开评价	通过运用所学知识并结合实际经验，提出有关于科学延缓衰老的建议。能够养成良好的生活习惯，传播健康衰老的理念	通过列举科学延缓衰老的方法来培养健康的生活习惯，传播健康的生活理念。引导学生关注有关衰老的社会议题，培养学生社会责任感
设计思路说明	细胞衰老的特征是人教版生物必修1《分子与细胞》最后一节内容，知识整体难度并不高，高一学生已经有了一定的生物学知识结构。教师应注意在教学中将教学方式与直观手段相结合，保证教学的趣味性，避免学生因知识理解起来比较容易而发生分心的现象 我国最新施行的《普通高中生物学课程标准》提出在课程设计以及实施上应实行"少而精"的策略。因此，本节课的教学设计采用了"5E"的教学模式，通过对教学过程的精炼来保证学生能充分地参与到课堂中，力求做到教学环节的精炼与精彩。基于学生的直接经验进行趣味性的教学环节设计，如情境的创设、竞争氛围的营造等 教学过程中，通过"小错误"的设置，提高学生的生物学素养，培养学生敢于探索、大胆质疑的精神。而科学延缓衰老方法的提出、健康生活理念的宣传等，可以帮助学生实现应用能力和创新能力的发展。同时，教学让学生认识到生物学知识渗透在我们生活中的各个方面，做到学以致用 同时，新课标中强调，学生应能够以造福人类的态度和价值观对涉及生物学知识的社会议题做出正确、理智的解释。在本节课的教学中，教师应注意将学生的目光引向现代社会中存在的诸多与衰老有关的问题，要让学生认识到其作为国家的新生代力量在社会和家庭中所承担的重要责任		

（案例来源：牡丹江师范学院本科生张梓怡）

《生态系统中信息传递的种类》

《生态系统中信息传递的种类》教学片段设计案例见表5-40。

表5-40　《生态系统中信息传递的种类》设计案例

片段题目	生态系统中信息传递的种类	重点展示技能类型	导入技能讲解技能结束技能
学科内容学习目标	1. 通过同种生物之间、不同种生物之间、生物和环境之间的关系图分析过程，学生能够根据信息传递的特点，判断信息传递的种类 2. 通过组织学生收集生活中观察到的实例资料，培养学生鉴别、选择、运用和分享信息的能力；通过资料分析、讨论，提升学生的识图能力及分析问题和解决问题能力 3. 通过习题演练，加深学生对知识的理解，帮助学生认识到信息传递在生态系统及人类生活中的应用，增强学以致用的意识		
技能训练目标	1. 导入技能：课程伊始以图片导入，创设情境，激发学习兴趣和学习动机，将学生的注意力吸引到新知的学习中 2. 讲解技能：通过设置问题串，将富有感情的口头知识讲述和丰富的肢体语言结合起来，集中学生的注意力，引导学生步步升高，激发学生主动积极的思维 3. 结束技能：通过图表归纳和习题演练的巩固深化，进一步加深学生对于知识的理解，并迅速将所学知识纳入已有的知识结构中，使课堂以"强化与概括""习题与反馈"阶段结束		

教学过程

时间	教师行为	预设学生行为	教学设计意图
1分钟	【以图激趣，感知新知】 教师运用多媒体展示生活中的图片并提出问题：夏天来了，蜜蜂纷纷出来采蜜并吸引同伴一同前来，你能从生物学的角度谈一谈蜜蜂告知同伴蜜源位置的原理吗 由此引入课题，是蜜蜂通过跳舞的方式把信息传给了生物，信息像能量和物质一样，普遍存在于生态系统中	学生观看图片，产生疑问，自由讨论该现象的原理，或答跳舞、或答气味 在教师指导下，进入新授课的学习	以生活中的自然现象引出，贴近生活，激发学生的学习兴趣的同时，让学生以渴求的心情进入学习状态
1.5分钟	【设疑引导、构建模型】 教师接着设置疑问，能量是单向流动的，物质是循环往复的，信息是如何在生态系统中传递呢？生态系统信息传递的过程是怎样的呢 引导学生自主翻阅课本，寻找答案，绘制流程图，这是培养学生模型与建模能力的过程，需要教师恰当的指导 生态系统信息传递流程图	学生翻阅学生课本寻找生态系统信息传递的过程的生物学表达并写在纸上 学生举手回答并对照同学与自己的异同后根据教师的讲解做修改以及标记	让学生自己主动的去寻找答案并绘制流程图，培养了学生独立解决问题的能力，更加突出了学生在教学过程中的主体地位

	教学过程		
时间	教师行为	预设学生行为	教学设计意图
2分钟	【自主学习，合作探究】 　教师引导学生带着问题思考（你知道在生态系统中信息的种类有哪些吗？你怎样去辨别这些信息的信息类型呢？你能举出这些信息类型在生活中的其他实例吗？）	学生阅读课本，分析问题、寻找答案，并写在纸上，之后小组之间进行讨论，开动脑筋，思考生活中的实例进行分类	问题串的形式引导学生逐步思考，激发了学生主动积极的思维。之后小组讨论的方式，培养了学生敢于探索、勇于质疑的能力
	之后引导学生自主阅读教材，小组合作，将想到的生活实例归类写出，组间比较。但某些实例的类型会激起讨论，教师要给予恰当的指导与评价	学生阅读课本，分析问题、寻找答案，并写在纸上，之后小组之间进行讨论，开动脑筋，思考生活中的实例进行分类	问题串的形式引导学生逐步思考，激发了学生主动积极的思维。之后小组讨论的方式，培养了学生敢于探索、勇于质疑的能力
	【图文并茂、激起共鸣】 　教师分别展示不同的图片（同种生物之间、不同种生物间、生物和环境之间的关系图），引导学生快速找到每幅图片信息的来源，同时分析每一组中信息是如何传递的 　教师帮助通过回顾旧知，帮助学生建立新知识的结构体系，即在同种生物之间，不同种生物之间、生物与其生存环境之间，都在不停地进行着形形色色的信息交流	学生观看关系图，头脑中形成印象，进入新知的建构过程，并将已有的知识与新知建构联系，进一步对知识进行理解	教师对生态系统信息类型的具体讲解，不仅检测了学生自己获取知识的情况，还帮助学生构建新的知识体系，形成了生态系统中信息传递种类的知识网络
0.5分钟	【表格展示、对比归纳】 　教师进行内容小结，生态系统中存在的各种信息传递的方式是在生物长期进化的过程中实现的。让学生充分地体会生物采取不同的方式适应生态系统，信息交流是其中的一种适应形式，作用地位非常重要 　最后将将信息传递的种类以表格的形式呈现帮助学生对生态系统中信息的种类进行区分	学生对表格进行记录，画出重要区分点，标记整理，便于课后复习	通过图表归纳方式，构建了学生的生物学思维，使书本上的知识立体化
1分钟	【习题演练、拔高提升】 　教师将教材中的课后习题中的第二题用PPT展示，引导学生自主完成 　之后进行讲解，进一步夯实学生对于知识的理解	学生独立完成习题，与教师提供的答案进行比对，进行错误标记，着重听讲，课后进行习题整理	学生独立完成习题，与教师提供的答案进行比对，进行错误标记，着重听讲，课后进行习题整理
设计思路说明	该教学片段选自人教版选择性必修2《生物与环境》3章"生态系统及其稳定性"第4节"生态系统的信息传递"，本部分内容的授课对象是高二学生，学生已经有了一定的观察推理能力，认知技能也在不断完善，但是缺乏将生活体验与生物学知识建立起系统联系的能力 　因此，本部分内容的设计整体上是通过问题串形式创设问题情景，多媒体演示系列动图等方式进行讲解，组织学生合作探究学习作为设计的初衷。在课堂教学中，一是从学生的现有经验出发，通过多媒体课件展现学生熟知的画面，调动学生积极性，激发学习兴趣，使学习"生态系统信息传递的种类"这一内容更直观、更有效；二是活学活用，帮助学生利用所学知识解决实际问题，培养学生分析问题、解决问题能力 　综上所述，基于《普通高中生物学课程标准（2017年版）》中强调学生学习是主动参与的过程，进而教师在教学过程中通过设置"激发—引导—探究—归纳—提升"的方式，可以加深学生对生物学概念的理解，培养学生合作探究的意识，提升学生应用生物学知识探讨或解决现实生活的某些问题的能力，从而将学生的主体地位充分体现了出来		

（案例来源：牡丹江师范学院本科生赵营）

《细胞的分化》

《细胞的分化》教学片段设计案例见表5-41。

表5-41　《细胞的分化》设计案例

片段题目	细胞的分化	重点展示技能类型	导入技能、讲解技能
学科内容学习目标			
技能训练目标			

片段题目	细胞的分化	重点展示技能类型	导入技能、讲解技能
学科内容学习目标	1. 通过不同的血细胞如红细胞、白细胞和血小板，三种细胞的形态、结构和功能，形成结构与功能观 2. 通过归纳概括细胞分化的概念，学会运用比较和归纳的方法来分析解决问题 3. 通过对骨髓移植原理的学习，培养学生关爱社会、奉献爱心的社会责任感		
技能训练目标	1. 导入技能：通过"十岁男孩为父捐髓"的故事，充分利用声像等多种媒体，提高教师素养，力求达到能够使学生兴趣盎然，激起学生强烈求知欲并自然的引入教学 2. 讲解技能：通过对细胞分化概念的讲解，在讲授过程中锻炼设计教学环节能力，提高教学技巧。力求达到合理安排教学结构，教学目标得以实现		

教学过程

时间	教师行为	预设学生行为	教学设计意图
1分钟	【引入（bridge-in）——创设情境，引入概念】 视频导入：视频展示"十岁男孩为父捐髓"的故事。教师依据视频介绍白血病的症状、病因及治疗方法。基于白细胞异常引起的白血病的问题进行提问，引出细胞的分化的概念	学生结合实际生活中的例子思考正常的白细胞产生的原因	通过视频导入的方式，设置真实情景，一方面可以通过创设问题，介绍白血病这一社会上的热点内容，让学生了解这种疾病的症状、病因及治疗方法，激发学生的求知欲，引出本节课题。另一方面向学生渗透社会责任感和珍爱生命的意识，培养其感恩情怀，传递"孝"这一中华民族传统美德
0.5分钟	【目标（objective）——明确目标，确定重点】 呈现这堂课的教学目标 1. 通过不同的血细胞如红细胞、白细胞和血小板，三种细胞的形态、结构和功能，形成结构与功能观 2. 通过归纳概括细胞分化的概念，学会运用比较和归纳的方法来分析解决问题 3. 通过对骨髓移植原理的学习，培养学生关爱社会、奉献爱心的社会责任感 提醒学生课后复习要返回到这一页查看，检测一下自己的学习目标是否达成	阅读本节课学习目标，思考学习目标，明确这节课所学内容	明确学习方向，让学生初步明晰本节课的内容重点，让学生有侧重点的进行学习，为学生的思维方向奠定基础，学习效果更加显著
1分钟	【前测（pre-assessment）——课前评估，习题检测】 回顾旧知：进行预评估知识的检测，通过口头提问的形式进行考察，主要考察和回顾学生关于不同血细胞形态、结构、功能的基本知识 图示白细胞、血小板和红细胞，小组讨论这三种细胞的形态、结构特点和主要功能分别是什么？讨论完成后填写表格	学生以小组为单位讨论不同血细胞的形态结构功能，讨论作答	为学生回顾之前的不同血细胞形态、结构、功能的基本知识，形成结构与功能观。通过复习所学知识，潜意识里也揭示了接下来要探究的细胞分化的概念，建立起新旧知识之间的联系

教学过程			
时间	教师行为	预设学生行为	教学设计意图
4 分钟	【参与（participatory learning）——参与式学习，推导概念】 案例分析：分析"十岁男孩为父捐髓"的故事，展示造血干细胞增殖分化产生不同血细胞的图片，请同学们结合已有知识概括这张图片，教师对这张图片对细胞的分化进行大致的总结 问题探究 人体血液中含有多种血细胞，请从图中找出这些细胞的来源 总结1：获得细胞分化的第一个关键词（细胞分化的对象）：不同的细胞来自一个或一种细胞并延伸出多种红细胞的遗传信息相同 引导学生回顾旧知——不同血细胞的形态、结构和功能 总结2：获得细胞分化的第二个关键词（细胞分化的结果）：产生形态、结构和生理功能有差异的细胞 在细胞正常生长发育的过程中，已分化的细胞能否逆变回未分化的细胞状态？或者变成其他细胞 总结3：获得细胞分化的第三个关键词：稳定性差异，既说明细胞分化是不可逆的，又说明分化后的细胞会持久保持分化后的状态 教师通过这三个关键词引导学生总结出细胞分化的概念 举一反三：请学生举出细胞分化的实例 小组合作学习：阅读教材第 122 页，小组合作讨论建立中华骨髓库的目的，总结中华骨髓库对个人、民族、社会和国家的意义 教师引导学生建立起关爱社会、奉献爱心的社会责任感	通过案例和图片，细胞分化的概念初步形成 结合图片、回顾旧知等，学生进行分析得出细胞分化的对象、结果和稳定性差异，进而总结归纳出细胞分化的概念 学生通过结合生活经验，举出细胞分化的实例 学生阅读教材，查阅资料，合作讨论，形成关爱社会、奉献爱心的社会责任感	基于三个问题探究进行细胞分化概念教学，以学生为主体，用问题搭建"支架"有利于学生针对性地推导出细胞分化中的 3 个关键词，通过知识间的层层联系可以进行知识的迁移和推理，形成细胞分化的概念，归纳概括细胞分化的概念，运用比较和归纳的方法来分析解决问题 与生活实际相结合，能够拓展学生思维的广度，锻炼他们联想知识的思维能力 通过骨髓移植原理学习，形成关爱社会、奉献爱心的社会责任感
0.5 分钟	【后测（participatory learning）——参与式学习，推导概念】 通过习题检验学生对细胞分化概念的理解，检查教学效果，并对一些题目进行讲解，回顾相应知识点	学生思考完成习题，检查学习情况，及时查缺补漏	及时应用知识，让学生加深新知识的记忆，教师也可以借此获得学生对于本节课知识掌握程度的反馈，反思教学，加强对教学的完善和调整

续表

	教学过程		
时间	教师行为	预设学生行为	教学设计意图
1分钟	【小结（summary）——总结归纳，知识拓展】 　　总结归纳细胞分化的概念，拓展干细胞研究新进展。布置同学们课后查阅了解更多	学生深化理解细胞分化的概念，课后查阅资料丰富知识	通过课程总结，用精炼的语言和文字梳理课程脉络，拓展干细胞研究新进展可以升华课堂内容，促进知识点的深度理解
设计思路说明	本节内容是人教版高中生物学教材必修1第六章第2节的内容。由于高一的学生尚未系统学习过遗传的相关内容，对于细胞分化的理解可能仅限于浅层式的记忆和背诵，这不利于学生真正的感知与理解。在我国最新课程标准中指出课程要"反映时代特征，努力构建具有中国特色、世界水准的义务教育课程体系"。因此，本节课的教学设计采用了"BOPPPS"的教学模式，在此教学模式里设置案例分析、问题探究、小组合作学习、小组讨论等环节，为注重教和学双方教学活动，通过逻辑性很强的问题探究设计层层递进的学习问题，引导学生跟着一起思考，紧跟授课节奏，真正做到"以教师为主导、以学生为中心"。并尝试通过创设情境引入概念，设计活动基于细胞分化概念的问题为学生搭建理解知识的支架，引导学生建构细胞分化的概念，建构细胞水平的结构和功能观。学会运用比较和归纳的方法来分析解决问题 　　为聚焦中国学生发展核心素养，培养学生适应未来发展的正确价值观、必备品格和关键能力，引导学生明确人生发展方向，成长为德智体美劳全面发展的社会主义建设者和接班人。因此，在课程设计中引入教材STS中骨髓移植和中华骨髓库的资料，培养学生关爱社会、奉献爱心的社会责任感。在总结时拓展干细胞最新研究进展并在课后进行查找资料，使学生能够基于生物学理论进行理性的判断，认同细胞工程相关技术在生活中的作用，形成理论应用于社会实践的意识		

（案例来源：牡丹江师范学院本科生宋雨菲）

《细胞核的功能》

《细胞核的功能》教学片段设计案例见表5-42。

表5-42　《细胞核的功能》设计案例

片段题目	细胞核的功能	重点展示技能类型	组织技能、提问技能
学科内容学习目标	1. 通过对经典实验的分析，概括细胞核在遗传方面的功能，认同细胞核是遗传的控制中心，发展批判性的科学思维 2. 通过创设实验情境，提升设计实验的能力、开发培养严谨的科学思维，发展科学探究能力 3. 通过学习我国科学家领先世界的科研成果，激发出强烈的民族自豪感，培养刻苦钻研、敢为人先的精神，形成造福人类的社会责任意识 4. 通过对课后任务细胞核结构与功能关系的思考与分析，深化物质的结构与功能观这一生命观念		
技能训练目标	1. 组织技能：组织技能是探究式教学的必备技能，开展时力求语言简洁明确、调动全员积极性，引导全体同学有序开展活动 2. 提问技能：提问技能贯穿于整体，开展时力求能够随时了解学生思维方向、掌握情况，充分尊重学生在课堂中的主体地位		

教学过程

时间	教师行为	预设学生行为	教学设计意图
	【推理演绎调动全员】 实验一：伞藻的嫁接与核移植实验	学生积极配合，观看视频	伞藻的嫁接与核移植实验是探究细胞核功能的经典实验，并且充满趣味性
3分钟	教师介绍：实验材料伞藻的结构与特点，其中重点强调细胞核存在于假根当中 播放视频：《伞藻的去帽实验》 教师设疑："新生伞帽形态由哪部分结构决定？"组织学生大胆猜测，举手表决 播放视频："伞藻的嫁接实验"，验证大家的猜测 问题设置：①猜测正确的依据是什么？②嫁接实验能否得出细胞核控制伞帽形态的结论 教师评价后讲解：因嫁接实验未排除假根当中部分细胞质的干扰，故无法严谨得出细胞核的控制伞帽形态的结论 递进设疑：如何严谨的证明细胞核的控制作用呢 播视频放：《伞藻的核移植实验》 教师总结实验结论是细胞核控制伞藻伞帽的形态结构	学生举手表决：认为是伞藻新生伞帽形态由假根决定的同学占大多数 同学回答其猜测正确的依据为：假根当中有细胞核，而细胞核是本节课的主要学习内容 学生认为：嫁接实验可以证明细胞核对伞帽形态的控制作用 学生认真思考，但无法提出排除细胞质干扰的设计思路 学生观看核移植实验，恍然大悟。充分的学习了科学家进行试验的严谨思路，与巧妙设计	通过带领学生观看实验动画视频，而并非只从书中阅读实验性的文字，能够化抽象晦涩为形象具体，调动学生的视觉、听觉等感官，帮助学生深度理解 通过层层递进式引导提问，让学生充分发挥主体性，引导学生从实验中体会科学探究的思维和科学实验的基本要素

	教学过程		
时间	教师行为	预设学生行为	教学设计意图
3分钟	【互动探究翻转课堂】 实验二"美西螈核移植实验" 　教师介绍黑白美西螈的特性重点提示黑白美西螈由受精卵细胞发育而来 　问题设置：①大家认为美西螈皮肤颜色由哪部分细胞结构控制？②采用什么方法能够证明自己的猜想？③为保证实验严谨充分应设计几组实验？怎样设计 　组织活动：请同学们带着问题串阅读教材中的实验一，并以学习小组为单位讨论交流实验设计思路、现象和结论。5分钟以后请小组代表用老师准备的教具进行汇报演示 　教师评价后归纳出实验结论：美西螈皮肤颜色的遗传由细胞核控制	学生猜想为：美西螈皮肤颜色是由细胞核控制的 　学生实验思路为：可以通过效仿伞藻实验对黑白美西螈进行核移植实验来验证猜想 　实验应该共分为两组：A组黑色美西螈的胚胎干细胞提供细胞核，白色美西螈去核卵细胞作为细胞质。B组白色美西螈的胚胎干细胞提供细胞核，黑色美西螈去核卵细胞作为细胞质 　最终演示结果为：A组：重组细胞发育为黑色美西螈；B组：重组细胞发育为白色美西螈	通过创设美西螈皮肤颜色遗传的实验情境，增强学生从叙述性的文字资料中获取信息并转化成有条理的信息的能力 　核移植实验的再次使用，能引导学生在刚学过的内容中，形成知识迁移的能力 　通过组织学习小组合作学习，能够提高学生自主学习与合作探究的能力，创造开放的讨论氛围让学生尽可能发挥想象力，培养其语言交流和表达能力
1分钟	【课堂总结承上启下】 　教师总结：列表展示本节课实验及结论，引导学生体会本节内容的中心思想：细胞核控制了各种生物的性状，是细胞核在遗传方面的功能 　布置课后思考任务；①细胞核能控制生物的生长发育吗？②细胞核为什么如此强大？是与什么结构有关吗？请同学们带着任务，对下节课内容"细胞核的结构"进行预习	学生认真思考、回忆，能够认同细胞核在遗传方面的功能 　学生将课后思考任务抄写在作业备忘录中	通过列表总结的形式，既是对本节课的内容的提炼和升华，也能够为下节课内容细胞核在代谢方面的功能埋下伏笔 　通过完成细胞核结构与功能关系的课后思考任务，能充分提升学生的结构与功能观这一生命观念
设计思路说明	本节课选自人教版高中生物必修一分子与细胞第三章第3节细胞核的结构与功能。在此之前同学们学习了细胞膜和细胞器的功能与结构，再学习本节细胞核的内容之后，学生会对细胞的结构形成一个初步的整体认识。本节内容是后续知识细胞的分裂等内容的铺垫，这些决定了该内容在高中生物学教学中的重要作用 　本节课以我国科学家研究克隆猴中中和华华的案例进行课程导入，对热血青春的高一同学们进行良好课堂思政教育；以探究细胞核在遗传方面的功能的经典实验为线索，遵循科学家的探索思路、亲历科学家的探索历程，帮助学生切身感受科学的魅力，加深对科学历程和方法的理解，践行科学精神；利用多媒体课件播放经典实验视频，能让学生对抽象的内容有直观、感性的认识；通过小组合作探究的学习方式，从不同角度以问题为引领对几个经典实验展开讨论分析，落实学生的主体地位；通过翻转课堂、教具巧用和汇报展示等方式，能够充分激发学生的学习兴趣并调动学生学习积极性；通过头脑风暴的方式进行问题梳理，帮助学生理清脉络并认同细胞核的功能 　新课标倡导探究式学习要以学生的探究活动为主线，教师在此过程中定要着力唤醒学生的主体意识，让学生在探究课程中学会参与、学会选择，力求让他们像科学家从事科学研究那样来学习和领悟科学探究的真谛。引导学生了解我国科学家在生命科学研究中的前沿的工作，并能参与社会事务的讨论，作出理性解释和判断，提升解决生产生活问题的担当和能力，发展相关情感，振奋民族意识，培养社会责任，切实落实生物学核心素养		

（案例来源：牡丹江师范学院本科生王玉彤）

《生态系统的物质循环》

《生态系统的物质循环》教学片段设计案例见表 5-43。

表 5-43 《生态系统的物质循环》设计案例

片段题目	生态系统的物质循环	重点展示技能类型	组织技能、提问技能
学科内容学习目标			

片段题目	生态系统的物质循环	重点展示技能类型	组织技能、提问技能
学科内容学习目标	1. 通过创设情景模拟、角色体验、小组合作探究分析碳循环过程，运用归纳总结的方法概括生态系统的物质循环概念与特点，培养科学思考问题和解决问题的能力 2. 通过小组 PK 赛探讨碳循环失衡-温室效应的危害与应对措施，树立保护环境的意识，落实人与环境和谐共处的社会责任		
技能训练目标	1. 导入技能：正确使用教学媒体技术，提升导入技巧 2. 板书技能：板书字迹工整，提高板书排版和书写能力 3. 组织技能：正确组织课堂情景模拟和小组 PK 赛，加强对课堂整体把控能力 4. 提问技能：通过对设置的碳循环问题探讨进行提问，提升语言流畅精炼、语速适中的能力		

教学过程

时间	教师行为	预设学生行为	教学设计意图
1.5 分钟	【情境创设，激发兴趣】 图片展示：鲸落是指鲸死亡之后落入深海形成的生态系统。一头鲸死后沉入海底，把表层的营养物带到深海，因此也有"一鲸落，万物生"的说法。一座鲸的尸体可以供养一套以分解者为主的循环系统长达百年 问题探讨：这里的循环系统你是怎么理解的呢？什么又是生态系统的物质循环呢	通过图片展示教师讲述，学生感叹生命的伟大与自然界的神奇 学生结合生活实际对问题探讨进行回答，对生态系统中的物质循环进行举例。用自己的理解尝试建立对生态系统中的物质循环的初步认识	通过创设鲸落情境，帮助学生明确生态系统的物质循环与能量流动占据同等重要地位，认识到自然界的神奇，激发学生学习兴趣 通过问题探讨设置向学生突出本节重点学习内容——生态系统的物质循环，给学生指明方向，有目的性进行学习
3 分钟	【情景模拟，角色体验】 资料呈现：二氧化碳能溶于水，可以在大气和海洋、河流之间交换。碳还可以长期保存在煤、石油、木材等非生命系统中，人呼吸也会排出二氧化碳。下面以碳循环为例小组进行合作探究 角色体验：将学生分成生态系统的碳循环中各个环节（生产者、消费者、分解者等），利用气球作为碳元素，创设情景回答问题探讨中的四个问题，追踪气球（碳元素）流动过程构建碳循环过程 问题探讨：①碳在非生物环境和生物体内分别以什么形式存在？②碳是如何进出生产者、消费者和分解者的？如何在生物体间传递呢？③碳进入大气途径？进入生物群落的途径 教师统筹整个环节设置，保证情景模拟，角色带入的顺利开展与进行	根据 PPT 所展示碳循环示意图和教师的引导，小组学生快速有序的进行碳循环情景模拟，进行角色体验 学生结合之前所学的食物链、食物网、光合作用等生物学知识，在角色体验过程中着重于碳存在的形式，以及进出和传递生物体间的方式等，与之前所学知识迁移，进行气球（碳元素）的传递（流动） 学生观察最后气球的分布情况，初步对此气球分布现象进行简单概括。意识到碳循环过程中的环环相扣的关系 通过真实的角色带入，学生能够对碳循环过程进行简单的概述	通过情景模拟与角色体验，教师适当的提醒组织引导，帮助学生建立生动形象的碳元素循环的过程，使学生充满高涨的学习热情 通过环环相扣的问题探讨设置，进一步培养学生合作解决问题与逻辑思维能力，同时增加学生对于生物学的兴趣，感受到生物课的魅力

	教学过程		
时间	教师行为	预设学生行为	教学设计意图
1.5 分钟	【回扣目标，演练巩固】 问题探讨：如果上述创设情景的碳循环平衡被打破了，会出现什么现象呢 小组 PK 赛：PPT 展示有关温室效应的新闻，各小组 PK 回答设置的问题 问题探讨：①温室效应有什么危害呢？②针对现状应该采取怎样的措施呢	学生进行队名和口号的阐述，将胜负欲转化为回答问题的动力，在组长的带领下，学生结合所学知识和日常生活经验，积极参与抢答，尽力为小组努力获取分数。对解决碳循环失衡现象进行丰富的阐述	通过小组 PK 赛的设置，活跃课堂气氛，调动了全体学生积极性，将学生胜负欲转化为学习动力，提高了学生的学习积极性与竞争意识，缓解了学生课堂疲惫期 同时，PK 赛竞争过程中树立了学生保护环境的意识，落实人与环境和谐共处的环保责任
2 分钟	【知识迁移，归纳总结】 归纳总结：引导学生仔细阅读教科书并对生态系统的物质循环定义 问题探讨：生态系统的物质循环具有哪些特点 资料展示 1. 展示稻田养鸭图片，讲述农业生产中物质在生态系统中的第一个特点——循环往复 2. 展示新闻图片，讲述碳循环能够随着大气环流在全球范围内流动，第二个特点——具有全球性 回忆总结重点内容，各小组接龙上到黑板上绘制碳循环结构简图	学生阅读教科书，回想情景模拟中碳循环过程，对知识进行迁移，尝试阐述生态系统的定义与特点 通过展示的 PPT 图片和联系生活实际，推断生态系统的物质循环的两个特点 学生再次梳理本次教学的重点知识，检验对重难点知识的掌握，趣味享受课堂	通过阅读教科书这一过程以及根据碳循环定义进行知识迁移，既培养学生检索知识的能力、概括能力，也培养了学生归纳总结的能力 通过简图接龙的设置，增大了课堂的趣味性，提升小组荣誉感，突出重难点知识
设计思路说明	根据所讲教学片段的教材地位及作用、学情、教学目标、教学重难点等相关内容分析，设计思路如下： 　　首先，本节课是正确认识生态系统的另一个必不可少内容，与生态系统中的能量流动占据了同等重要地位。通过创设鲸落为背景导入，吸引学生兴趣，认识到能量流动与物质循环都是生态系统必不可少的成分 　　其次，通过情景模拟、角色体验。以碳循环为例对生态系统的物质循环过程进行演示与阐述，基于对连续设置的问题探讨学生进行回答，掌握碳循环的过程。此阶段学生已经具备了一定的理论基础和思维能力，可以进行适当的分析概括，能够理论联系实际，用逻辑思维去辩证思考问题。回扣目标，演练巩固；创设小组 PK 赛联系时新闻针对碳循环失衡-温室效应，对温室效应危害与如何避免进行竞赛抢答，在此过程中能正确指导学生的价值导向、落实保护环境的社会责任，PK 赛的设置也提高学生的兴奋感与竞争意识 　　最后，通过知识迁移，归纳总结。回忆情景模拟，角色扮演的碳循环过程与查阅教科书对生态系统的物质循环进行定义，展示多媒体，归纳总结物质循环的特点。回忆总结本次教学片段的重难点，小组接龙绘制简图，增添课堂趣味性 　　综上所述，本次设计思路的亮点在于学生小组情景模拟、角色体验，让学生自身切入碳循环的整体过程，加深碳循环过程的把握；小组 PK 赛的创设缓解了学习的疲倦，将学习氛围推到高峰，潜移默化的拉近了师生之间，学生之间的关系，共建趣味快乐的开放式课堂。以上所述设计思路有助于课堂的开展与实施，能够实现本节课片段设计所要达到目的		

（案例来源：牡丹江师范学院本科生陈子怡）

《细胞呼吸的原理》

《细胞呼吸的原理》教学片段设计案例见表 5-44。

表 5-44 《细胞呼吸的原理》设计案例

片段题目	细胞呼吸的原理	重点展示技能类型	讲解技能、演示技能
学科内容学习目标	1. 通过对酵母菌呼吸方式的探究，分析实验的两个装置图，能明确二者的区别。学会控制变量的方法，逐步提升学生的科学探究能力 2. 通过对实验过程的观察，能准确说出有氧呼吸和无氧呼吸的条件和产物，培养学生归纳与概括的思维 3. 通过分析细胞呼吸在生产、生活中的应用，尝试解决现实生活中与细胞呼吸的相关问题		
技能训练目标	1. 讲解技能：在讲解过程中，传授给学生知识的同时能引导学生了解实验过程中的各个细节步骤，启发探究性科学思维 2. 演示技能：运用 PPT 展示的方法，提供直观的情境设计，帮助学生理解和掌握知识。引导学生通过分小组讨论的形式，在观察中提出问题、分析问题、解决问题		

教学过程

时间	教师行为	预设学生行为	教学设计意图
1 分钟	【创设情境，导入新课】 向学生展示 PPT 上的图片：蓬松的面团和葡萄酒。引导学生思考：酵母菌是怎么使面团变得疏松多孔的，使葡萄汁变成葡萄酒的	学生猜测出原因是酵母菌的呼吸作用产生了二氧化碳和酒精	通过学生熟悉常见的生活现象，引发学生思考，激发学生的探究欲望
	【资料探讨，思考问题】 带领学生分析书中关于酵母菌性质的介绍：酵母菌是兼性厌氧菌，在有氧和无氧的条件下都能生存。引导学生思考问题：酵母菌在什么条件下产生 CO_2，什么条件下产生酒精	学生了解酵母菌的性质后，大胆的作出了各种假设	通过分析教材，使学生熟悉整个探究实验的过程。达到学生能明确重点知识的目的
2.5 分钟	【阅读教材，设计实验】 为了验证学生提出的众多假设中哪一个是正确的。鼓励学生自主设计酵母菌呼吸方式的对比实验方案 结合生活常识，帮助学生分析在实验过程中，如何控制好自变量、如何检测因变量的变化？通过分析教材实验装置原理及缺陷，引入本节课的实验装置怎样装配才能控制无关变量对实验的影响	学生认真思考后，运用控制变量法设计了探究酵母菌呼吸方式的实验方案 学生了解到实验中的自变量是有氧和无氧的条件。因变量是 CO_2 和酒精的产生情况。结合课前阅读教材中的探究实践板块。知道澄清石灰水和溴麝香草酚蓝溶液能检验 CO_2 是否产生，重铬酸钾能检测是否产生了酒精。小组讨论后给出了正确的实验器材装配顺序	本次探究实践，通过自我设计实验方案的形式，使学生进一步学会了如何控制自变量和检测因变量，并能将这些方法应用到其他的探究活动中。最终达到了发展学生运用科学方法解决问题的思维习惯的结果

续表

	教学过程		
时间	教师行为	预设学生行为	教学设计意图
3分钟	【模拟实验，情境分析】 PPT播放实验视频，引导学生通过分析实验现象进行总结。结合书中"科学方法"栏目的内容，讲解对比试验的特点	通过观看实验，学生能总结出有氧呼吸和无氧呼吸两种呼吸类型。能知道对比试验不设对照组的特点	通过观察模拟实验的操作，能培养学生的实践能力。锻炼学生观察实验现象，总结实验结果的能力
0.5分钟	【知识整理，归纳总结】 通过概念图进行总结的形式，整理出细胞呼吸的概念和分类	学生认真聆听实验总结后，能说出细胞呼吸的类型、实质。并且对整个片段内容有了深刻的理解	通过对片段内容进行梳理总结的过程，帮助学生厘清学习脉络，理解好重点知识
设计思路说明	本节课位于人教版教材必修一第五章第3节，在此之前学生已经学习了有关细胞内的各种反应，具有了一定分析问题的能力和探究性实践思维。但细胞呼吸属于细胞内极其微观的一系列化学反应过程，是很难通过非常直观的形式让学生感知它的过程和原理。所以本节课结合书中探究实践栏目，以探究式实验的形式，将抽象概念的理论教学与实践教学相结合，为学生提供了探究、自主、合作式学习的机会。相比于被动的接受知识、按部就班地完成教材实验，学生更乐于自主探究，以此获得成就感，提升实验探究能力，逐步发展科学思维 此外，通过对实验过程中有氧和无氧条件的控制和是否产生二氧化碳和酒精的检测，实验装置做到了定性检测和定量探究的协调统一，让学生在量的变化中了解到了事物的本质。教师在整个过程中应注意树立学生的主体地位，形成新知识、新能力和科学的世界观。特别是在探究性实验课中，应该让学生真正成为学习活动的主体，放手让学生在实验中进行独立思考和创新思维，使每一个学生都能为这个实验进行积极的考和准备，在实施实验教学的过程中发挥学生的主体作用		

（案例来源：牡丹江师范学院本科生石金鑫）

第五节　习题设计案例

课时作业设计——《细胞中的糖类和脂质》

一、教学目标

课程标准中要求概述糖类有多种类型，它们既是细胞的重要结构成分，又是生命活动的主要能源物质。学生举例说出不同种类的脂质对维持细胞结构和功能有重要作用。对应的学业水平要求是：从结构与功能相适应的视角，解释糖类和脂质分子参与组成细胞的结构，是细胞执行各项生命活动的物质基础；知道糖类是细胞内的主要能源物质。据此，确定本节课的教学目标如下。

（1）生命观念：运用物质与能量观，举例说出糖类既是细胞结构的重要组成成分，又是生命活动的主要能源物质。

（2）科学思维：通过分类比较，归纳总结糖类和脂质的种类及功能，以及脂肪相对于多糖是理想的储能物质的原因。

（3）科学探究：通过对动物细胞培养、家禽育肥等问题的讨论，举例说出糖类和脂质的相互转化。

（4）社会责任：关注糖类、脂肪等的过量摄入对健康的影响，在改进自己膳食习惯的同时，向他人宣传健康饮食的观念。

二、学情分析

学生在初中和日常生活中对糖类和脂质的功能有所了解，只是对于糖类和脂质的具体种类及结构并不熟悉，而且化学还没学到有机物这部分知识，专有名词生疏。所以对学生来说，糖类的结构这部分知识比较难以理解，需要充分自主预习，通过阅读教材提取相关信息。虽然学生已经具备了初步的科学探究能力，但其分析问题、归纳与概括以及逻辑推理能力还有待提升。因此，在教学过程中，教师应通过创设真实情境，引导学生联系生活实际突破糖类的种类和功能等重点内容，通过资料分析、实验探究、归纳总结等方法突破难点。

细胞中的糖类和脂质这部分内容和生活联系很大，学生对这部分知识很感兴趣，有深入学习的欲望。同时学好糖类和脂质也是后面学习细胞的结构、功能、代谢、繁殖和遗传进化、血糖平衡的调节等内容的基础。

三、教材分析

"细胞中的糖类和脂质"是人教版（2019）高中生物学必修1《分子与细胞》第2章第3节的教学内容，主要学习细胞中糖类和脂质的种类和功能；明确糖类是细胞的重要结构，又是生命活动的主要能源；了解脂质的分类及对生物体和细胞的重要作用；本节帮助学生理解糖类不仅参与细胞的结构组成，也是细胞执行各项生命活动的物质基础；有助于认识糖类的多样性，进一步发展学生对生命的物质性的认识，提高健康意识，提高社会责任意识。

本节内容涉及概念较多，与前面学习的细胞中的元素和化合物等内容密切联系，在高中生物学教学中起到了承前启后的作用。

四、教学分析

本节课的教学主要是解释糖类和脂质分子参与组成细胞的结构，是执行细胞的能量供应、物质转化和生长发育调节等生命活动的物质基础。因涉及的概念性名词较多，且与合理膳食、人体健康及医疗等关系密切，教师在教学中通过创设情境"问题探讨"引入新课，从学生生活中熟悉的糖类出发。教师采用师生互动探讨式教学，按照"情境—问题—讨论—解决问题"的方式，引导学生自主学习，提出问题、分析问题、观察讨论、得出结论、表达和交流，对教材的信息进行提取和处理，建构糖的种类及其分布的概念图，类比分析多糖的结构与功能及其应用。对于脂质这部分内容，设计从学生熟悉的脂肪入手，利用问题与学习提纲引导学生归纳脂质的种类、元素组成及其功能，联系生活实际引导学生分析生活中与脂质相关的热点话题。学生通过家畜育肥、部分人的肥胖等问题，分析糖类与脂肪的相互转化关系及其转化程度的差异。本节学习的内容与学生的生活、身体健康关系密切，教师利用这些有利因素，创设问题情境，培养学生分析问题解决问题的能力，并让学生认识到教材知识源于生活实际，同时关注学生学科素养的形成。

五、作业全文

【基础巩固】

1. 细胞中的糖类

（1）元素组成：_____。

（2）分类见表5-45。

表5-45　细胞中的糖类

分类	定义	种类及组成		分布
单糖	不能水解的糖	五碳糖	核糖、脱氧核糖	普遍存在
		六碳糖	葡萄糖（$C_6H_{12}O_6$）、果糖、半乳糖	
二糖	由____脱水缩合而成	蔗糖：一分子_____和一分子_____组成		甘蔗、甜菜、水果、蔬菜
		麦芽糖：两分子_____组成		发芽的小麦等谷粒
		乳糖：一分子_____和一分子_____组成		人和动物的乳汁
多糖	水解后能生成许多单糖的糖	纤维素、淀粉		植物细胞
		糖原		动物细胞
		几丁质（壳多糖）		甲壳类动物和昆虫的外骨骼

（3）功能：_____是细胞生命活动所需的主要能源物质；_____是构成细胞壁的主要成分；_____是植物细胞的储能物质；_____是人和动物细胞的储能物质；_____及其衍生物在医药、化工等方面有广泛的用途。

2. 细胞中的脂质

（1）元素组成：主要是_____，有的还含有_____。

（2）脂质的种类和功能见表5-46。

表 5-46　细胞中的脂质

类型		功能
脂肪		良好的_____；_____保护内脏器官；_____作用
磷脂		细胞膜、_____的重要成分
固醇	胆固醇	_____的重要成分；参与人体血液中_____的运输
	_____	促进人和动物生殖器官的发育及生殖细胞的形成，激发和维持第二性征
	_____	促进人和动物肠道对钙、磷的吸收

（3）脂肪的性质。脂肪是由三分子_____与一分子_____发生反应而形成的酯，即三酰甘油。植物脂肪大多含有_____脂肪酸，在室温时呈液态；大多数动物脂肪大多含有_____脂肪酸，在室温时呈固态。

（4）糖类和脂肪比较。均由_____三种元素组成，但脂肪中_____的含量远远高于糖类，所以分解同质量的脂肪和糖类，脂肪消耗的 O_2 要_____，释放的 CO_2、水及能量也_____。

（5）细胞中的糖类和脂质是可以相互转化的。血液中的葡萄糖除供细胞_____外，多余的部分可以合成_____储存起来；如果葡萄糖还有富余，就可以转变成_____和某些_____。

【情境探究】

问题情境1：牛奶中的乳糖能被细胞直接利用吗？

问题情境2：下列糖类中，属于单糖的是_____，属于二糖的是_____，属于多糖的是_____，属于植物所特有的是_____，属于动物所特有的是_____。

①核糖　②葡萄糖　③脱氧核糖　④蔗糖　⑤糖原　⑥乳糖　⑦半乳糖　⑧纤维素　⑨淀粉　⑩麦芽糖

问题情境3：并非所有的糖类都是能源物质，请列举生物体内不属于能源物质的糖类的实例，并分析它们的作用。

问题情境4：为什么运动员在进行比赛之前往往喝一些葡萄糖？

问题情境5：判断"脂质=脂肪"的正误并分析原因。

问题情境6：等质量的糖类和脂肪彻底氧化分解释放的能量一样多吗？为什么？

【举一反三】

经典例题1：图 5-48 所示为糖类的化学组成和种类，则相关叙述正确的是（　　）。

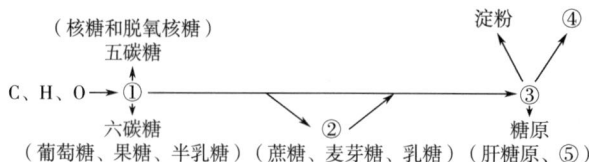

图 5-48　糖类化学组成和种类

A. ①②③依次代表单糖、二糖、多糖，它们均可继续水解

B. ①②均属还原糖，在水浴加热条件下与斐林试剂发生反应将产生砖红色沉淀

C. ④可能为纤维素、⑤是肌糖原，二者均储存能量，可作为储能物质

D. ④可能是植物细胞壁的主要成分，说明多糖也可以参与细胞结构的形成

变式训练1：按功能对多糖进行分类，下列表示正确的是（ ）。

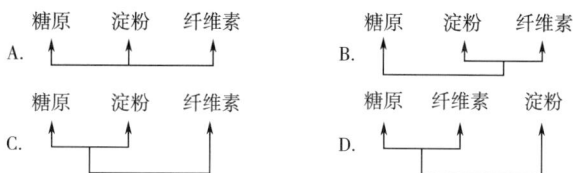

经典例题2：下面关于脂质的叙述，正确的是（ ）。

A. 磷脂由 C、H、O 三种元素组成，是构成细胞膜的主要成分

B. 性激素的化学本质是蛋白质，对生物体的生殖过程起重要的调节作用

C. 脂肪只存在于动物的脂肪细胞中，在其他部位和植物细胞中没有

D. 脂质存在于所有细胞中，是组成细胞和生物体的重要有机化合物

变式训练2：以下有关脂质的叙述，不正确的是（ ）。

A. 胆固醇在人体内参与血液中脂质的运输

B. 脂质分子中氧的含量远远少于糖类

C. 质量相同的糖类和脂肪被彻底氧化分解时，糖类耗氧多

D. 固醇类物质在细胞的营养、调节和代谢中具有重要功能

变式训练3：下列有关糖类和脂质的叙述，不正确的是（ ）。

A. 脂质中的磷脂是构成细胞膜的重要物质，所有细胞都含有磷脂

B. 植物细胞中的多糖主要是淀粉和纤维素，动物细胞中的多糖主要是乳糖和糖原

C. 细胞中的糖类和脂质是可以相互转化的

D. 葡萄糖、核糖、脱氧核糖是动植物细胞共有的糖类

【反馈练习】

（1）用水解法研究下列物质，水解终产物不都是葡萄糖的是（ ）。

①淀粉 ②蔗糖 ③乳糖 ④麦芽糖

A. ①②   B. ②③   C. ③④   D. ①④

（2）下列选项中，在人的口腔上皮细胞和洋葱表皮细胞中都有的糖类是（ ）。

A. 葡萄糖、核糖、脱氧核糖   B. 葡萄糖、淀粉、果糖

C. 淀粉、脱氧核糖、乳糖   D. 麦芽糖、果糖、乳糖

（3）某植物体内可以完成下列反应式：（其中◇、○代表不同的单糖），则◇—○代表的二糖可能是（ ）。

$$◇-○+水 \xrightarrow{(酶)} ◇+○$$

A. 麦芽糖   B. 乳糖   C. 蔗糖   D. 乳糖和蔗糖

（4）如图 5-49 所示是两种二糖的组成示意图，相关叙述正确的是（ ）。

A. 图中 M、N 指代的物质分别是葡萄糖、果糖

B. 图中 M 代表的物质也是纤维素和糖原的基本组成单位

C. 因葡萄糖和果糖都是还原糖，故麦芽糖和蔗糖也是还原糖

D. 糖类物质都是细胞内的能源物质

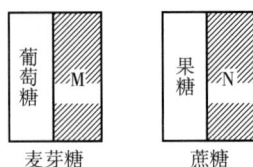

图 5-49　二糖

（5）某生物体内能发生如下的反应：淀粉→麦芽糖→葡萄糖→糖原，则下面的说法不正确的是（　　）。

A. 此生物一定是动物，因为能合成糖原

B. 淀粉和糖原都属于多糖

C. 此生物一定是动物，因为能利用葡萄糖

D. 糖类在生物体内的主要作用是提供能量

（6）糖尿病病人的饮食受到严格的限制，不仅限制甜味食品，米饭和馒头等主食也都需定量摄取，原因是（　　）。

A. 糖尿病人的消化功能不好

B. 糖尿病人的吸收功能不好

C. 米饭和馒头中含有大量的葡萄糖

D. 米饭、馒头中的淀粉等经消化也能分解转变成葡萄糖

（7）细胞中不同的糖具有不同的作用。下列关于细胞内糖类的叙述正确的是（　　）。

A. 蔗糖水解后的产物均不具有还原性

B. 麦芽糖是构成纤维素的基本单位

C. 脱氧核糖是动植物细胞都有的单糖

D. 淀粉和糖原是生物体内唯一储能物质

（8）种子萌发的需氧量与种子所储藏有机物的元素组成和元素比例相关，在相同条件下，消耗同质量有机物，油料作物的种子（如花生）萌发时需氧量比含淀粉多的种子（如水稻）萌发时的需氧量（　　）。

A. 少　　　　　　　　B. 多　　　　　　　　C. 相等　　　　　　　　D. 无规律

（9）棉子糖是一种由半乳糖、果糖和葡萄糖结合而成的非还原三糖。下列相关叙述，正确的是（　　）。

A. 棉子糖和纤维素的水解产物相同

B. 棉子糖是由三分子单糖脱水缩合而成

C. 棉子糖的水解产物都是非还原糖

D. 棉子糖与斐林试剂反应可产生砖红色沉淀

（10）目前很多广告语存在科学性错误，下列你认为正确的是（　　）。

A. 无糖饼干没有甜味，属于无糖食品

B. 某品牌口服液含有丰富的 N、P、Zn 等微量元素

C. 某地大棚蔬菜，天然种植，不含任何化学元素，是真正的绿色食品

D. 某品牌鱼肝油，含有丰富的维生素 D，有助于宝宝骨骼健康

（11）下列有关细胞中糖类和脂质的叙述，正确的是（　　　）。

A. 核糖和脱氧核糖不能同时存在于原核细胞内

B. 纤维素和淀粉的功能不同，彻底水解的产物也不同

C. 脂肪是细胞内良好的储能物质，胆固醇参与人体血液中脂质的运输

D. 糖原不能直接水解为葡萄糖，不属于细胞的能源物质

（12）下列关于糖类与脂质的叙述，正确的是（　　　）。

A. 脂质的组成元素是 C、H、O

B. 糖类是主要的能源物质，也是重要的结构物质

C. 蔗糖是植物特有的多糖

D. 磷脂是所有真核生物的组成成分，原核生物无

（13）下列关于细胞中糖类和脂质的说法中，正确的是（　　　）。

A. 脂肪、淀粉、糖原都是人体细胞内的储能物质

B. 脂肪不能大量转化为糖类

C. 在动物皮下结缔组织中含量丰富的储能物质是糖原

D. 胆固醇是所有细胞必不可少的脂质

（14）当前"减肥"和"瘦身"成了人们的热门话题，下列关于减肥的说法不正确的是（　　　）。

A. 肥胖是由于脂肪在体内积累过多，为了减肥，应该少吃油腻的食物

B. 为了减肥，应该适当运动并且少吃含纤维素等多糖较多的食物

C. 脂肪可以在体内氧化放能，为了减肥，应该多运动，以增强脂肪的消耗

D. 为了轻松减肥，最好少吃肉类，多吃一点含维生素丰富而含脂质较少的水果、蔬菜

（15）下列关于脂质的叙述，不正确的是（　　　）。

A. 维生素 D 能促进肠道对钙和磷的吸收

B. 胆固醇是构成动物细胞膜的重要成分

C. 脂质的组成元素和糖类完全一样

D. 磷脂是构成细胞膜和细胞器膜的重要成分

（16）下列关于脂质的叙述，正确的是（　　　）。

A. 大多数动物脂肪含有饱和脂肪酸，在室温时呈固态

B. 维生素 D 和性激素不属于固醇类物质

C. 脂肪比相同质量的多糖彻底氧化产能少

D. 脂肪分子是构成细胞膜结构的主要成分

（17）最近媒体报道的"地沟油"事件，引起了公众的关注。"地沟油"的主要成分是脂肪，但还含有许多致病、致癌的毒性物质。下列有关叙述正确的是（　　　）。

A. "地沟油"的主要成分的组成元素一定是 C、H、O、N

B. "地沟油"的主要成分是生物体内的主要能源物质

C. "地沟油"的主要成分遇苏丹Ⅲ染液可能呈现红色

D. "地沟油"的主要成分是由三分子脂肪酸与一分子甘油发生反应而形成的酯

（18）已知细胞中由 C、H、O 三种元素组成的某种化合物 B 由 A 脱水缩合形成，则：

①若 A 是单糖，五碳糖有 ＿＿＿＿＿＿＿ 和 ＿＿＿＿＿＿＿。除上述两种外，单糖还有 ＿＿＿＿＿＿＿、＿＿＿＿＿＿＿、＿＿＿＿＿＿＿ 等。

②若 B 是由 2 分子单糖 A 缩合而成的化合物,则 B 称为_____。植物细胞中最重要的是_____和_____,人和动物乳汁中含量最丰富的是_____。

③若 B 是由大量单体 A 缩合而形成的化合物,则 B 称为_____,在人和动物的肝脏中是指_____,在马铃薯块茎中,主要指_____和能形成高等植物细胞壁的_____。

(19)根据下列生物学事实回答问题:

材料一:熊在入冬前要吃大量的食物,在体内转化为脂肪储存起来,冬眠时进行分解利用,维持生命活动。

材料二:生活在南极寒冷环境中的企鹅,体内脂肪可厚达 4cm。

材料三:幼儿常晒太阳,可以使皮肤表皮细胞内的胆固醇转化为维生素 D,预防佝偻病。

①材料一说明脂肪是_____。分布在动物内脏器官周围的脂肪还具有_____和_____的作用。材料二说明脂肪具有_____作用。

②材料三说明维生素 D 具有促进人和动物肠道对_____和磷的吸收的作用。该物质属于_____类物质,除此之外还包括_____和_____。

答案:

【基础巩固】

1. 细胞中的糖类

(1)C、H、O。

(2)两分子单糖、果糖、葡萄糖、葡萄糖、半乳糖、葡萄糖。

(3)葡萄糖、纤维素、淀粉、糖原、几丁质。

2. 细胞中的脂质

(1)C、H、O;N、P。

(2)答案见表 5-47。

表 5-47 细胞中的脂质

类型		功能
脂肪		良好的储能物质;缓冲和减压保护内脏器官;保温作用
磷脂		细胞膜、多种细胞器膜的重要成分
固醇	胆固醇	动物细胞膜的重要成分;参与人体血液中脂质的运输
	性激素	促进人和动物生殖器官的发育及生殖细胞的形成,激发和维持第二性征
	维生素 D	促进人和动物肠道对钙、磷的吸收

(3)脂肪酸、甘油、不饱和、饱和。

(4)C、H、O,H,多,多。

(5)利用、糖原、脂肪、氨基酸。

【情境探究】

问题情境 1 不能,乳糖是二糖,必须水解为单糖才能被细胞吸收利用。

问题情境 2 ①②③⑦、④⑥⑩、⑤⑧⑨、④⑧⑨⑩、⑤⑥⑦。

问题情境 3 核糖、脱氧核糖和纤维素三种糖类不是能源物质。核糖和脱氧核糖是构成核酸的成分,纤维素是构成植物细胞壁的主要成分。

问题情境 4 葡萄糖可以为肌肉收缩提供能量。

问题情境 5 判断：错误。原因：脂质包括脂肪、磷脂和固醇三种。

问题情境 6 不一样，脂肪释放的能量更多，因为脂肪中 H 的含量更高。

【举一反三】

经典例题：1. D 2. D。

变式训练：1. C 2. C 3. B。

【反馈练习】

（1）～（5）BACBC。（6）～（10）DCBBD。（11）～（15）CBBBC。（16）、（17）AD。

（18）①脱氧核糖、核糖、葡萄糖、果糖、半乳糖。②二糖、蔗糖、麦芽糖、乳糖。③多糖、肝糖原、淀粉、纤维素。

（19）①细胞内良好的储能物质、缓冲、减压、保温。②钙、固醇、胆固醇、性激素。

六、设置意图

作业是对课堂知识的巩固，也是对课堂教学内容的补充。本节作业的设计依据学科课程标准，有利于学生核心素养培养，达到练习、巩固和应用知识的目的。教师布置作业时注重对基础知识的夯实，加深学生对知识的学习和理解，帮助学生建立起新旧知识的联系，引导学生应用所学的知识解决生活中的真实问题。作业设计要拓展学生的思维深度和广度，达到知识内化、迁移的目的，从而实现深度学习，同时还要培养学生归纳总结、科学探究的素养能力。所以作业的布置就需要多元化，形式上多种多样，内容联系生活实际，让学生能够学以致用。

基础巩固：预习作业。意图是让学生通过阅读教材，独立完成关于糖类和脂质的结构与功能的知识内容，培养学生提取信息的能力，为后续学习打下基础。

情境探究：导学作业。通过设置真实情境，针对本节内容提出问题，学生将所学内容与实际生活相联系，探究知识产生的本源，体验知识的形成路径，培养学生应用知识解决生活问题的能力。

举一反三：诊断作业。学生通过练习，了解某一知识点可能会涉及的不同描述方式及考查方式，形成自己的思维网络。在今后的学习中，无论以何种形式进行相关知识点的考查，学生都能灵活应对，培养归纳总结的能力。

反馈练习：针对本节课的内容系统地进行练习，习题覆盖糖类和脂质的知识点，学生整体把握本节课的重难点知识，进行巩固练习，查漏补缺，形成知识体系。

七、完成标准

从量的角度，首先在规定时间内完成所有作业，字迹工整清晰。

从质的角度，学生在做完作业后，及时将错题改正，查漏补缺，能够意识自己哪些知识点需要再加强巩固，构建自己的知识体系。针对做题时遇到的知识点。学生能够举一反三，将生物学知识迁移到生活实际，学以致用。

八、效果评价

作业是教学活动的延伸，作业既可以帮助学生巩固知识，又可以让学生在作业过程中发现自己的不足。教师可以通过作业了解学情，为下一步的教学活动做准备。

学生自评：能通过错题意识到自己在哪些知识点、方法上掌握得还不够牢固，会有针对性地加强巩固和练习；能通过错题反思学习和思维习惯，进而优化自己的思维结构。

教师根据学生是否完成作业，完成作业的时间、总量、正确率对学生进行合理评价。教师将出现的问题及时反馈给学生，引导学生分析自己哪些题能做对，能做对的原因是什么；哪些问题处理起来还比较困难，对错误率较高的题要有针对性地进行讲评，并且督促学生对错题进行订正。接下来，教师可以根据学生作业完成情况为后续的教学活动做准备。

九、结果使用

高一的学生是需要打好基础的重要阶段，要完成从初中到高中的思维转变，适应由低难度到高难度的跨越，更需要较多的自主学习、自我消化的时间。根据学生反馈，这样的作业形式更有针对性，通过阅读教材提高了提取信息和归纳总结的能力；不同形式考查达到巩固知识、查找不足，及时发现问题并一一攻破的目的；同时节省时间，提高了知识掌握效率。从教师角度看，通过批改作业了解学情，指导设计后续教学。

（案例来源：牡丹江市第一高级中学吕雪）

案例评析

作为正在进行的教学改革的一部分，作业设计和单元作业设计已经成为生物教育的重要工具。单元设计建立在传统课程单元的基础上，目的在于帮助学生巩固知识，加深对整个单元内容的理解。

这堂课的作业设计就能达到这样的效果。在这堂课的作业设计中，作业类型和形式多样，基础巩固更多注重的是对学生基础知识掌握情况的检测，通过多样化的题型充分检验学生的预习效果。情景探究通过设置真实情境，加强现实问题与生物学知识之间的联系，提高学生的信息提取能力，同时培养学生将知化为行的行动力。而举一反三环节的设置则更多地关注学生逻辑思维的培养，同时锻炼学生的归纳总结能力。反馈练习的设置在于查缺补漏，习题覆盖面较广，重点检验本节课所要求的重难点知识，帮助学生建立起完整的知识框架。

作业不多，但选择得当，可以达到事半功倍的效果。除传统形式外，作业当中还加入了新媒体形式，做到了与现实条件相契合。同时，其也注重对作业效果的评估。评估作为作业设计的重要一环，既可以为学生进一步学习提供方向，也对教师的后续教学也起着重要的参考作用。

单元作业设计——《细胞的基本结构》

一、教材分析

《细胞的基本结构》选自人教版高中生物学必修1（2019 年版）《分子与细胞》第三章内容，本章在整体上起到承前启后的作用。前面两章"走近细胞"和"组成细胞的分子"中的内容是本章学习的基础，又都在本章进一步深化，即从系统的视角去理解细胞的结构特点，同时建立学生的结构与功能观这一重要生命观念，而后续章节的学习内容都离不开对细胞结构的理解。如细胞膜与物质的输入和输出、线粒体与细胞呼吸、叶绿体与光合作用、细胞核与细胞的生命历程等，都以对细胞的基本结构的理解为基础。

二、学情分析

本章内容的授课对象是高一学生，他们在初中阶段已经对细胞结构有了初步的了解。通过前两章的学习，学生已经具备了一些认知能力，可为新课程的学习奠定基础。该阶段学生具备了基本的探究、思考、分析和解决问题能力，但不能将已有的知识很好地进行联系，形成完整的结构系统，还不能够整体性地去分析、综合、解决问题。

三、单元教学目标

（1）通过阅读教材、细胞膜成分探索历程资料和实例分析，学生说出细胞膜的主要成分，概述细胞膜的主要功能，并从结构和功能相适应的角度，解释细胞膜的结构特征。

（2）通过观察动植物细胞亚显微结构模式图，学生依据结构与功能观，概述动植物细胞内部结构特点和主要功能。

（3）通过实例分析和细胞模型建构等，学生说明细胞各部分结构紧密联系，分工合作完成细胞生命活动，形成局部和整体的生命观念。

（4）通过资料分析，归纳总结细胞核的功能，学生掌握决定细胞核功能的结构有何特点，归纳概括出遗传信息主要储存在细胞核中，提升归纳、推理等科学思维和科学探究的能力，认同细胞核是系统的控制中心。

（5）通过生物科技进展"克隆猴"等资料的阅读和讨论，学生认同细胞研究对医疗科学和社会应用具有价值，形成学以致用的学习方式和能力。

四、本单元教学分析

本单元总共三小节内容，分别是第 1 节细胞膜的结构与功能，第 2 节细胞器之间的分工合作，第 3 节细胞核的结构和功能。第 1 节内容 1 个课时完成，让学生掌握细胞膜的功能、流动镶嵌模型的基本内容，形成结构与功能相适应的观点；第 2 节内容 2 个课时完成，深刻理解各种细胞器的形态结构和功能特点，形成各种细胞器的结构与功能相适应观点，有效突破重难点，并为第 3 节构建细胞模型的学习打下良好基础；第 3 节内容 1 课时完成，让学生阐明细胞核的结构与功能，归纳概括出遗传信息主要储存在细胞核中，从而认同细胞核是系统的控制中心。

五、作业全文及作业布置意图

1. 基础性作业

（1）（课前作业）根据你预习的课本内容完成概念见图 5-50~图 5-52。

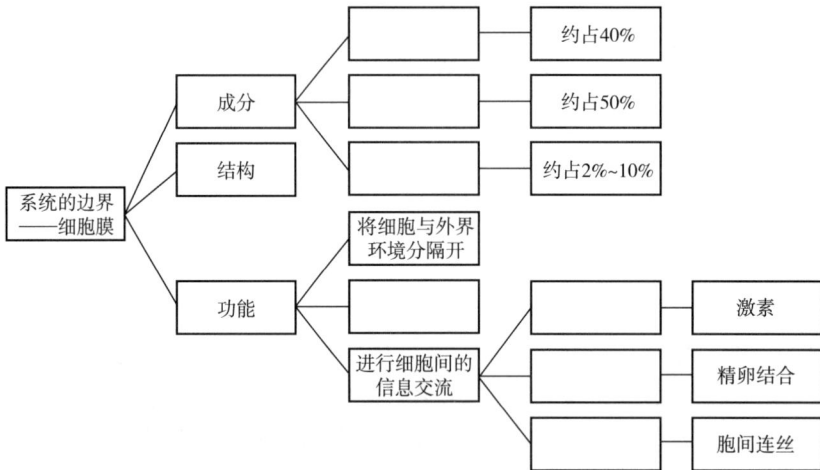

图 5-50　细胞膜

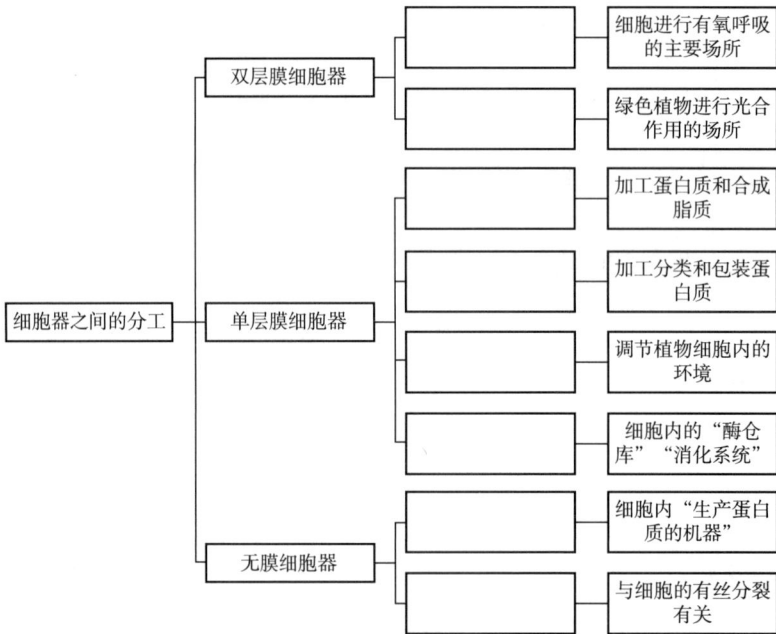

图 5-51　细胞器的分工

设计意图：此处三课时的预习作业设计成概念图模式，避免了默写填空模式学生习惯性抄书的不良习惯。概念图是体现知识整体结构的基本理解，属于基础性的预习作业。想要填写正确并且向同学展示，学生需要通读整节课本，在预习过程中找自己的疑惑点，从而达到带着问题听课的效果。概念图分为三个，对应三小节课内容的基础知识点。

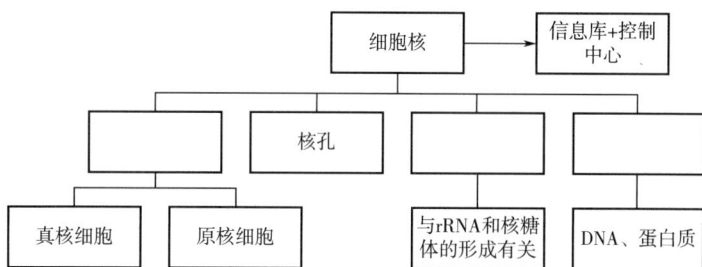

图 5-52　细胞核的结构

（2）预习作业延伸（整章内容结束完成）。根据整个细胞结构的单元学习，你一定感叹细胞这个小小的结构所蕴藏的大大奥秘！那么结合课前所填概念图及本单元的学习，请发动你的想象为本单元的整个细胞结构设计一个完整的思维导图，有能力的同学可以同时结合前两章所学内容扩大设计。

设计意图：教师在概念图的作业基础上又继续设计了概念图的延伸作业，结合课上所学和三部分内容的概念图，为本单元的整个细胞结构设计一个完整的思维导图。这样可将整个细胞结构与真核原核细胞的结构进行一个总结归纳，同时认同细胞的多样性和统一性。该部分延伸作业是整单元全部完成后的作业，属于总结归纳，有助于将课前的预习作业和课上所学内容联系在一起，形成结构与功能观。

（3）课后作业。细胞的整体结构犹如一个分工明确的工厂，每一部门各司其职。结合你对细胞结构的学习，尝试将各种细胞结构与"牛奶加工厂"一一匹配并完成填空（表 5-48）。

表 5-48　细胞结构分工

牛奶加工厂		细胞
车间管理控制总中心		
动力车间		
草料制造车间		
牛奶生产机器	对应	
牛奶加工、分类包装车间		
整个牛奶运输系统		
垃圾清理部门		
工厂门禁安保部门		

设计意图：通过合作探究、概念特征对比转换，能够有效助益学生掌握细胞及各细胞器概念和功能，培养学生对比分析能力，使学生获得更深入、广泛的理解及信息，促发学生对概念的深度认知。

（4）章后总结作业。根据本单元所学内容，请小组合作设计表格，比较动物细胞和植物细胞之间的异同以及真核细胞和原核细胞的异同，并派小组代表上前展示投影你们所比较的内容。

设计意图：思维导图是对整章结构和知识框架学习的考查，而将相似相联的内容列表进行比较并且加上表述的形式，可以诊断出学生是否真正明白细胞的基本结构，比较异同能够真正检验学生是否准确把握所学内容。

2. 实践性作业

翟中和院士曾说过："我确信哪怕一个最简单的细胞，也比迄今为止设计出的任何智能电脑更精巧。"我们探索生命的奥秘从领略细胞的魅力开始。请各小组学生分工合作，研读教材，查阅资料，选择材料，制作真核细胞的三维结构模型。并由小组代表制作课件展示制作过程，有何材料文献依据，并展示小组合作制作成果。

设计意图：作业包括细胞结构的识记，动手制作模型，查阅资料，融合美学，课件制作及演讲能力的培养，同时还要求与人沟通和与人协作的能力。这是培养学生科学思维和综合素质的有效途径。

3. 综合性作业

细胞是一个精确且极其严密的系统，任何一部分结构出现问题都可能导致生物体的生理状态发生改变，进而导致疾病的产生。请同学们小组查阅有关细胞内部异常所引起的疾病，如线粒体疾病，然后小组之间成果共享，最终合作出一版有关主题为"细胞与健康"的板报。

设计意图：学生通过资料的查阅，提高信息提取、归纳、整合的能力；同时根据资料、证据，认同细胞研究对健康生活和社会应用具有价值，形成学以致用的学习方式和能力。

六、作业评价标准

作业评价标准见表5-49。

表5-49　作业评价标准

评价维度	基础作业完成程度及准确率	组内合作能力及沟通能力	展示环节语言表达能力	模型制作的科学性	板报制作的科学性和美观性
自我评价					
小组互评					
教师评价					

（案例来源：牡丹江市第二高级中学朱博雅）

案例评析

在当今教学改革的持续推动下，单元教学设计、单元作业设计等一系列的单元整合模式，是当今生物教学中的重要手段。单元作业设计是在传统作业的基础上，更加立足于帮助学生巩固知识和提升对整个单元内容的理解。本案例的设计是新人教版生物学必修一第三章内容。首先，教师设计的亮点在于作业设计具有层次性；基础性作业在前，并且分为预习、预习延伸及课后内容三部分；实践性作业和综合性作业在后，可以让学生更好的厘清整章内容的学习思路，并且在巩固课本知识的基础上，进行了学生能力的培养和延伸。

其次，该单元作业设计具有多样化的特点，即不停留在课本本身，而是从课本内容走出来，更注重学生能力的培养。例如，实践性作业制作真核细胞的三维结构模型；综合性作业中通过查找文献，去研究细胞内部异常所引起的疾病，整合文献信息后制作板报。这些作业不再是简单的书本内容的填写，需要考察学生的动手能力、沟通能力、信息整合能力、团队协作能力等，是培养学生综合素质的有效途径。最后，该单元作业设计可以让学生从整体上把握知识，提升作业的有效性，并且帮助学生把握生物知识点间的联系，立足于单元角度系统的掌握细胞的基本结构。

单元作业设计——《基因突变和基因重组》

一、教材分析

本节课是人教版生物必修 2《遗传与进化》第 5 章《基因突变及其他变异》第 1 节内容。前 4 章中对"DNA 的结构""DNA 的复制"和"基因的本质"等问题已有了充分的认识。本节内容既是对前 4 章内容的延续，又是学习第 6 章《生物的进化》的重要基础。

本节课中镰状细胞贫血及结肠癌的病因的分析，有助于启发学生进行科学探究并形成生命观念。太空育种及癌症防治的分析又能激发学生的科学思维和社会责任。这些内容都为巩固学生的学科素养提供了保证。

课程标准在基因突变概念、结果、影响因素和基因重组的结果相关方面提出了内容要求。而学业要求是：基于证据，论证可遗传的变异来自基因重组、基因突变和染色体变异。由此确定本节课的重点是基因突变的概念、原因、结果及意义。难点是基因突变的意义。因此，确定本节课教学目标如下。

二、教学目标

（1）通过分析镰状细胞贫血的致病机理，尝试概述基因突变的概念。

（2）通过小组讨论、分析结肠癌发生的原因及其他癌症的相关资料，尝试总结基因突变的原因，并对癌症的预防提出合理建议。

（3）通过对太空育种相关内容的分析，尝试总结基因突变的特点。

（4）通过对基因重组实例的分析，尝试举例说明基因重组的类型。

（5）通过对基因突变和基因重组的比较，尝试去理解、认同它们对生物生存、种群进化的意义。

三、学情分析

初中时学生对相关内容已有了初步了解，由于涉及的实例众多，学生也很感兴趣。基因突变的概念是较容易掌握的部分，但是其对生物影响的理解却非常抽象。基因重组与减数分裂过程的联系，在学习中一直是理解上的难点。

四、课时教学分析

在本节课中，通过对镰状细胞贫血的病因分析，以及皱粒豌豆的形成和囊性纤维化出现的原因的回忆，学生们能够概述基因突变的概念，分析出基因突变的结果。而通过对结肠癌的病因分析和太空育种的分析，学生归纳出来基因突变的原因和特点。通过对基因重组和减数分裂过程的结合及相关实例的分析，学生能构建出基因重组的类型。通过比较基因突变和基因重组，学生总结出基因突变和基因重组的结果和意义。学生们对知识掌握的准确程度如何，是否能利用本节课的知识进行科学思维和科学探究来解决生活中的问题，是否发展了自己的科学观念？针对以上问题我们进行了如下的作业布置。

五、作业全文

（一）预习作业

（1）Cc（红色）的大丽花植株上盛开红花，仅有一朵花半边红色半边白色，这可能是由于哪个部位的 C 基因突变为 c 造成的（　　）。

　　A. 生殖细胞　　　B. 早期的叶芽细胞　　　C. 幼苗的众多体细胞　　　D. 花芽分化时

（2）赖氨酸的密码子有如下几种：UUA、UUG、CUU、CUA、CUG，当某基因片段中的 GAC 突变为 AAC 时，这种突变的结果对该生物的影响是（　　）。

　　A. 一定是有害的　　　　　　　　　B. 一定是有利的

　　C. 有害的概率大于有利的概率　　　D. 既无利也无害

（二）导学作业

1. 基因突变

（1）镰状细胞贫血发病机理见图 5-53。

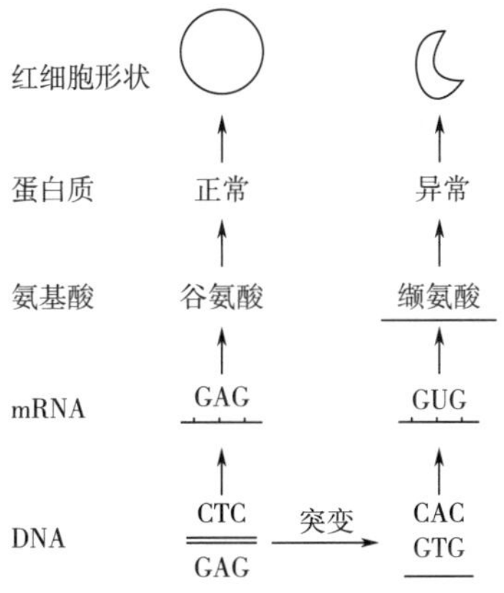

图 5-53　镰状细胞贫血发病机理

（2）原因分析。

①直接原因：谷氨酸 $\xrightarrow{\text{替换为}}$ ＿＿＿＿＿＿＿。②根本原因：基因中碱基对 $\dfrac{T}{A}$ ＿＿＿＿＿＿＿＿。

2. 概念

（1）DNA 分子中发生碱基的＿＿＿＿＿＿＿＿，而引起＿＿＿＿＿＿＿＿的改变，叫作基因突变。

（2）结果：＿＿＿＿＿＿＿＿＿改变。

3. 对后代的影响

（1）若发生在＿＿＿＿＿＿＿中，将遵循遗传规律传递给后代。

（2）若发生在＿＿＿＿＿＿＿中，一般不能遗传，但有些植物的体细胞发生基因突变，可通过无性生殖遗传。

4. 细胞的癌变

（1）癌变的原因见图 5-54。

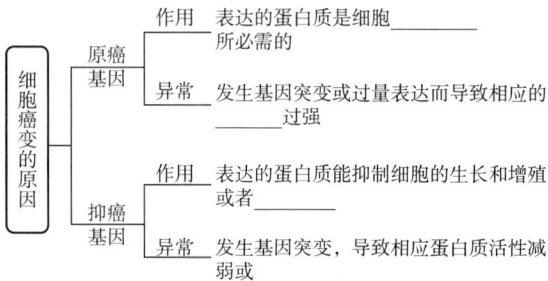

图 5-54　细胞癌变的原因

（2）癌细胞特征。①能够_____。②_____发生显著变化。③细胞膜上的_____等物质减少，细胞之间的黏着性显著降低，容易在体内分散和转移。

5. 原因

（1）外因：物理因素、化学因素和生物因素。易诱发生物发生基因突变并提高_____。
（2）内因：_____偶尔发生错误等。

6. 特点

（1）_____性：一切生物都可以发生。
（2）随机性：生物个体发育的任何时期、不同的 DNA 分子及同一个 DNA 分子的_____。
（3）_____性：一个基因可以发生不同的突变，产生一个以上的_____。
（4）_____性：自然状态下，突变频率很_____。
（5）多害少利性：多数基因突变破坏生物体与现有环境的协调关系，而对生物_____。但有些基因突变对生物体是有利的，还有些基因突变既无害也无利。

7. 意义

（1）_____产生的途径。
（2）_____的根本来源。
（3）为_____提供了丰富的原材料。

8. 基因重组

（1）概念：有性生殖实质控制不同性状的基因的重新组合。
（2）类型见表 5-50。

表 5-50　基因重组类型

类型	发生的时期		发生的范围	
自由组合型	减数分裂_____后期		_____染色体上的_____基因	
交换型	减数分裂 I _____期		_____上的_____基因随非姐妹染色单体之间的互换而交换	

（3）意义：基因重组是生物变异的来源之一，对生物的_____具有重要意义。

（三）诊断作业

（1）在原核细胞有分裂过程中，可以发生的变异现象是（　　　）。

A. 基因突变　　　　　　　　　B. 个别染色体的增添或缺失

C. 基因重组　　　　　　　　　D. 染色体的倒位、易位或缺失

（2）有关基因突变的随机性的叙述，正确的是（　　　）。

A. 可以发生在任何细胞中　　　　B. 可以发生在生物个体发育的任何时期

C. 发生的概率非常高　　　　　　D. 可以向各种不同的方向发生突变

（3）下列关于基因突变和基因重组的叙述，正确的是（　　　）。

A. 基因突变是生物变异的根本来源

B. 基因突变一定导致遗传性状的改变

C. 基因重组发生在受精过程中

D. 基因重组可以产生新基因，从而产生新性状

（4）图 5-55 中，甲、乙分裂过程中产生配子时发生的变异分别属于（　　　）。

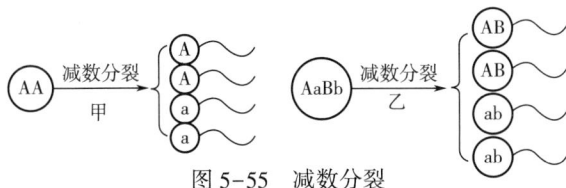

图 5-55　减数分裂

A. 基因重组，基因重组

B. 基因重组，基因突变

C. 基因突变，基因突变

D. 基因突变，基因重组

（5）下列关于人体癌细胞和癌变的叙述，错误的是（　　　）。

A. 细胞癌变后，细胞膜上糖蛋白的数量增多

B. 某些食物中含有致癌物质，长期食用易导致细胞癌变

C. 在适宜条件下，人体癌细胞可以无限增殖

D. 与正常细胞相比癌细胞的形态结构会发生变化

（四）探究性和实践性作业

（1）下列过程不涉及基因突变的是（　　　）。

A. 经紫外线照射后，获得红色素产量更高的红酵母

B. 运用 CRISPR/Cas9 技术替换某个基因中的特定碱基

C. 黄瓜开花阶段用 2，4-D 诱导产生更多雌花，提高产量

D. 香烟中的苯并芘使抑癌基因中的碱基发生替换，增加患癌风险

（2）某同学在自己家种的本来开红花的月季中，突然发现其一枝条上开出了嫩黄花。他推测该嫩黄花的出现是由基因突变引起的。为判断此推测是否正确，该同学应检测和比较与嫩黄花的指标是（　　　）。

A. 花瓣细胞的 RNA 总量　　　　B. 花色基因的碱基种类

C. 花瓣细胞的 DNA 总量　　　　D. 花色基因 DNA 序列

（3）镰状细胞贫血症病因的发现，是现代医学史上重要的事件。假设正常血红蛋白由 H 基因控制，突变后的异常血红蛋白由 h 基因控制，下列相关叙述正确的是（　　　）。

A. 镰状细胞贫血症属于单基因遗传病，该病的症状可利用显微镜观察到

B. 造成镰状细胞贫血症的根本原因是一个氨基酸发生了替换

C. H 基因与 h 基因中的嘌呤碱基和嘧啶碱基的比值不同

D. 利用光学显微镜可观测到基因 H 的长度较基因 h 长

（4）图 5-56 是基因型为 Aa 的个体不同分裂时期的图像，根据图像判定每个细胞发生的变异类型，正确的是（　　　）。

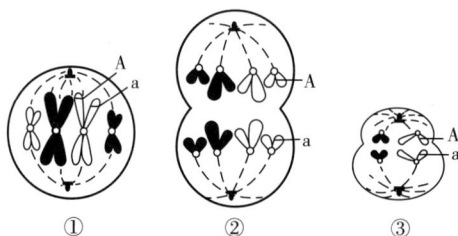

图 5-56　减数分裂的不同时期

A. ①基因突变　②基因突变　③基因突变

B. ①基因突变或基因重组　②基因突变　③基因重组

C. ①基因突变　②基因突变　③基因突变或基因重组

D. ①基因突变或基因重组　②基因突变或基因重组　③基因重组

（5）已知小香猪背部皮毛颜色是由位于两对常染色体上的两对等位基因（A、a 和 B、b）共同控制的，共有四种表型：黑色（A_B_）、褐色（aaB_）、棕色（A_bb）和白色（aabb）。

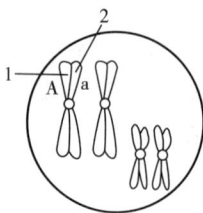

图 5-57　初级精母细胞

①如图 5-57 所示为一只黑色小香猪（AaBb）产生的一个初级精母细胞，1 位点为 A 基因，2 位点为 a 基因，某同学认为该现象出现的原因可能是基因突变或同源染色体非姐妹染色单体间的互换。

若是发生同源染色体非姐妹染色单体间的互换，则该初级精母细胞产生的配子的基因型是＿＿＿＿＿＿＿＿＿＿＿＿＿。

若是发生基因突变，且为隐性突变，该初级精母细胞产生的配子的基因型是＿＿＿＿＿＿或＿＿＿＿＿＿＿。

②某同学欲对上面的假设进行验证并预测实验结果，设计了如下实验：

实验方案：用该黑色小香猪（AaBb）与基因型为＿＿＿＿＿＿＿＿的雌性个体进行交配，观察子代的表型。

结果预测：

如果子代＿＿＿＿＿＿＿＿＿＿＿＿＿＿＿＿，则为发生了同源染色体非姐妹染色体单体间的互换。

如果子代＿＿＿＿＿＿＿＿＿＿＿＿＿＿，则为基因发生了隐性突变。

（五）长周期作业

请大家通过新媒体关注基因突变及基因重组研究的新进展。

（六）跨学科作业

请大家根据关注的基因突变和基因重组新进展，形成以下形式的成果：科学速读稿；科学介绍小视频；科学介绍简报；科幻小故事；其他形式成果。

六、作业布置意图

作业是课堂教学的充分延伸。通过作业，教师可以了解学生的学习情况，引导学生发展科学思维，培养科学探究能力，形成社会责任和生命观念，提高对生物学科的学习兴趣。因此本节课中，教师对作业进行了多种形式的设计。

预习作业的设计选取了诸如基因突变引起花色变化等简单有趣的内容，引导学生对本节课内容进行基本了解，引发学生对相关内容的思考，提高学习兴趣。

导学作业引导学生熟悉本节课知识脉络，引发学生对重难点内容在课堂上的关注。

诊断作业根据双减精神，共设置了5道题。重点考察学生对基因突变特点的理解，以及基因突变和基因重组的结果及意义。题难度不大，力求所有同学都能顺利完成。而题目设置目的是强化各层次学生建立结构和功能，整体与部分等生命观念，形成科学的思维过程。

探究性和实践性作业有一定难度，结合了之前遗传的基本规律的内容设置了一个情境，试图引导学生运用生物学规律和原理，对出现的现象做出合理的解释，重点考查学生知识理解和迁移，重在科学探究的引导。

长周期作业和跨学科作业面向全体学生，吸引学生关注有关基因突变和基因重组的最新科学发展成果，引导学生关注生物学和社会的联系。教师希望以此来提升学生对生物学的兴趣，形成崇尚科学的精神，引发学生对社会责任的思考。

七、完成标准

预习作业、导学作业的完成标准为作业完成度，分为三个等级（50%——B；80%——A；95%——A+）。

诊断作业和探究性、实践性作业的完成标准为完成时间和正确率。

长周期作业和跨学科作业的完成标准比较宽泛，更多的是关注孩子的创新和思维的发展。

八、效果评价

（1）完成时间。

（2）完成度——指向学习积极性。

（3）正确率——知识的掌握情况。

（4）思维发散作业的完成度和创新性——学习兴趣及态度。

九、结果使用

收集批改作业的相关数据，进行科学分析，作为教学设计和作业设计的依据，以及了解学生学习情况的依据。

十、参考答案

预习作业答案：D、D。

导学作业答案：

1. 基因突变

$\dfrac{CAC}{GTG}$ 缬氨酸 $\dfrac{A}{T}$

2. 概念

（1）替换、增添或缺失，碱基序列。

（2）碱基序列。

3. 对后代的影响

（1）配子。

（2）体细胞。

4. 细胞的癌变

（1）正常的生长和增殖、蛋白质活性、促进细胞凋亡、失去活性。

（2）无限增殖、形态结构、糖蛋白。

5. 原因

（1）突变频率。

（2）DNA 复制。

6. 特点

（1）普遍性

（2）不同部位。

（3）不定向性，等位基因。

（4）低频性，低。

（5）有害。

7. 意义

（1）新基因。

（2）生物变异。

（3）生物的进化。

8. 基因重组

Ⅰ、非同源、非等位、前、同源染色体、等位、进化。

诊断作业答案：（1）～（5）ABADA。

探究性和实践性作业答案：（1）～（4）：CDAC。

（5）①AB、Ab、aB、ab；AB、aB、ab；Ab、ab、aB。

②aabb；出现黑色、褐色、棕色和白色四种表型；出现黑色、褐色和白色或棕色、白色和褐色三种表型。

（案例来源：牡丹江第三高级中学张琳琳）

案例评析

　　好的作业设计可以使课堂教学所学的知识得到深化和巩固，更会诱发学生深层次的思考，并促使学生对知识进行再理解和长期记忆，进而培养学生思维的敏捷性、深刻性、广阔性和整体性。这堂课的作业设计就能达到这样的效果。在这堂课的作业设计中，作业类型和形式多样：预习作业更多注意的是对学生的激趣，引发学生的猜想和思考；导学作业系统性和整体性强，有助于学生进行课前快速预习，并迅速抓住本节课的重点；诊断作业针对了本节课中的易错内容，注重易混淆知识的考察；探究性和实践性作业，更关注学生科学思维和科学探究能力的培养；长周期作业和跨学科作业的设置，更关注本学科整体学科思维的形成和学生能力的培养这样设计对活跃学生思维、开拓视野有很大的好处，有助于学生开启思维、深入探究、分析问题、解决问题从而感受成功的喜悦，进而享受到学习的快乐，更进一步激发学生的求知欲，从知识上和精神上为后续的学习做好准备。作业的量并不大，但是精选精炼，对于学习目标的达成有着事半功倍的效果。作业除了传统的形式，还关注了新媒体的使用，能够与时俱进，做到趣味性和实效性相结合。同时，作业设计还关注了作业的评价，评价标准简单、细致。评价是作业的一个重要环节，评价的生成对学生日后的学习有很重要的激励作用，对教师之后的教学也有着重要的参考作用。

综合实践类作业设计——《珍爱生命，远离毒品》

一、作业阐述

1. 作业背景

《珍爱生命，远离毒品》综合实践作业是依托于人教版高中生物学选择性必修 1《稳态与调节》第 2 章第 3 节 "神经冲动的产生和传到" 引发而来的研究性学习作业。生物学课程的设置是为了提高学生生物科学素养，生物科学素养只是学生核心素养的一部分，本作业设置的目的是将学生生物科学基本素养与法制教育相融合，从而促进 "立德树人" 的根本目的。

2. 作业目标

通过家长进校园系列讲座，使学生了解发生在我们周围的违法法律法规的案件，使学生亲自感受，日常生活中法律无处不在，充分认识到违法法律的后果的同时要学会用法律手段保护自己。

通过实地参过禁毒教育基地，使学生亲身感受毒品的危害，从而愿意与禁毒大使一同保护我们的家园。

通过小组展示调查结果毒品种类以及相关作用机理，使生物学与法律生活相融合，提高学生表达能力、合作意识，并认同学习了解生物学的重要性。

通过撰写研究性学习报告《中学生有关毒品认知的调查与研究》，实现分层作业，通过作业调查、问卷调查等方式，使学生强化毒品与神经系统相关知识，并使学生自主对法律意识进行宣传，提高学生总体法律意识。

3. 作业重点、难点

重点：神经冲动的产生过程和传导特点难点。对毒品对人体的危害有更深入的了解，并认同远离毒品，珍爱生命的重要性。

二、作业方式

诊断作业、实践作业。

三、作业布置示意框架

作业布置框架见表 5-51。

表 5-51 作业布置框架

作业背景与内容	学生活动与作业	作业设计意图
篇章一：利用班会课进行家长进校园讲座《法律与生活》	学生认真聆听讲座内容，讲座后书写心得体会	讲座内容中有发生在我们周围最真实的照片，最直观的将违法行为和危害展示在学生面前，给学生带来心理上的冲击，通过书写心得体会更加激发学生对爱法守法的认知

续表

作业背景与内容	学生活动与作业	作业设计意图
教师指导：讲座后对内容进行补充		
篇章二：参观禁毒教育基地	学生实地参观牡丹江市禁毒教育基地，通过市公安局禁毒支队李警官的讲解与 5D 体验，真切感受毒品的危害	此部分为实践作业，利用假期的时间统一进行，在参观过程中使学生更加意识到毒品的危害，从而自觉做到远离毒品
教师指导：组织带领学生进行参观		
篇章三：调查毒品种类与每种毒品作用机理及危害	1. 情景剧展示 2. 小组汇报	1. 情景剧展示吸食每种毒品的具体表现，使学生对毒品有更深入地了解 2. 通过调查与汇报，提升学生综合表达能力与小组合作意识，培养学生提取信息和描述的能力
教师指导：对情景剧与小组汇报给与正面评价		
篇章四：撰写研究性学习报告《中学生有关毒品认知的调查与研究》	学生通过习题调查、问卷调查、文献检索等方式完成研究性学习报告的撰写	本部分的内容通过习题调查的方式检测学生对"神经冲动的产生和传导"内容的掌握情况，又可以提高学生的综合研究能力
教师指导：对学生研究性学习报告的撰写进行指导		

四、评价方法

采用自评、小组评价、教师评价相结合的方式（表5-52）。

表 5-52　评价方法

自我评价	A（　　）　　　B（　　）　　　C（　　）　　　D（　　）
组内评价	A（　　）　　　B（　　）　　　C（　　）　　　D（　　）
教师评价	A（　　）　　　B（　　）　　　C（　　）　　　D（　　）

（案例来源：牡丹江市第三高级中学崔辰）

案例评析

"双减"政策提出以来，如何在"双减"背景下进行创新作业设计已然成为教育热点话题。那么，如何能够将作业设计突出综合性、趣味性、实践性、自主性、多元性，进而充分发挥作业的育人功能，落实减负提质，是每个教育工作者都要认真研讨的问题。

本作业设计是在"双减"背景下，以生物学学科为依托，进行的长周期大主题的综合活动作业设计，通过四个不同的篇章作业内容，为学生提供了综合运用知识的真实场景和虚拟体验。设计可激发学生学习兴趣，有利于学生综合素质与关键能力的发展，以及用学科知识综合解决实际问题的能力。

原创性习题设计

（1）2022 年 7 月，*Science* 杂志发表了中国农科院的研究成果。研究发现，水稻转录因子 OsDREB1C 能够分别调控光合作用、氮素代谢以及开花途径相关的多个靶基因，激活这些基因的表达，进而调控光合效率、氮素利用效率以及抽穗时序。下列有关叙述正确的是（   ）。

A. 该发现可说明单一基因可同时调控多个重要生理途径

B. 相关基因表达过程中需要 DNA 聚合酶和解旋酶的参与

C. 开花时细胞中的光敏色素可以吸收绿光进行光合作用

D. 处于抽穗期时期的水稻细胞中脱落酸的含量显著升高

设计意图：本题着眼必备知识，注重生命观念，试题体现了基础性和综合性，考查学生获取信息能力及对知识掌握程度，通过题干中信息联系所学知识内容，起到检验学生基础知识及综合运用能力的目的。本题难度中等，预估难度系数 0.65，适合大多数学生作答。

解题思路：A 选项考查了基因与性状的关系，根据题干信息该转录因子通过分别与作用于光合作用、氮素吸收转运以及开花途径的多个靶基因结合，激活这些基因的表达，可说明单一基因可同时调控多个重要生理途径。B 选项考查了基因表达相关知识，基因转录过程中需要 RNA 聚合酶参与，翻译过程中也需要酶的参与，DNA 聚合酶和解旋酶参与 DNA 复制过程。C 选项考查了植物细胞细胞生命活动的调节中光敏色素的作用，开花时细胞中的光敏色素主要吸收红光和远红光，感受光信号，传导信号。D 选项考查了植物激素的调节作用，处于成熟期时脱落酸的含量会升高。答案是 A。

（2）2023 年 2 月，科学家首次证实甲基化编辑的小鼠能够跨代表观遗传。研究发现，小鼠肥胖相关基因启动子区 CpG 岛的 DNA 甲基化编辑能够连续传递四代，下列有关表观遗传叙述正确的是（   ）。

A. 启动子区相关 CpG 岛的 DNA 甲基化影响基因的复制

B. 表观遗传现象普遍存在于生物体整个生命活动过程中

C. 甲基化后基因碱基序列发生了改变会遗传给后代小鼠

D. DNA 甲基化后小鼠性状的遗传遵循孟德尔遗传定律

设计意图：本题属于信息类试题，注重培养学生的信息获取能力，同时考查了生命观念，注重基础性，难度中等，预估平均难度系数 0.6，适合大多数学生作答。

解题思路：本题主要考查了表观遗传相关知识。A 选项中题干中只提及了启动子，推测甲基化影响转录过程，并没有信息说明影响 DNA 的复制。C 选项中 DNA 甲基化后碱基序列并没有改变。D 选项中性状的遗传不一定遵循孟德尔遗传定律，题干中没有明确的性状分离比，无法判断。答案是 B。

（3）图 5-58 所示为某植物叶肉细胞模式图，有关细胞结构及功能说法正确的是（   ）。

A. 因结构 1 无色，所以不能用叶肉细胞来观察质壁分离现象

B. 图中结构 2 是细胞的边界，主要组成成分为纤维素和果胶

C. 图中所示的标号中真核细胞及原核细胞中共有的结构为 3

D. 结构 4 具有双层膜，没有结构 4 的细胞无法进行有氧呼吸

设计意图：本题注重基础知识的考查，同时考查了生命观念。试题也体现了高考试题的

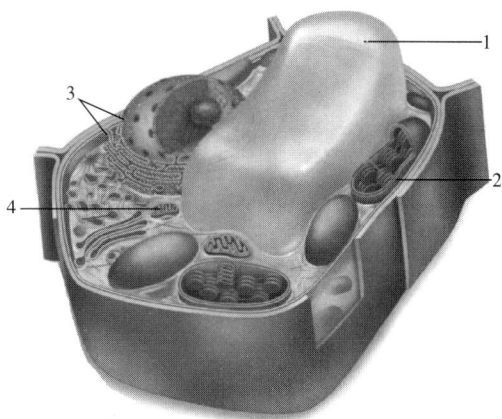

图 5-58 植物叶肉细胞模式图

灵活性的导向，注重基础性和综合性，考查学生的识图能力。难度中等，预估平均难度系数 0.7，适合大多数学生作答。

解题思路：本题主要考查了细胞结构和功能的相关知识。A 选项中能用叶肉细胞来观察质壁分离现象，可以通过调节显微镜亮度或滴加带颜色的试剂等辅助观察。B 选项中细胞的边界为细胞膜，不是细胞壁，因为细胞膜具有选择透过性。D 选项中，如一些原核生物没有结构 4，但也能进行有氧呼吸，如蓝细菌等。答案是 C。

（4）2022 年 11 月 17 日，来自中国的大熊猫"京京"和"四海"在卡塔尔豪尔熊猫馆正式与公众见面，受到了热烈欢迎。大熊猫喜食冷箭竹等，每只成年大熊猫每日进食竹子量可达 12~38kg。

①大熊猫可利用竹子中 8% 的纤维素，研究人员欲从大熊猫粪便和土壤中筛选纤维素分解菌，请回答下列问题：

A. 为筛选纤维素分解菌，将大熊猫新鲜粪便样品稀释液接种至以纤维素为_____的固体培养基上进行培养，分离纯化得到单菌落的方法有_____和稀释涂布平板法。

B. 该培养基从功能上分类属于_____培养基。如何证明该培养基是否起到了筛选作用？_____

C. 简要写出测定大熊猫新鲜粪便中纤维素分解菌活菌数时，如何确定稀释液的合适倍数？

_____

D. 实验中用稀释涂布平板法将 0.1mL 稀释液接种于培养基上，10^4 倍稀释液对应的三个平板中菌落数量分别为 55、56 和 57，则每克土壤样品中纤维素分解菌的数量为_____ _____个。

E. 利用纤维素分解菌可以高效降解农业秸秆废弃物纤维素，因其能够产生纤维素酶。刚果红是一种染料，能与纤维素形成红色复合物，但并不与水解后的纤维二糖等发生这种反应。研究人员在从大熊猫粪便和土壤中筛选纤维素分解菌的过程中，发现甲、乙两种菌都能在加入刚果红的且含有纤维素的培养基上生长，二者都能形成透明圈，图 5-59 中分解纤维素能力较强的菌株是_____，判断依据是_____。

②性别鉴定是研究和保护野生大熊猫种群的一个重要课题。刚刚出生的大熊猫生殖器官不明显，很难准确辨别雌雄。已知 SRY 基因与雄性性别决定有关，某研究小组采集到大熊猫新鲜的粪便等样品，从中粗提取出 DNA 并进行 PCR 扩增，进而对性别进行了鉴定。请回答

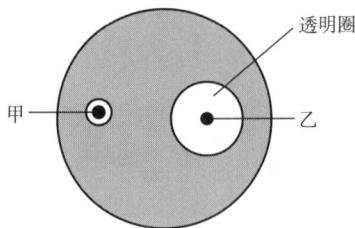

图 5-59　刚果红染色结果

下列问题:

A. 请结合教材中"DNA 的粗提取与鉴定"实验,下列有关叙述正确的是 (　　)。

a. 实验材料也可以选取大熊猫的成熟红细胞

b. 研磨液在 4℃冰箱中放置可防止 DNA 降解

c. 体积分数 50% 的预冷的酒精可使 DNA 析出

d. 沸水浴条件下,DNA 遇二苯胺试剂呈紫色

B. 提取的 DNA 经纯化、稀释后,可以通过设计特定的引物来扩增特定的 DNA 片段,在设计 PCR 引物时应依据大熊猫 SRY 基因中的＿＿＿＿＿＿＿＿来进行。PCR 过程中使用的酶是＿＿＿＿＿＿＿＿。PCR 过程每次循环分为 3 步,其中温度最高的一步是＿＿＿＿＿＿＿,复性的结果＿＿＿＿＿＿＿＿。

C. 用 PCR 方法扩增得到电泳图谱图 5-60,其中 M 为 DNA 标准样液 (Marker),1 号为无菌水,2 号为模板 DNA 为 SRY 基因,请据图 5-60 分析,3 号个体的性别为＿＿＿＿＿＿,原因＿＿＿＿＿＿＿＿＿＿＿＿＿。

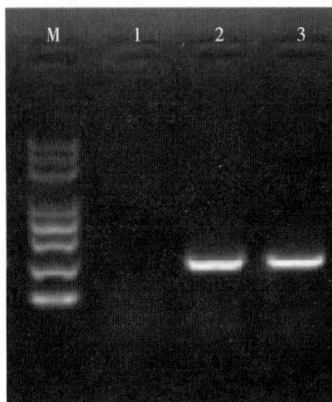

图 5-60　电泳图谱

③大熊猫常见的食用竹种类包括冷箭竹等,但竹类植物种子获取困难,埋节等传统繁殖方法具有繁殖系数低等缺点,而植物组织培养技术可以克服这些缺点。某研究小组拟用植物组织培养技术繁殖冷箭竹,请回答下列问题:

A. 利用冷箭竹的嫩茎尖进行组织培养可以形成试管苗,培养基中常加入的激素有＿＿＿＿＿＿＿和＿＿＿＿＿＿＿。

B. 与常规的种子繁殖及埋节等方法比较,利用微型繁殖技术培育冷箭竹的特点有＿＿＿＿

_____（答出 2 点即可）。

C. 植物组织培养技术可与基因工程技术相结合获得转基因植株。将目的基因导入植物细胞可采用农杆菌转化法，通常双子叶和裸子植物的叶片伤口处会产生吸引农杆菌的酚类化合物，可将目的基因插入农杆菌的 Ti 质粒的_____上，通过农杆菌的转化作用，将目的基因整合到受体细胞的染色体 DNA 上，而农杆菌不易侵染竹子等单子叶植物，请设计一个方案，解决此问题_____。

④为了营养更全面和均衡，圈养的大熊猫除竹叶外还吃苹果、胡萝卜、葡萄等辅食，其中，胡萝卜可用来制作泡菜，苹果、葡萄等可用来制作果酒和果醋，请回答下列问题：

A. 下列关于传统发酵技术应用的叙述，正确的是（　　　）。

a. 利用乳酸菌制作泡菜过程中，先通气培养后密封发酵

b. 家庭手工制作的果酒、果醋和腐乳通常都不是纯种发酵

c. 制作果醋过程中发酵液 pH 降低，制作果酒时情况相反

d. 与现代发酵工程相比，自然发酵获得的产品品质更好

B. 获得的果汁可以用来制作果酒或者果醋，制作果酒需要_____菌，制作果酒的温度_____（填"低于"或"高于"）制作果醋时的温度。制作果醋需要醋酸菌，醋酸菌属于_____（填"好氧"或"厌氧"）菌，为_____（填"真核"或"原核"）生物。

设计意图：本题注重创设情境，一题到底，将选择性必修三中生物技术类实验内容涵盖在内，包括传统发酵食品的制作、微生物的培养技术、菊花的植物组织培养、DNA 的粗提取与鉴定、DNA 片段的扩增及电泳鉴定等内容，每一道题也可以自成体系，注重培养学生的科学思维和科学探究能力，同时也考查了生命观念和社会责任。试题也体现了高考试题的灵活性的导向，注重基础性、应用性、创新性和综合性，考查学生的识图能力、获取信息能力和语言表达能力。难度中等，预估平均难度系数 0.6，适合大多数学生作答。

解题思路：

①A. 选择培养基要以纤维素为唯一碳源，分离纯化得到单菌落的的方法为平板划线法和稀释涂布平板法。B. 该培养基从功能上分类为选择培养基，证明选择培养基具有选择作用可以观察接种后的完全培养基上的菌落数明显多于选择培养基上的菌落数，说明选择培养基筛选出了一些纤维素分解菌。C. 本问主要考查稀释涂布平板法的操作步骤，将大熊猫新鲜粪便样液溶于无菌水中后进行一系列不同浓度梯度等比稀释后，取 0.1mL 涂布到若干个平板（每个稀释度至少涂布三个平板），获得菌落数在 30~300 的平板的稀释度即为合适的稀释倍数（合理即可）。D. 计算公式为：每克样品中的菌落数 =（C/V）×稀释倍数，C 为平均菌落数，V 为某一稀释度下涂布时所用的菌液体积，代入公式即可。E. 根据题干信息可知，纤维素被分解后周围出现透明圈，乙菌落周围出现透明圈大，说明乙菌产生的纤维素酶的含量（和活性）较大，分解的纤维素多，透明圈大，因此，图中分解纤维素能力较强的菌株是乙（合理即可）。

②A. 考查了 DNA 粗提取与鉴定实验，a 选项实验材料不可以选取大熊猫的成熟红细胞，因其无细胞核和线粒体，几乎不含 DNA。c 选项为体积分数为 95% 的酒精。d 选项应为蓝色，所以选 b。B. 设计引物时要参照目的基因的特异性（脱氧）核苷酸序列，PCR 扩增时需要耐高温的 DNA 聚合酶（Taq DNA 聚合酶），高温下 DNA 变性，解聚为单链，复性时 50℃ 左右，利于引物通过碱基互补配对与单链 DNA 结合。C. 依据题干可知，结合 1 号无菌水组和 2 号

SRY 基因的扩增结果，据图判断可以得出 3 号个体的 PCR 结果包含 SRY 基因目的基因的片段，而位于 Y 染色体上的 SRY 基因为雄性性别决定基因，所以该个体为雄性。

③A. 植物组织培养时需要加入生长素和细胞分裂素，诱导外植体脱分化成愈伤组织。B. 植物微型繁殖技术为无性繁殖，其优点为高效、快速地实现种苗的大量繁殖，保持优良品种的遗传特性（合理即可）。C. 农杆菌的 Ti 质粒的 T-DNA 为可转移的 DNA，可将目的基因插入其中，若侵染单子叶植物可用用酚类化合物浸泡竹子的外植体一段时间后，起到吸引农杆菌的作用，再用含重组质粒的农杆菌侵染浸泡过的外植体。

④A. a 选项中利用乳酸菌制作泡菜过程中应一直隔绝空气，因为乳酸菌为厌氧菌。b 选项正确，传统发酵技术中的菌种一般都是混合菌种。c 选项中制作果醋过程中发酵液 pH 降低，制作果酒时也降低，应酵母菌无氧呼吸产生二氧化碳，会使发酵液 pH 降低。d 选项中现代发酵工程的产物更纯，因其菌种较单一，且有纯化等过程。B. 制作果酒需要酵母菌，制作果酒的温度低于制作果醋时的温度。醋酸菌属于好氧的原核生物。

答案：①A. 唯一碳源、平板划线法。B. 选择　如果接种后的完全培养基上的菌落数明显多于选择培养基上的菌落数，说明选择培养基筛选出了一些纤维素分解菌。C. 将大熊猫新鲜粪便样液溶于无菌水中后进行一系列不同浓度梯度等比稀释后，取 0.1mL 涂布到若干个平板（每个稀释度至少涂布三个平板），获得菌落数在 30～300 的平板的稀释度即为合适的稀释倍数（合理即可）。D. $5.5×10^6$。E. 乙　乙菌落周围出现透明圈大，说明乙菌产生的纤维素酶的含量（和活性）较大，分解的纤维素多，透明圈大，因此，图 5-59 中分解纤维素能力较强的菌株是乙（合理即可）。

②A. b。B. 特异性（脱氧）核苷酸序列、耐高温的 DNA 聚合酶（Taq DNA 聚合酶）、变性、两种引物通过碱基互补配对与两条单链 DNA 结合。C. 雄；结合 1 号无菌水组和 2 号 SRY 基因的扩增结果，据图判断可以得出 3 号个体的 PCR 结果包含 SRY 基因目的基因的片段，而位于 Y 染色体上的 SRY 基因为雄性性别决定基因，所以该个体为雄性（合理即可）。

③A. 生长素、细胞分裂素。B. 高效、快速地实现种苗的大量繁殖，保持优良品种的遗传特性（合理即可）。C. T-DNA；用酚类化合物浸泡竹子的外植体一段时间后，再用含重组质粒的农杆菌侵染浸泡过的外植体，合理即可。

④A. b。B. 酵母、低于、好氧、原核。

（5）2023 年 4 月，备受关注的旅美大熊猫丫丫终于回到祖国的怀抱。大熊猫喜食竹子，其中未分解的纤维素会黏附肠道上皮细胞并带入粪便中。线粒体 DNA（mtDNA）的拷贝数（个数）在一定程度上反映了机体的生理状态和代谢强度。研究人员以 64 只大熊猫的粪便为材料，采用实时荧光定量 PCR 法研究肠道上皮细胞中 mtDNA 拷贝数与月龄的关系。请回答下列问题：

①从新鲜的粪便样品中提取出 DNA 的过程中，加入预冷的酒精目的是使_____析出，提取到的样品 DNA 可用于 PCR 技术，PCR 反应体系中应加入缓冲液、模板、引物、_____、4 种脱氧核苷酸等，扩增产物的电泳结果如图 5-61 所示，从引物是否有非特异性扩增的角度分析，提取的 DNA_____（填"能"或"不能"）用于样品拷贝数的分析。

②目前解释细胞衰老原因的假说有自由基学说和_____学说等，已知 mtDNA 拷贝数改变与细胞衰老等相关疾病有关的原因是机体细胞 mtDNA 拷贝数的普遍减少会破坏线粒体整体效能，过度增加也会带来疾病风险，研究人员对上述提取的样品 DNA 进行实时荧光定量 PCR 后，估算大熊猫每个肠上皮细胞中 mtDNA 拷贝数（N_{mpc}），实验结果见

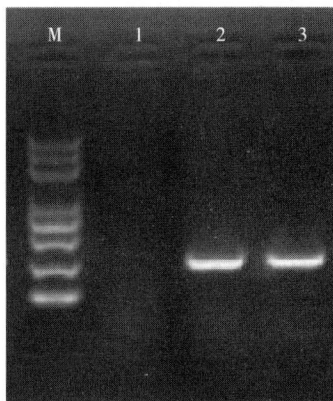

图 5-61　电泳结果

图 5-62，请据此推测 mtDNA 拷贝数保持在一个基本水平（某一范围内）的意义是＿＿＿＿＿＿＿

＿＿＿＿＿＿＿＿＿＿。

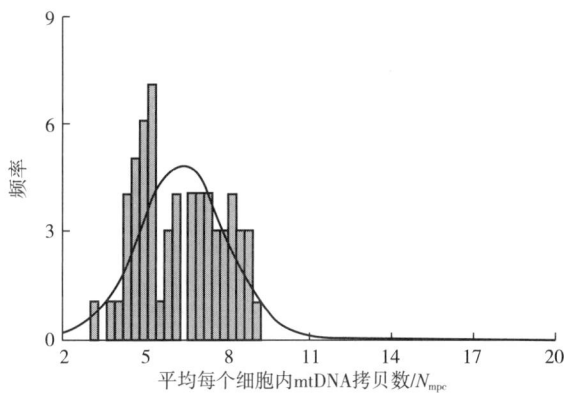

图 5-62　实验结果

③图 5-63 为肠道上皮细胞中 mtDNA 拷贝数与月龄关系的研究结果，表明在一定范围内，大熊猫肠道脱落上皮细胞中 mtDNA 拷贝数随着月龄的增加而＿＿＿＿＿＿＿＿＿，请结合该图及题干内容分析出现该现象的可能原因＿＿＿＿＿＿＿＿＿＿＿＿＿＿＿＿＿＿。

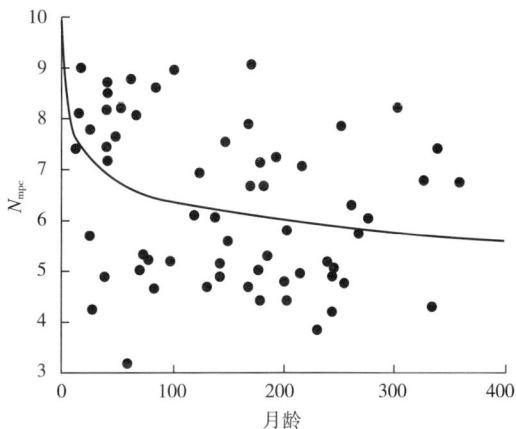

图 5-63　研究结果

设计意图：

①DNA、蛋白质等在物理和化学性质方面存在差异，可以利用这些差异，选用适当的物理或化学方法对它们进行提取。例如，DNA 不溶于酒精，但某些蛋白质溶于酒精，利用这一原理，可以初步分离 DNA 与蛋白质。PCR 反应需要在一定的缓冲溶液中才能进行，需提供 DNA 模板，分别与两条模板链结合的 2 种引物，4 种脱氧核苷酸和耐高温的 DNA 聚合酶；同时通过控制温度使 DNA 复制在体外反复进行。扩增产物的电泳结果只有一条带，说明引物无非特异性扩增以及二聚体，可用于样品拷贝数的分析。②目前普遍认可的关于衰老原因的学说有自由基学说和端粒学说，据图可推测 mtDNA 拷贝数基本在横轴为 3~9 的范围内，结合题干信息，可知其意义为 mtDNA 拷贝数在一定范围内可保证线粒体正常功能，防止细胞衰老，带来疾病风险，维持细胞和机体的稳态，保证个体生命活动的能量供应等。③据图 5-62 可看出趋势 mtDNA 拷贝数随着月龄的增加呈现总体下降的趋势，且拷贝数减少速率逐渐放缓，结合题干中线粒体与代谢的关系，可得出幼龄期个体细胞代谢旺盛，线粒体活动更为活跃，导致细胞中 mtDNA 拷贝数普遍较高；而老年个体细胞代谢水平降低，在这一水平上维持能量转化的稳态所需的 mtDNA 拷贝数相对减少。

答案：

①DNA、热稳定 DNA 聚合酶（*Taq* DNA 聚合酶）、能。②端粒；mtDNA 拷贝数在一定范围内可保证线粒体正常功能，防止细胞衰老，带来疾病风险等（2 分，保证能量供应等合理即可）。③减少；幼龄期个体细胞代谢旺盛，线粒体活动更为活跃，导致细胞中 mtDNA 拷贝数普遍较高；而老年个体细胞代谢水平降低，在这一水平上维持能量转化的稳态所需的 mtDNA 拷贝数相对减少（3 分，合理即可）。

（案例来源：哈尔滨市第九中学徐晶）

原创性试题编制

（1）下列关于水的叙述正确的是（　　　）。

A. 水分子具有极性的原因是水分子的空间结构以及电子的不对称分布

B. 肾小管仅能以易化扩散的方式对水分子进行重吸收

C. 胰岛 B 细胞的细胞核在代谢过程中能产生水

D. 将植物细胞放在一定浓度的 KNO_3 溶液中，质壁分离复原后，细胞液渗透压恢复到实验前

参考答案：AC。A 选项，从水分子的结构特点来进行分析，这与化学知识相联系，A 正确。B 选项，肾小管重新吸收水分的方式既有易化扩散，又有简单扩散，B 错误。C 选项，胰岛 B 细胞在细胞核内转录形成信使的过程中会产生水，C 正确。D 选项，将植物细胞放在一定浓度的 KNO_3 溶液中，当质壁分离复原后，细胞液渗透压比初始高，D 错误。

试题解读：

①试题来源：原创试题。

②命题意图：此题设计的意图旨在利用生命现象与生物学之间的关系让学生明确生命的物质性。此题想突出以水为切入点，考查学生对核心概念构建的知识体系。这样便于诊断学生对认知分析，归纳总结，概括的综合思维能力。以特定的生物学现象为背景材料作为试题的情境。四个选项均考查结构与功能相适应。水是极性分子良好的溶剂，与其空间结构相关联，考查《分子与细胞》构成细胞的化合物。要明确肾小管对水分子的重吸收方式，需要学生对水分子的跨膜运输方式有一定的了解，同时联系《稳态与调节》抗利尿激素促进肾小管集合管重新吸收水分，肾小管细胞膜表面的水通道蛋白增多的知识点。因此在这个过程中，水分子的跨膜运输既有易化扩散，又有简单扩散。这考查学生对物质跨膜运输方式的理解，只有掌握了物质运输方式才能将生物膜的特性应用于医药、环境等领域，发挥生物的直接价值。C 选项考查的内容比较广泛，一是涉及能产生代谢水的生理反应，二是考查了在细胞核内发生的生理变化，需要学生掌握转录的场所，以及合成 RNA 时会产生水，涉及的内容包括《遗传与进化》的基因表达。D 选项设计源自于学生对《分子与细胞》中渗透作用及物质吸收的理解。当质壁分离复原后，水分子进出达到一个动态平衡，但细胞吸收了溶质，所以细胞液的渗透压升高。整体来说，相关此题的生命的物质性贯穿了整个的高中生物学，考查了学生的结构与功能观的形成。水分子的结构与水分子的功能密切相关，与细胞结构、代谢有关。在特定的情境问题中，以生命现象进行分析，解决与生物学原理之间的相关关系，将生物与实际相联系。此题考查层级涉及必修的课程和选修课程，属于生物学学科学业水平等级考试试题水平。

③解题分析：A 选项属于识记水平上的考查，要求学生对于教材要细化，要明确教材中关于水的作用的小字部分内容，明确分子作用与其结构的关系。看书要细致，要知其然，知其所以然。B 选项考查肾小管以易化扩散方式对水分子重吸收，水分子可以自由扩散和协助扩散吸收水分。C 选项考查细胞核代谢过程中能否产生水要先思考细胞核中的化学反应。细胞核内主要进行的化学反应有 DNA 的自我复制和转录过程，转录形成 RNA 过程会产生水。但是胰岛 B 细胞属于已经高度分化的细胞，不会发生 DNA 的自我复制。D 选项，植物细胞放在一定浓度的硝酸钾溶液中，细胞先发生质壁分离，后发生质壁分离复原。如果能够明确质

壁分离复原的原因是细胞吸收了硝酸钾溶液，那么就能确定细胞液渗透压升高。

（2）已知野生百合是一种雌雄同花植物，有红色和白色两种花色，受相对独立遗传的多对基因控制。每对基因均含显性时才为红花，其余为白花，亲代某红花植株测交后代红花：白花＝1：15，下列相关叙述正确的是（　　　）。

A. 该相对性状受4个等基因控制，且符合自由组合定律

B. 亲代红花自交后代性状分离比都为红花：白花＝81：175

C. 测交后代红花：白花＝1：15与雌雄配子随机结合和减数分裂时非同源染色体的自由组合有关

D. 该相对性状受多对基因控制可能与基因通过控制酶的合成来控制代谢过程进而控制生物性状有关

参考答案：BCD。A选项由测交后代性状比红花：白花为1：15。推测该对相对形状应该是受四对等位基因控制，A错误。B选项，亲代红花能推测出是AaBbCcDd，那么在此情况下红花只有一种基因型，其自交后代性状分离比就应该都是红花和白花是81：175，B正确。C选项测交后代出现比例为1：15。其符合自由组合定律，符合自由组合定律的分离比需满足雌雄配子随机结合，且位于非同源染色体上的非等位基因在产生配子过程中自由组合，C正确。D选项这对相对性状受4对基因控制，多对基因控制一对相对性状，那基因与性状之间的关系就很可能是基因通过控制，酶的合成来控制代谢过程，进而控制生物性状，D正确。

试题解读：

①试题来源：改编自以下试题。

【题文】某植物的花色受两对等位基因控制，每对基因均有显性基因存在时植株开红花，不含显性基因的植株开白花，其余基因型的植株开粉花。纯合红花植株和纯合白花植株杂交，F全为红花，F测交，子代表现型及比例为红花：粉花：白花＝1：2：1。下列有关叙述正确的是（　　　）。

A. 该植物中红花植株的基因型有5种

B. 若F红花植株自交，则F红花植株中纯合子所占比例约为1/9

C. 若所得测交后代中全部粉花植株自交，则子代白花植株所占的比例为1/2

D. 若某植株自交，其后代红花：粉花＝3：1，则该植株的基因型有3种

②命题意图：此题设计的主要目的是考查对遗传学科学研究和推理能力，要求考生明确细胞是生命活动的基本单位，是以细胞内的遗传物质的传递和变化为基础的生物体的遗传和变异。A选项考查考生信息获取和分析能力，根据测交性状比为1：15，推测应该至少是受4对等位基因控制。与双杂合子自交设计了干扰信息，考查学生的阅读准确性。题干中明确这些基因是相对独立的，推断四对基因应该位于四对同源染色体上。B选项考查了自由组合定律的实质，以及出现自由组合定律性状比例所需要的条件。D选项考查基因表达产物与性状之间的关系。此题属于生物学的遗传学试题，要求考生要有理性思维，考查分析、判断、推理的能力，利用生物学的遗传规律来分析遗传现象。这种遗传学的推理能力在人类遗传病的研究及以生物育种有明确的指引作用。此题在给定的事实和证据的基础之上，用已知的性状比例，根据遗传规律推理出遗传方式，以及遵循该定律所需要的条件，所以它运用科学思维方法，来解决生活实际问题。它对解决问题的程度要求较高，解决问题的情境也相对复杂，属于生物学学科学业水平等级考试试题水平。

③解题分析：根据题上的信息"受多对基因控制"，而且独立遗传符合自由组合定律，

那么每一对基因均含显性时才为红花。其测交后代红花：白花为1：15，那么亲代红花应该是能产生16种配子，应该是4对独立遗传的基因控制。因此A选项错误，应该是4对等位基因控制，而不是四个，关注语言表述准确的考查。B选项考查该对相对性状既然是受4对基因控制，那么亲代的红花就应该是AaBbCcDd其自交后代要想表现为红花是A_B_C_D_为$(3/4)^4$，所以后代红花：白花为81：175，考查学生的依据信息的推理能力。C选项符合自由组合定律的分离比，要求雌雄配子随机结合，考查学生分析生物现象出现的条件，明确自由组合定律的实质位于非同源染色体上的非等位基因自由组合。这是考查学生对于知识的迁移能力以及对于遵循事物现象追求其本质的能力。D选项考查基因控制蛋白质的合成与生物性状的关系，由于受多对基因控制，最可能体现的就是基因通过控制酶的合成来控制代谢过程，进而控制生物性状，考查了学生知识综合运用的能力，通过多对相对性状依据及遗传的特点和生物学遗传学的规律，能解释生物现象形成原因。

（3）绿色植物通过光合作用固定太阳能，下列有关叙述错误的是（　　）。

A. 绿色植物通过光合作用积累的有机物中的能量，是植物用于生长、发育、繁殖的能量

B. 夏季正午植物光合速率下降，三碳化合物含量减少，与植物体内脱落酸含量提高有关，通过喷灌可以缓解该现象

C. 夏季正午时植物光合速率下降，此时细胞内的二氧化碳浓度高于环境二氧化碳浓度

D. 研究二氧化碳浓度对小球藻光合速率的影响时，将小球藻放在不同浓度的碳酸氢钠溶液中，随碳酸氢钠浓度的提高光合速率加快，直至相对稳定光合速率达最大

参考答案：CD。A选项，光合作用积累有机物的能量就是净光合积累下来，既用于生长发育繁殖，A正确。B选项，夏季正午由于气孔关闭，二氧化碳吸收量减少，所以三碳化合物合成量减少。促进气孔关闭的植物激素就是脱落酸，而植物通过喷灌有了充足的水分，可以缓解气孔关闭现象，B正确。C选项，夏季正午时植物光合速率虽然降低，此时依然是光合速率大于呼吸速率，所以植物仍从环境吸收二氧化碳，因此环境中的二氧化碳浓度要高于细胞内，C错误。D选项，将小球藻放在不同浓度的碳酸氢钠溶液中，在一定范围内随碳酸氢钠浓度升高，二氧化碳浓度升高后，因碳酸氢钠渗透压高于小球藻细胞液，小球藻失水光合速率会减慢，D错误。

试题解读：

①试题来源：原创。

②命题意图：此题以植物的光合作用为切入点，光合作用是《分子与细胞》的重点和难点。此题考查《生物与环境》中生态系统中能量流动的内容，以及《稳态与调节》的生物个体的生命活动调节内容。设计意图是考查学生对于生物学知识的体系构建，形成知识的连贯性，以及在生产生活中的实际应用。就影响植物光合作用的因素进行分析，能用生物学原理解释实际生活现象。依据脱落酸的作用分析，可以在生产实践中加以指导。此题考查学生能否以细胞代谢的生命观念为指导，解释在植物激素调节作用下植物的生命现象，来分析生命活动规律，是本学科学业水平等级考试的命题。

③解题分析：A选项，植物光合作用制造的积累的有机物就是净光合，而植物光合作用固定下来的太阳能合成的有机物就是同化量。同化的能量一部分用于自身呼吸，另一部分用于生长、发育、繁殖。选项考查学生对于光合作用和能量流动之间关系的联系，形成知识网络，构建知识体系的一个选项，理解知识大概念下的内涵。B选项，在分析的时候要明确夏季正午时植物会出现气孔关闭，而与气孔关闭有关的典型的植物激素就是脱落酸，选项考查

学生能否在个体水平上通过激素的调节来影响生物体的生命活动，也是以生命观念为指导，去解释植物所出现的生命现象，以便知识能够综合应用在实践活动进行知识的迁移。C 选项，考查的既有光合作用又有物质跨膜运输方式，细胞内的二氧化碳浓度低于环境中二氧化碳浓度，是因为光合速率大于呼吸速率，这时候植物要从外界吸收二氧化碳，二氧化碳要由高浓度向低浓度进行扩散。要能够正确解决该问题，必须能理解分子物质，分子跨膜运输与细胞之间的关系问题。D 选项，研究二氧化碳浓度对小球藻光合速率影响时，用不同的碳酸氢钠溶液来改变二氧化碳浓度。选项需要学生仔细读题的问题，植物放在高浓度碳酸氢钠溶液中，植物细胞失水，考查阅读分析和严谨科学探究能力。

（4）（10 分）早在西汉时期，我国就出现了"间作套种"的农业生产方式，据《氾胜之书》记载，在瓜田中"又种薤十根……居瓜子外，至五月瓜熟，薤可拨卖之，与瓜相避。又可种小豆于瓜中，亩四五升，其藿可卖。此法宜平地，瓜收万亩钱"。这种生产方式就是立体农业的雏形。图 5-64 是辛店洼实验区的立体农业。分析回答以下问题。

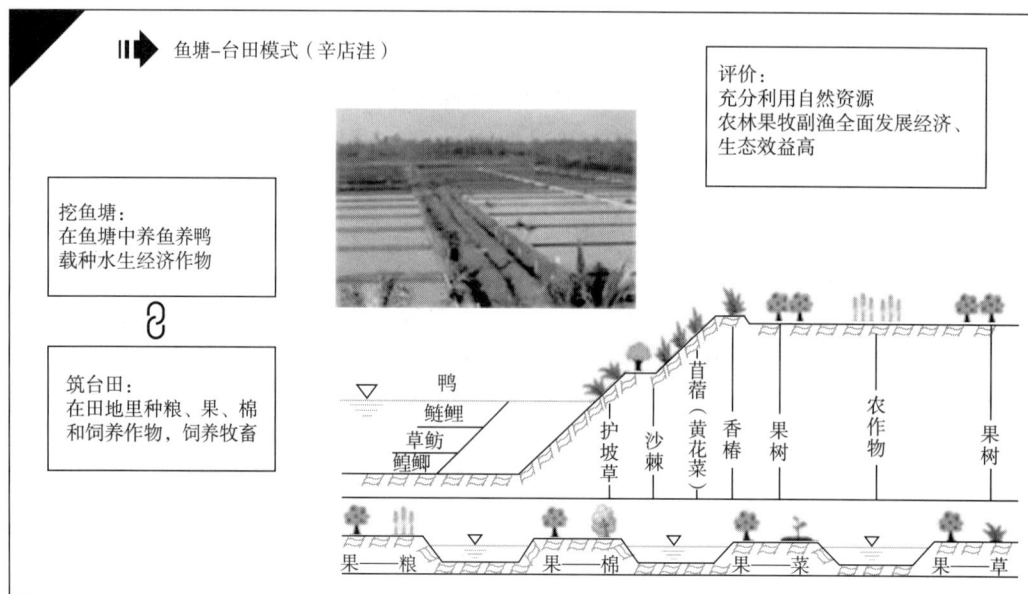

图 5-64　立体农业

①立体农业体现了群落的_____特征。（2 分）
②该立体农业能量流动的意义_____和_____。（2 分）
③该立体农业是一类_____（1 分）工程体系，通过遵循生态工程的_____原理（1 分）充分发挥_____（1 分）生产潜力、防止_____（1 分），达到经济效益和生态益同步发展。
④为充分利用环境资源，在构建立体农业时充分考虑各种生物的生态位，对于植物生态位我们需要研究_____。（2 分）
参考答案：
①季节性（1 分）和群落的空间结构（1 分）。

②将生物在时间和空间上进行合理配置，增大流入生态系统的总能量（1分）；科学规划和设计人工生态系统，使能量得到最有效的利用（1分）。

③少消耗、多效益、可持续（答全1分）；整体、循环、自生、协调（答出2项得1分）；资源（1分）；环境污染（1分）。

④在研究区域内出现的频度种群密度、植株高度、与其他物种的关系（答出2项得2分）。

试题解读：

①试题来源：原创。

②命题意图：此题以教材上的"科学、技术、社会"为背景设计，充分挖掘教材资源，结合我国古代立体农业雏形和辛店洼实验区的立体农业，并涉及很多生态学原理。试题旨在考查《生物与环境》教材中生态系统的平衡以及生态系统稳态的维持、群落的特征、生态工程建设目的，来指导生产生活实际，在新的问题情境中用生态学原理将"科学、技术、工程"的知识综合运用，使生态工程中能量得到最有效的利用。本题的知识内容比较简单，但跨度比较大，需要理解群落与生态系统之间的关系，应用群落的特征来使生态系统的功能得到最大化的利用，是本学科学业水平等级考试的命题。

③解题分析：古文体现了不同农作物的季节有所不同，利用群落的季节性按照植物生长特点来种植庄稼，获得最大的经济效益。从图5-64可以看出，在不同的地方有种果树和农作物，出现了群落的空间结构，利用群落的季节性和群落的空间结构。台田的间作套种，鱼塘养鱼养鸭充分利用了台田的空间和资源，并获得了很高的经济效益，体现了能量流动中将生物在时间和空间上进行合理配置，增大流入生态系统的总能量的意义。台田中作物剩余的秸秆以及饲料作物提供给牲畜，同时牲畜的粪便又为田地增肥，实现了能量的多级利用，提高了能量的使用效率，体现了能量流动科学规划和设计生态系统，使能量得到最有效的利用的意义。要想能够正确解答出此题，学生需要能够将研究生态系统能量流动的意义以及群落的特征进行科学分析，能理解人类活动对环境生产产生的影响，以及人类生存和发展与环境之间的关系。立体农业是一个生态工程体系，是少消耗、多效益、可持续的工程体系。生态工程的目的就是遵循生态学原理，充分发挥资源的生产潜力，防止环境污染，最后达到经济效益和生态效益同步发展。在该立体农业体系中，生物的种类多、物种丰富度高，并且对台田进行了合理的布局，符合生态工程中的自生原理。鸭的粪便落入鱼塘、牲畜的粪便留在田地，减少废物的产生，符合生态工程中的循环原理。该台田系统中各组分的比例适当，农林果牧副渔全面发展，产生的经济效益高，体现了生态工程中的整体原理。整个台田系统生物多样化，且能成功的维持和运行，证明所选取的动植物能很好的适应环境生存，且生物与生物之间能维持良好稳定的种间关系，体现了生态工程中的协调原理。构建出生态工程，需要对植被进行了解，研究植被的生态位需要从植被的种群密度、植物株高、在该区域出现的频度、其他植物的关系等。学生需要能有一定创新思维，利用生物学的综合性知识的迁移和利用设计出符合我们人类需求的生态工程。

（5）（9分）春节过后，"甲流"成了人们关注的热点问题。"甲流"由甲型流感病毒引发的流行性感冒，主要通过飞沫传播的方式感染呼吸道。此次甲流感染明显多于往年，大家不禁发问：此次甲流为什么如此严重？有的学者提出来"免疫债务"的假说：因为近几年我国防疫力度大，使人们近几年接触的病毒少，免疫力下降，就如同形成了"债务"一般，所以此次感染人数多，症状明显。请回答下列问题：

①请根据你所学过的生物学知识，结合生活实际，对"免疫债务"进行解释＿＿＿＿＿＿
＿＿＿＿＿＿＿。（3分）

②使用检测试剂盒可以快速的对是否感染甲流病毒进行检测，其原理为＿＿＿＿＿＿＿＿
＿＿＿＿（1分）。试剂盒的工厂化生产可以应用到的现代生物技术有＿＿＿＿＿＿＿＿＿＿。
（2分）

③有些人在感染甲流之后产生了相应的抗体，抗体是由＿＿＿（1分）细胞产生的，该细
胞形成是由B细胞受到了两个信号分子的作用下产生的。信号一是＿＿＿＿＿＿＿＿＿＿＿＿
（1分），信号二是＿＿＿＿＿＿＿＿＿＿（1分）。

参考答案：

①人体中甲流病毒的抗体和记忆细胞会随时间的推移而减少，且我国在防疫期间采取了
有效的防疫措施，减少人员聚集、戴口罩出行，阻断了甲流病毒的传播途径，人体接触病毒
量少，难以激发二次免疫，无法产生新的抗体和记忆细胞，因此形成了"免疫债务"。（评分
标准：本小题为3分，答出人体内抗体和记忆细胞减少得1分，答出戴口罩、避免人员聚集，
阻碍病毒传播得1分，答出难以激发二次免疫得1分。）

②抗原-抗体杂交（1分）；动物细胞培养（1分），动物细胞融合（1分）。

③浆（1分）；甲流病毒直接刺激B细胞（1分）；辅助性T细胞表面的特定分子发生变
化并与B细胞结合（1分）。

试题解读：

①试题来源：原创。

②命题意图：本题以2023年初"甲流"流行为背景创设情境，使题目更加贴近生活。
本题在考查《稳态与调节》中体液免疫和二次免疫知识，需要学生总结生活经验，结合"新
冠病毒感染"防疫工作的实际进行作答，对学生知识综合应用和理论联系实际，运用生物学
原理解释实际生活现象的能力提出了要求。以试剂盒为切入点，将《生物技术与工程》引入
该题，形成一个完整的知识体系，让学生明确要在有足够的知识底蕴的基础之上，进行创新
意识，不断为生活实际提供服务，进行科学研究。本题旨在学生在现有知识的基础之上，学
会解决情境相对复杂程度，要求较高的一些实际问题，是本学科学业水平等级考试的命题。

③解题分析：新冠病毒感染疫情之后，很多人感染了甲流病毒，而且在短时间内患有感
冒的人数要照比以往要高，这是一种免疫债务出现的原因。以免疫债务为切入点，基于生活
实际，能用科学来解释生活中的实际现象。"免疫债务"的观点认为此次"甲流"的暴发是
因为人体内抗体和记忆细胞减少，抵抗甲流病毒的能力减弱导致的。具体体现在：甲流的传
播方式为飞沫传播，在防疫的同时有效地阻断了甲流病毒的传播，人体内的记忆细胞无法与
甲流病毒接触激发二次免疫。人体内原有的抗体和记忆细胞不是永久存在的，随着时间的推
移，抗体和记忆细胞的数量也随之减少，所以人体对甲流病毒的抵抗能力会减弱。另外，检
验试剂盒的原理为在试剂盒中存放病毒的特异性抗体，若感染甲流病毒，则人体内会有甲流
病毒的抗原决定簇，与试剂盒中的抗体特异性结合，显示阳性，反之则为阴性。所运用的原
理为抗原-抗体杂交。抗体是由浆细胞产生的。体液免疫的过程中B细胞会接收到两个信号，
第一个信号为病毒直接与B细胞接触，第二个信号为辅助性T细胞表面的特定分子发生变化
与B细胞结合。这个知识对学生的知识底蕴有一定要求。

（案例来源：牡丹江市第二高级中学孙福华）

参考文献

［1］中华人民共和国教育部．普通高中生物学课程标准（2017年版）［M］．北京：人民教育出版社，2018.

［2］刘恩山，曹保义．普通高中生物学课程标准（2017年版）解读［M］．北京：高等教育出版社，2018.

［3］刘恩山．中学生物学教学论［M］．北京：高等教育出版社，2022.

［4］余文森．论学科核心素养的课程论意义［J］．教育研究，2018，39（3）：129-135.

［5］赵占良，谭永平．聚焦学科核心素养，彰显教材育人价值——普通高中生物学教材修订的总体思路［J］．课程·教材·教法，2020，40（1）：82-89.

［6］张春雷．生物学核心素养的关键特征及生成路径［J］．生物学教学，2022，47（4）：16-19.

［7］胡兴昌．基于新课标的高中生物学教学与评价设计［M］．上海：上海科技教育出版社，2020.

［8］教育部考试中心．中国高考评价体系［M］．北京：人民教育出版社，2021.

［9］教育部考试中心．中国高考评价体系说明［M］．北京：人民教育出版社，2021.

［10］燕艳，张沛祥，徐宜兰．生物学教学论［M］．北京：科学出版社，2021.

［11］吴志华，王伟．生物课程与教学论［M］．北京：北京师范大学出版社，2018.

［12］崔鸿．中学生物学课程标准与教材分析［M］．北京：科学出版社，2021.

［13］燕艳，徐宜兰，陈继贞．中学生物学教材分析［M］．北京：科学出版社，2019.

［14］宋莹．核心素养背景下高中生物学教科书中隐性课程资源的开发与利用［D］．牡丹江：牡丹江师范学院，2022.

［15］周初霞．聚焦重要概念的生物学单元教学理论与实践［M］．杭州：浙江科学出版社，2021.

［16］钟启泉．单元设计：撬动课堂转型的一个支点［J］．教育发展研究，2015，35（24）：1-5.

［17］李润洲．指向学科核心素养的教学设计［J］．课程·教材·教法，2018，38（7）：35-40.

［18］崔允漷．学科核心素养呼唤大单元教学设计［J］．上海教育科研，2019（4）：1.

［19］顿继安，何彩霞．大概念统摄下的单元教学设计［J］．基础教育课程，2019（18）：6-11.

［20］周初霞．聚焦生物学重要概念的单元整体教学设计实践研究［J］．生物学教学，2019，44（4）：7-10.

［21］彭国红．基于学科核心素养的初中生物学单元教学研究与实践［D］．牡丹江：牡丹江师范学院，2023.

［22］杨丽红．基于生物学学科核心素养的高中生物学习题设计及实践研究［D］．兰州：西北师范大学，2021.

［23］庞凤玲．基于社会责任的高中生物学习题设计与实践研究［D］．漳州：闽南师范大学，2021.

［24］邱秀丽．基于学科核心素养的高中生物习题设计及实践研究［D］．漳州：闽南师范大学，2019.

［25］张园园．高中生物习题课五种类型：创设·透视·实施要点［D］．石家庄：河北师范大学，2016.

［26］殷燕华．高三生物学习题讲评例谈［J］．生物学教学，2015，40（5）：59-60.

［27］郭丽媛．高中生物情境式习题的编制与分析［D］．石家庄：河北师范大学，2014.

［28］王波．新课标下高中生物习题课有效教学的研究［D］．哈尔滨：哈尔滨师范大学，2019.

［29］严晓松．例谈高中生物学习题教学中能力培养的重要途径［J］．生物学教学，2015，40（5）：51-53.

［30］罗玲．新课程理念下生物学习题课教学的有效性［J］．生物学教学，2011，36（3）：55-57.

［31］张萌．高中生物学情境化试题研究与教学实践［D］．牡丹江：牡丹江师范学院，2023.